Bernd Oberhoff, Sebastian Leikert (Hg.)
Die Psyche im Spiegel der Musik

IMAGO
Psychosozial-Verlag

Bernd Oberhoff, Sebastian Leikert (Hg.)

Die Psyche im Spiegel der Musik

Musikpsychoanalytische Beiträge

Mit Beiträgen von Josef Dantlgraber, Mathias Hirsch, Annekatrin Kessler, Peter Kutter, Sebastian Leikert, Antje Niebuhr, Bernd Oberhoff, Richard Parncutt, Johannes Picht und Rosemarie Tüpker

Psychosozial-Verlag

Bibliografische Information der Deutschen Nationalbibliothek
Die Deutsche Nationalbibliothek verzeichnet diese Publikation in der Deutschen Nationalbibliografie; detaillierte bibliografische Daten sind im Internet über <http://dnb.d-nb.de> abrufbar.

Originalausgabe

E-Mail: info@psychosozial-verlag.de
www.psychosozial-verlag.de

Umschlagabbildung: Dante Gabriel Rossetti: »Plate 28, Veronica Veronese«, 1872
Printed in Germany
ISBN 978-3-89806-595-5

Inhalt

Vorwort

Die Musikpsychoanalyse ist ein noch junger Forschungsbereich, der sich mit Fragen der Wechselwirkung von Musik und menschlicher Psyche, insbesondere der unbewussten Psyche befasst. Auf dem alljährlich stattfindenden »Coesfelder Symposium Musik & Psyche« werden jeweils die neuesten Arbeiten aus diesem Bereich vorgestellt und diskutiert. Im vorliegenden Reader sind die Beiträge der Symposien 2005 und 2006 sowie einige freie Arbeiten zusammengetragen. Sie dokumentieren den Fortgang des Nachdenkens und Forschens über die bislang noch wenig beachteten unbewussten Sinnebenen der Musik.

Der erste Teil des Buches »Musik als Klangsprechen – Klangsprechen als Musik« beschäftigt sich mit den kommunikativen Facetten von Musik. Man kann Musik als einen kommunikativen Akt auffassen, bei dem zwei oder mehrere Personen miteinander »sprechen«. Wenn sich Musik mit Text verbindet, bietet sich sogar die Chance, herauszufinden, über was »gesprochen« wird. Umgekehrt besitzt auch das alltägliche oder das therapeutische Sprechen einen klanglichen oder gar musikalischen Aspekt, den zu erforschen den Raum der therapeutischen Reflexion erweitert.

Sebastian Leikert beschäftigt sich im ersten Beitrag mit der Musik des Sprechens im psychoanalytischen Prozess. Er untersucht, inwiefern Formen der Rezeption und Bezogenheit, wie wir sie aus der Musik kennen, auch in der Therapie eine Rolle spielen. *Joseph Dantlgraber* spezifiziert diese Perspektive und wendet sich der Rolle musikalischer Assoziationen im Gegenübertragungserleben des Analytikers zu. Solche Untersuchungen zu Einzelaspekten des therapeutischen Geschehens machen deutlich, dass das Denken über die Musik die therapeutische Praxis befruchten kann. *Antje Niebuhr* stellt das erstaunliche Ergebnis eines Experiments dar: Von einem Musiker (*Uli Sobotta*) wird zu Fallberichten bzw. Traumerzählungen frei assoziierend Musik improvisiert. Diese instrumentalen Assoziationen stellen eine nichtsprachliche Form der Resonanz oder Gegenübertragungsreaktionen dar, die mitunter in frappierender Weise einen Zugang zu unbewussten, latenten Themen eröffnen.

In den folgenden beiden Arbeiten von *Bernd Oberhoff* wechselt die Perspektive. Nun geht es um das Sprechende in der Musik. Es wird das Klangsprechen, also der performative Akt der Klangrede, in ganz bestimmten Schöpfungen der europäischen Musikgeschichte aufgesucht. Den Madrigalen der Renaissance ist z.B. eine dialogische Struktur von Imitation und Spiegelung zu eigen, die erstaunliche Parallelen zur frühen musikalischen Kommunikation zwischen Mutter und Säugling aufweist. Ebenso finden sich im barocken »Concerto grosso« Handlungsdialoge und Affektspiegelungen, wie sie für die frühe Mutter-Kind-Matrix charakteristisch sind, wie an einem Concerto-Satz von Georg Friedrich Händel verdeutlicht wird.

Der zweite Teil des Buches ist dem Thema des Coesfelder Symposiums 2006 gewidmet »Das Auftauchen des Subjekts in der Musik des 18. Jahrhunderts«. *Bernd Oberhoff* vertritt einleitend die These, dass die Musik der Klassik die innere Welt des Subjekts entdeckt, und stellt die Beobachtung zur Diskussion, dass die persönlich empfundenen Affekte von den Komponisten der Klassik als innen liegend erlebt werden, während die Affekte in der Barockmusik eher einem Raum idealisierter Gefühle zuzuordnen sind, einem Raum, bei dem eine Grenze zwischen innen und außen noch nicht gezogen ist.

Johannes Picht vertieft den Gedanken der Subjektivität in der Musik des ausgehenden 18. Jahrhunderts und zeigt auf, wie Beethoven in der Hammerklaviersonate das Subjekthafte bis an die Grenzen der Zerstörung verfolgt und auslotet. In der Arbeit über das Weinen beim Hören der Matthäuspassion untersucht *Mathias Hirsch* die Komplexität der Identifizierungen, in die der Hörer der Bachschen Passion hineingezogen wird und die für die starke emotionale Rührung verantwortlich ist. *Sebastian Leikert* betrachtet das Ausmaß, in dem der Urkonflikt vom Subjekt angenommen und bearbeitet werden kann. Während die Barockoper den Orpheuskonflikt verkürzt, zeigt der Autor am Beispiel von Verdis *La Traviata* wie sich das Drama des Orpheus hier intersubjektiv entfaltet und die Tragik des Verlustes weitgehend ohne Projektion oder Schuldzuweisung angenommen werden kann. *Peter Kutter* befasst sich mit Wagners *Tristan und Isolde* und arbeitet einige sublime präödipale und ödipale Facetten dieses Musikdramas heraus.

Die letzten beiden Beiträge behandeln Themen der Musik aus einer etwas allgemeineren Perspektive. *Rosemarie Tüpker* untersucht, wie in Märchen über Musik gesprochen und welche Funktion ihr dort zugewiesen wird. Ihr Fazit lautet, dass Musik als ein Medium dargestellt wird, das Verbindungen zwischen den Welten herstellt und somit geeignet ist, einen Zugang zum Unbewussten und zur Transzendenz zu eröffnen. Dem Phänomen, dass Hörer und Musikwissenschaftler der Musik oftmals menschliche Qualitäten beimessen – Musik kann alt, jung, weiblich, männlich, sexy, langweilig, majestätisch, jammernd, wütend etc. sein –, gehen *Richard Parncutt* und *Annekatrin Kessler* auf den Grund. Sie durchforsten eine Vielzahl an Wissensgebäuden nach unterstützendem Material für ihre These, dass Musik eine virtuelle Person ist, zu der man während des Musikhörens oder -spielens in eine virtuelle Beziehung tritt. Damit wird abschließend noch einmal – nun aus einer multidisziplinären Sicht – auf den kommunikativen, klangsprachlichen Aspekt der Musik eingegangen, der sich wie ein roter Faden durch die Beiträge dieses Sammelbandes zieht.

Coesfeld im Frühjahr 2007
Die Herausgeber

1. Musik als Klangsprechen – Klangsprechen als Musik

Die Musik des Sprechens und der analytische Prozess

Sebastian Leikert

Einleitung

Sich als Psychoanalytiker mit der Musik zu beschäftigen, ist eine Schule der Bescheidenheit. Es wirkt sinnlos, vorgefertigte Konzepte ins Reich der Musik übertragen zu wollen – zu verschieden ist sie von andern Künsten, wie der Literatur, die sich leichter erschließen. Vielmehr kann man der Musik in einem geduldigen Hinhören auf ihre strömenden Strukturen etwas ablauschen. Gelingt es, etwas davon zu sagen und in Begriffe zu bringen, so bedeutet dies keine Anwendung der Psychoanalyse auf die Musik, sondern eine Erweiterung der psychoanalytischen Begrifflichkeit. Ja, mir scheint, dass die Musik eine Führerin sein kann. Sie erweitert das psychoanalytische Wissen. Gelingt es, etwas von ihr zu sagen, so erschließt sich nicht allein ein neues Feld – eben die Musik –, sondern diese neuen Fragen und Aspekte scheinen auch das Verständnis der Psychoanalyse selbst zu bereichern. Neue Perspektiven auf die klinische Begegnung werden möglich. Ich werde von dieser Seite auf die Musik zugehen.

Die vorliegende Arbeit unterteilt sich in drei Abschnitte. Zunächst soll, ausgehend von Thomas Ogdens Gedanken über die »Musik des Geschehens« in der analytischen Begegnung, ein behandlungstechnisches Problem formuliert werden (Ogden 2004). Ogdens innovativer Ansatz bei der Begründung der Deutung ist meines Erachtens nach eine wichtige neue Akzentsetzung innerhalb der Entwicklung der psychoanalytischen Behandlungstechnik. Insbesondere der Einbezug des körperlichen Empfindens ist neu, aber nicht unproblematisch, da er einen ungewohnten Bezug zur Zeit mit sich bringt. Im Zusammenhang mit der Frage der Bedeutung von Aktualität in der klinischen Begegnung werde ich mich auch auf Daniel Sterns Gedanken zum »Gegenwartsmoment« beziehen (Stern 2005).

In einem zweiten Abschnitt befasse ich mich mit der Frage, wie Musik strukturiert ist und in welche Verfassung uns das Hören bringt. Wie lässt sich das Hören genetisch einordnen und in welche Welt entführt uns die Musik?

Der dritte Teil meiner Überlegungen sucht die Verbindung beider Bereiche herzustellen und zu fragen, inwieweit sich Momente des musikalischen Hörens bzw. der musikalischen Begegnung auch innerhalb der klinischen Situation wiederfinden lassen und wie das erweiterte Verständnis ein neues Licht auf die Deutung und das Durcharbeiten wirft.

1. Die Musik des Geschehens in der analytischen Beziehung

Musik vollzieht sich in der Aktualität, sie ist um die Stimme zentriert und wirkt auf das Erleben in sehr körpernaher Weise. Ich möchte mich hier auf ein Buch beziehen, in dem der Gedanke der Aktualität und Körperbezogenheit in seiner Verbindung zur Stimme vielleicht zum ersten Mal in der Psychoanalyse nicht nur gestreift, sondern auch methodisch umschrieben wird. In seinem Buch *Gespräch im Zwischenreich des Träumens* schreibt Ogden:

> »Mir scheint, dass wir lernen müssen, die Sprache auf eine Weise zu benutzen, die uns nicht nur ermöglicht, die bewussten und unbewussten Bedeutungen dessen, was unsere Patienten erleben, zu verstehen und zu interpretieren; vielmehr sollten wir außerdem in Worten erfassen und einen Eindruck davon vermitteln können, ›was hier vor sich geht‹ – im intrapsychischen Bereich ebenso wie im intersubjektiven Leben der Analyse, der Musik des Geschehens in der analytischen Beziehung« (Ogden 2004, S. 74).

Die Wendung »die Musik des Geschehens« ist eine Metapher von großer Leuchtkraft. Jetzt aber beginnt die Frage: Was meint Ogden hier? Worauf bezieht er sich?

Offensichtlich handelt es sich um ein Sprechen, das sich auf die Aktualität bezieht, auf das »was hier vor sich geht« (Präsens). Es ist ein Sprechen, das in der Gegenwart ankommt und das benennt, was zwischen den beiden Personen in der Analyse vor sich geht. Zwar wird die Analyse auch immer unbewusste Bedeutungen aufdecken, die auf die Kindheit verweisen. Das Ziel des analytischen Prozesses, so scheint das Zitat anzudeuten, liegt jedoch im Ankommen des Sprechens bei sich selbst, in der Gegenwart des Augenblicks, in dem Berühren der »Musik des Geschehens«.

Was hieran aber ist Musik? Ogden bleibt eine explizite Antwort schuldig. Gleichwohl ist das gesamte Buch von musikalischen Metaphern durchwoben. An anderer Stelle entwirft Ogden den idealen Leser der Texte Winnicotts und beschreibt ihn als einen Leser der es vermag, sich »in das Erlebnis des Lesens zu begeben und sich von der Musik der Sprache und der Ideen tragen zu lassen« (S. 186).

Man glaubt zu verstehen, was Ogden meint: ein argloses Lesen, das sich dem Strom des Erzählens anvertraut, das nicht sofort widerspricht und in Opposition geht, sondern sich von der Darstellung verführen lässt, sich in eine Gedankenwelt hineinzubewegen. Ein Lauschen, wie es auch der Analytiker hinter seiner Couch praktiziert, wenn er sich von Stunde zu Stunde auf einen neuen menschlichen Kosmos einzuschwingen versucht. Man lässt sich wegtreiben von sich selbst, von seinen eigenen Beschäftigungen, Themen und Freuden. Lässt sich forttreiben von den Gezeiten eines anderen Ozeans.

Kehren wir aber zurück zu unserer Frage: Wofür ist das Wort Musik hier eine Metapher? Und eine nächste Frage: Ist es überhaupt eine Metapher? Ist die Musik hier ein Bild, ein Vergleich für einen bestimmten Zustand des Sprechens und des Hörens – eine Metapher also – oder können wir die Musik in einem wesentlichen Sinne gleichsetzen mit dem was Ogden hier meint? In diesem Falle wäre die »Musik des Geschehens« tatsächlich in einem wesentlichen Sinne Musik.

1.1 Wissen und Deutung

Bleiben wir bei Ogden. Der Autor bestimmt recht klar, was er mit der Musik der Sprache und der Ideen meint, wenn er den Leser von Winnicott beschreibt: Es geht um einen Zustand, in welchem sich der Sprecher nicht gezwungen fühlt sich für eine einzige klare Definition eines Wortes – hier des englischen Wortes *mind* – entscheiden zu müssen. Vielmehr kann eine Bedeutungsoffenheit bestehen bleiben: »Durch dieses Spiel mit dem Wort *mind* ermöglicht der Text selbst so geschickt wie unauffällig ein eben solches Erlebnis der Freude des *not minding* des ›Nicht-Wissen-Müssens‹« (S. 187). Und hier, in diesem »Nicht-Wissen-Müssen« erkennen wir eine erste Parallele zur Musik. Man fühlt sich unwillkürlich erinnert an Freuds Verdikt der Musik, an seine Aussage in der Musik fast genussunfähig zu sein. »... in der Musik« schreibt Freud »bin ich fast genussunfähig. Eine rationalistische oder vielleicht analytische Anlage sträubt sich in mir dagegen, dass ich ergriffen sein und dabei nicht wissen solle, warum ich es bin und was mich ergreift« (Freud 1914, S. 172).

Freud beschreibt hier eine Schwierigkeit oder eine Weigerung, sich von etwas bewegen zu lassen, das er nicht kontrollieren kann und doch ist gerade Freud im Feld des Sprechens in diesem Sinne weiter gegangen als je jemand vor ihm. Wenn er die gleichschwebende Aufmerksamkeit zum Ankerpunkt der analytischen Haltung macht, bestimmt er damit eben das »Nicht-Wissen« und auch das »Nicht-Wissen-Müssen« als Ausgangspunkt der analytischen Arbeit (Freud 1913). Die gemeinsame Reise der Psychoanalyse bringt nicht nur zu Beginn ein großes Maß an Unvorhersehbarkeit mit sich und Freud hat dies immer wieder betont.

Hierin liegt aber nur scheinbar eine Paradoxie, denn für Freud war das »Nicht-Wissen« nur der Beginn und keineswegs der End- oder Zielpunkt der analytischen Begegnung. Am Anfang kann man nicht wissen, welches die Bedeutung einer Mitteilung, z.B. einer Traum-Mitteilung ist, am Ende eines Prozesses jedoch steht die möglichst vollständige Rekonstruktion, hier ist der Analytiker wieder gesichert durch das Wissen. Die Deutung legitimiert sich bei Freud durch ein tendenziell sicheres Wissen über die unbewusste Strebung, die durch die Deutung ins Bewusstsein geholt werden soll.

An dieser Stelle unterscheidet sich nun Ogden von der Linie, die Freud vorgezeichnet hat. Für ihn geht es weniger um ein Wissen um die unbewussten Bedeutungen, als um ein Ankommen in der Aktualität des analytischen Geschehens. Und hier spielen Wissen und »Nicht-Wissen« eine andere Rolle. Ogden geht es nicht um ein zutreffendes Wissen, sondern um die Frage, wie eine therapeutische Veränderung in Gang gesetzt werden kann. Und hierbei ist die Musik des Geschehens von zentraler Bedeutung.

Ogden legt seine eigene Arbeitsweise dar und macht deutlich, wie er eigenen Fantasien Raum gibt und sie systematisch in ihrem Bezug zu unbewussten Themen des Analysanden auswertet. Spannend werden diese Ausführungen dort, wo Ogden präzise den Punkt herausarbeitet, auf den sich seine Interventionen stützen. Es ist der Umschlag von der bloß visuell-gedanklichen Träumerei des Analytikers zu einem viszeralen, körperlich gefühlten Erleben.

Ogden beschreibt, wie er auf den Traum eines Mannes reagierte, der in der Kindheit einem sexuellen Übergriff ausgesetzt war. Ogden lässt sich auf den manifest nur wenig aussagekräftigen Traum ein und verfolgt seine eigenen Abschweifungen. Er erinnert sich dabei an eine belanglose Situation des eigenen Familienlebens, bei der er seinem damals zehn Monate alten Sohn half, bei einer Messung aufrecht zu stehen: »Diese Träumerei war mit einer starken sensorischen Komponente verbunden, und ich spürte, fast als handle es sich um ein Geschehnis in der Gegenwart, die weiche Haut der Arme und des Körpers meines Sohnes, während ich ihm half, sich aufrecht zu halten« (S. 138). Die körperlich präsente Vorstellung erlaubt es Ogden nun, sich intensiv in die ausgelieferte Zerbrechlichkeit des sexuell traumatisierten Mannes hineinzuversetzen.

Von diesem Erleben ausgehend formuliert Ogden daraufhin eine Intervention, die einen wesentlichen Fortschritt der Analyse bewirken kann.

Welche Elemente werden hier akzentuiert? Neben der Wertschätzung der eigenen Träumerei sind es vor allem die »sensorische Komponente« der eigenen Träumerei und plötzliche sich verstärkende »Aktualität des Erlebens« – »fast als sei es ein Geschehnis in der Gegenwart« – von der Ogden ausgeht. Und hier sind wir im Zentrum des Anliegens von Ogden: einem Ankommen der aktuellen Lebendigkeit der analytischen Beziehung.

Die Deutung legitimiert sich hier von einem genau angebbaren Punkt der Gegenübertragung aus. Ogden erwartet von einer Deutung genau dann eine verändernde Wirkung, wenn er zuvor die Bedeutung des Gehörten auf der sensorischen Tiefenschicht seines eigenen Erlebens erfasst hat.

Der Vergleich mit der Arbeitsweise Freuds macht den Unterschied deutlich. Freud begann mit der gleichschwebenden Aufmerksamkeit und kam dann durch Rekonstruktion zu einem Wissen, das er in der Deutung mitteilte. Ogden nimmt die gleichschwebende Aufmerksamkeit zum Ausgangspunkt für die Analyse eigener Fantasien, vor allem aber eigener körperlicher, viszeraler Empfindungen. Dieser Umschlag vom bloß gedanklichen zum körperlich realisiertem Empfinden und Vorstellen ist für ihn von entscheidender Bedeutung. Erst jetzt autorisiert er sich dazu zu sprechen: Es geht Ogden darum, seine »Körperempfindungen zu erleben und aus diesem Erleben heraus zu sprechen« (S. 143).

Hier ist der Gegensatz zu Freud und zur herkömmlichen Deutungslehre offenbar: Ansatzpunkt ist nicht ein möglichst sicheres Wissen über eine unbewusste Bedeutung, sondern ein im körperlichen Erleben realisierter Bezug zum Analysanden. Erst dieser autorisiert die Deutung, erst von diesem Bezug erwartet Ogden das, worum es in der Analyse geht: eine Veränderung.

1.2 Deutung und Zeitlichkeit

Die Deutung derart im körperlichen Erleben zu verankern bedeutet einen Umsturz der Deutungstechnik. Dieser Umsturz betrifft vor allem den Bezug zur Zeit, d.h. zur Aktualität. Das viszerale Erleben ist jetzt und nur jetzt. Will man aus diesem Bezug heraus sprechen, so bedeutet dies, dass man nicht auf ein Wissen zurückgreifen kann, das durch ausführliche Überlegung gesichert ist. Wenn man sich für diese Art der Intervention entscheidet, kann man sich nicht erst einmal in die Amtsstuben der behandlungstechnischen Reflexion zurückziehen um eine möglichst überlegte Deutung zu geben. Bis man diese Reflexionsarbeit geleistet hat, ist der Zug abgefahren. Die Aktualität ist verraucht.

Ogden ist sich dessen bewusst, er beschreibt an verschiedenen Stellen die

Spontaneität seiner entscheidenden Deutungen, für die er sich aber gleich wieder entschuldigt. »Eine derart spontane (›unbedachte‹) Äußerung hatte ich Herrn S. gegenüber zuvor nie verlauten lassen« (S. 144). Und in der Tat liegt in diesem Punkt eine große Brisanz. Die Spontaneität der Deutung halte ich für ebenso notwendig wie unmöglich. Notwendig, weil sie sonst nicht aus der Aktualität wirken kann. Für unmöglich, da es in der Spontaneität unmöglich ist, die Deutung so sorgfältig zu formulieren, wie es notwendig wäre, um verantwortlich analytisch zu sprechen.

Die Haltung die das Spannungsfeld dieser beiden Pole austrägt, wäre zugleich sinnlich und skeptisch. Sinnlich, indem sie sich, legitimiert durch spontane körperlich gedankliche Impulse, der Aktualität zu überlassen vermag. Skeptisch, insofern diese spontanen Formulierungen dann der nachträglichen Reflexion unterworfen werden müssen. An dieser Stelle begibt sich der Analytiker eines gewohnten Schutzes, denn die Fehlbarkeit der Deutung muss natürlich auch offen eingestanden werden. Was gesagt ist, ist gesagt und wenn es nicht zutrifft, muss dies auch im analytischen Gespräch berichtigt werden. Die Deutung, die erst durch reifliche Reflexion und Abwägung vorbereitet wird, trifft genauer den Punkt. Aber, so das zentrale Argument, erst dann, wenn der Augenblick vorbei ist, an dem die Deutung das Erleben in seiner Unmittelbarkeit hätte antreffen können. Wer ausreichend lang seine Deutung vorbereitet und im Feuer der Reflexion schmiedet, wird wesentlich genauer die Stelle treffen, an der das Wild, das er erlegen wollte, eben noch war.

1.3 Gegenwartsmoment und Intersubjektivität

Diesen Aspekt der klinischen Begegnung stellt auch Daniel Stern in seinem neuen Buch *Der Gegenwartsmoment – Veränderungsprozess in Psychoanalyse und Alltag* in den Vordergrund (Stern 2005). Daniel Stern hatte in seinen bekannten Arbeiten zur Säuglingsbeobachtung beschrieben, wie sich Säugling und Mutter in der Aktualität der Begegnung aufeinander abstimmen. In wechselseitigen Ungenauigkeiten der Kommunikation und winzigen Korrekturen entfaltet sich ein früher Mutter-Kind-Dialog, der Stück für Stück zu einer sich vertiefenden Bindung führt (Stern 1992).

Stern führte das Konzept der »Vitalitätsaffekte« ein. Er meint damit die gestalthafte Entwicklung von Gefühlen und Impulsen die aufsteigen, sich entfalten und abklingen. Die Mutter-Kind-Interaktion gelingt, wenn die Mutter-Kind-Dyade diese »Vitalitätsaffekte« wechselseitig aufeinander abstimmt. Dies ist vor allem ein Geschehen in der Aktualität.

In seinem neuen Buch über Gegenwartsmomente überträgt Stern diese Gedanken und Beobachtungen auf die klinische Beziehung. Auch dies ist ein interaktives Geschehen in der Gegenwart. Auch hier entfaltet sich eine Kommunikation in wechselseitigen Ungenauigkeiten und Abstimmungen mit dem Ziel der Erweiterung und Vertiefung des intersubjektiven Feldes, d.h. der therapeutischen Beziehung. Die kleinste abgeschlossene Einheit des Geschehens bezeichnet Stern dabei als »Gegenwartsmoment«. Sie dauert drei Sekunden lang. In einer wahrhaft virtuosen Melange aus Phänomenologie und Neurowissenschaft zeigt Stern für mich überzeugend, dass sich in solchen kleinen Zeitabschnitten Bewusstsein herstellt und momenthaft stabilisiert. In diesen kleinsten Einheiten vollzieht sich das Erleben, baut sich die Begegnung auf.

Geht es um die Entwicklung einer Stunde, so beschreibt Stern allerdings nicht die kleinsten Einheiten des Erlebens, sondern zeigt eine dialogische Bewegung, die in einem Hin und Her zwischen Analysand und Analytiker zu besonderen Momenten der Begegnung führt. Das Geschehen verdichtet sich zu Momenten, die Stern als »Now-Moments« bezeichnet. An solchen Stellen ergibt sich nach Stern das Erfordernis zu therapeutischem Handeln, d.h. im analytischen Raum zu sprechen, mit einer Deutung oder einem anderswie erkennbaren Zeichen der Anerkennung des Anderen zu reagieren.

Gelingt dies, so erweitert sich in solchen »Begegnungsmomenten« das intersubjektive Feld. In mehreren »relationalen Schritten«, also in wechselseitigen Abstimmungen, entwickelt sich das Gespräch hin zu »Begegnungsmomenten«, die gestaltet oder verpasst werden können. »Nach einem erfolgreichen Begegnungsmoment nimmt die Therapie den Prozess des Vorangehens wieder auf, aber das intersubjektive Feld ist nun größer geworden und eröffnet neue Möglichkeiten« (Stern 2005, S. 176). Die therapeutische Beziehung hat sich erweitert und aus der Begegnung die Erfahrung mitgenommen, einen gemeinsamen Weg zu beschreiten. Der »Begegnungsmoment« hat also zwei Komponenten: eine inhaltliche und eine zeitliche. Die Reaktion des Analytikers sollte inhaltlich natürlich möglichst angemessen den inneren Konflikt, um den es geht, oder das aktuelle Übertragungsthema, benennen. Ebenso wichtig ist jedoch das zeitliche Moment der Reaktion. Wenn der »Begegnungsmoment« vorüber ist, ist das Signal in jedem Fall verpasst, dass die Therapie eine gemeinsame Reise ist. Das Erleben, mit inneren Konflikten erneut allein gelassen worden zu sein, resultiert notwendig aus dem verpassten Zeitpunkt der Begegnung. Mit der Deutung ist es also nicht vollkommen anders als mit der Liebeserklärung: besser eine gestotterte als eine verspätete. »In Begegnungsmomenten vollziehen sich zentrale Erfahrungen, die in einer Psychotherapie verändernd wirken. Sehr häufig sind es jene Momente, an die man sich Jahre später am besten erinnert, Momente, die den Verlauf einer Therapie verändert haben« (ebd., S. 182). Stern legt den Akzent sehr stark auf das zeitliche Moment der Therapie und sieht dies als den

Schlüssel zur Wirkung an, da nur die in der Unmittelbarkeit der Begegnung gegebene Deutung auf das Erleben wirkt, da es sich nur hier mit den »Vitalitätsaffekten« wirklich treffen kann. Genau aus diesem Grund ist für Stern ebenso wie für Ogden, eine strukturell wirksame Deutung nur möglich, wenn sie auf dem Wellenkamm des Augenblicks gegeben wird.

1.4 Stimme und Deutung

Mit der Stimme soll nun ein weiterer Aspekt der klinischen Begegnung betrachtet werden. Die Stimme ist genetisch gesehen das erste und damit bedeutsamste Objekt. Hier beginnt bereits vorgeburtlich die differenzierte Beziehung zum Anderen. Es ist dieses Objekt, dem wir in der Musik ein eindrucksvolles Denkmal setzen. Es ist aber auch das Objekt Stimme, welches in der psychoanalytischen Behandlung wieder in sein Recht eingesetzt wird (Leikert 2007).

Es gehört zu den Leistungen von Ogdens Buch, der Zentralität der Stimme Rechnung zu tragen. Wiederum treffen wir das Moment der Aktualität an: für Ogden ist die Stimme kein Kanal oder Datenträger, der zur bloßen Mitteilung von Informationen notwendig ist. »Stimme ist eine Handlung, kein Potenzial« (Ogden 2005, S. 67). Sie selbst ist die Aktualität; in ihr ist das Geschehen und nicht neben ihr. Die Stimme ist der Ort, an dem sich die analytische Begegnung ereignet. Ogden:

> »Es ist irreführend zu sagen, die Stimme sei ›ein Ausdruck des Selbst‹, denn dies erweckt den Anschein, ›innen‹ befände sich ein Selbst, das durch das Individuum spreche (so wie ein Bauchredner durch eine Puppe spricht) und sich so eine hörbare Form gebe. Meines Erachtens ist es eher so, dass Stimme ein Erleben dessen ist, wie das Selbst im Akt des Sprechens … zu sein beginnt« (S. 68).

Das Selbst beginnt im Akt des Sprechens zu sein. Eine Formulierung von philosophischer Tiefe. Das Sprechen ist keine Übermittlung, von etwas vorher bereits fertig Vorhandenem. Es ist ein Akt, eine Handlung, ein Zusammenfügen eines erlebten Zustands mit einem Bedeutung tragenden Wort. In der Analyse zu sprechen heißt, Worte suchen für unklare Empfindungen, für das noch nie vollständig verbalisierte Verhältnis zu den Eltern, für bisher nicht eingestandene Wünsche oder Ängste.

Ein Akt des Zusammenfügens einer Empfindung mit einem Bedeutung tragenden Wort. Mit einem Wort, dessen Bedeutung auf unsere Empfindung zurückwirkt. Mit einem Wort, dessen Interpretation unser Gefühl klären, bereichern, aber auch entfremden kann. Ein Wort, dem wir dankbar sind, wenn es unser Gefühl wahrhaftig widerspiegelt, das wir als Entlastung erleben, wenn es ein bis dahin drängendes Unwohlsein klärt. Das uns zum Weinen bringt, wenn wir uns in einem Schmerz verstanden fühlen. Das uns zum Lachen bringt, wenn eine verborgene Lust aufscheint.

Das Selbst beginnt im Akt des Sprechens zu sein. Das Sprechen ist ein Beginnen. Es ist dieses Wort, das mir besonders gefällt. Wir *beginnen* im Sprechen zu sein. Wir können das Sein nicht erreichen. Wir werden nicht das Wort erreichen, mit dem wir das Sein ein für alle mal einfangen, dingfest und handhabbar machen können. Mit diesem Versuch würde das Sein verloren gehen. Verstehen wir das Sprechen als den Versuch, mit dem Sein zu beginnen, so sind wir wieder im Akt, in der Aktualität des Zusammenfügens. Die Stimme ist der stets sich erneuernde Versuch, das Sein mit der Sprache zu verbinden. Die Stimme ist die körperlich erlebte Aktualität der Begegnung zwischen Sein und Sprache.

2. Die Psychoanalyse der Musik

Es ist an der Zeit, unsere Überlegungen zu bündeln. Was haben wir bisher zusammengetragen? Mit Thomas Ogden haben wir einige Momente in der analytischen Begegnung hervorgehoben, die er in der Metapher der »Musik des Geschehens« zusammenfasst. Neben dem Hören auf die gute oder unterbrochene Kontinuität von lexikalischer Bedeutung und Stimmklang, die natürlich nur für das Sprechen zutreffen können, beschreibt Ogden vier Aspekte des analytischen Geschehens:

1. Die Betonung der Aktualität des Erlebens; in diesem Punkt trifft er sich mit Daniel Stern.
2. Die Zurückweisung des vorgefassten Wissens, ein Plädoyer für das Nicht-Wissen-Müssen.
3. Die Bedeutung der Stimme.
4. Die Betonung der körperlich sensorischen Dimension des Erlebens.

Alle diese Akzente treffen aber auch auf die Musik zu. Wenn wir uns nun der Psychoanalyse der Musik zuwenden, so werden wir Punkt für Punkt eben diese Wegmarken wiederentdecken können.

Musik lebt nur in der Aktualität. Musik ergreift uns im Augenblick und zieht uns in einen zeitlichen Strom von Klangereignissen hinein. Bedeutung entfaltet sich in Bewegungen und diese sind stets in der Zeit.

Die Musik repräsentiert das transitorische Moment des Erlebens, sie erstreckt sich zwischen Erklingen und Vergehen. Aber auch bei einer genaueren linguistischen Analyse treffen wir auf dieses Moment. Die Musik kennt nur die Zeitform des Präsens. Die Musik kann kein Futur oder Perfekt ausdrücken, sie ereignet sich im Augenblick und verweist nur auf sich selbst. Auch wenn wir in der Musik formale Strukturen erkennen – etwa den Wiedereintritt eines Themas in der Reprise – so kann das wieder erklingende Thema nicht selbst deutlich machen, dass es eine Wiederholung ist. Die musikalische Grammatik kennt nur die Gegenwart.

Wie aber lässt sich beschreiben, wie die Musik Bedeutung bildet? In gewisser Weise erscheint Musik als bedeutungsleer, da sie sich nicht auf äußere Objekte bezieht, bzw. diesen Objekten keine sprachliche Bezeichnung zuweist. Dies ist die Aufgabe der lexikalischen Semantik der Sprache. Musik wird nicht von einem Wissen getragen, sondern vollzieht sich wesentlich jenseits der Fähigkeit zu einem reflexiven Wissen, in einem unmittelbaren Sich-Überlassen. Der Hörer vertraut sich einem Strom von Klangereignissen an. Er springt in einen akustischen Fluss, ohne sich an den Anlegestellen der Sprache festhalten zu können.

Musik hat keine lexikalische, wohl aber eine kinetische Bedeutung. Sie bezieht sich nachahmend auf die unmittelbarste Art, Bedeutung gestalthaft zu organisieren. Immer wieder weist Stern auf die zeitlichen Parallelen zwischen dem »Gegenwartsmoment« und der Musik hin. Der »Gegenwartsmoment« dauert so lang wie eine musikalische Phrase. Ebenso wie die »Vitalitätsaffekte« sich in einem Anschwellen, einem Höhepunkt und einem Verklingen organisieren, bildet auch die Spannungskurve der musikalischen Phrase ihre Spannungskontur in dieser Weise.

Aus diesem Grund besteht zwischen Musik und Erleben also durchaus die Möglichkeit zu einer sehr weitgehenden Entsprechung. Einer Entsprechung, die durchaus den Eindruck erweckt, die Lücke zwischen Symbol (musikalischem Symbol) und Erleben könne sich weitergehend schließen als die zwischen sprachlichem Symbol und Erleben.

Die Möglichkeit, die Differenz zwischen Erleben und Symbol zu minimieren, besteht durchaus, sie ist aber keineswegs von vornherein gegeben, sondern sie wird in der Musik angestrebt, sie ist das Ziel des musikalischen Prozesses. Es lässt sich auch angeben, wie es der Musik gelingt, diese Lücke zu minimieren. Der dabei genutzte Mechanismus ist der der *Ritualisierung*.

Musik konstituiert sich über Wiederholungen. Die musikalische Form baut sich im Wesentlichen durch Wiederholungen auf, das akustische Wahrnehmungsfeld wird durch die Wiederholung übersichtlich, der Verlauf wird vorhersehbar. Diese Ritualisierung der Zeit in der Musik erlaubt es dem Erleben, sich auf die musikalischen Formen vorwegnehmend einzustellen. Die Kontur der »Vitalitätsaffekte« kann sich antizipierend auf die zu erwartende Wiederholung einstellen. Es kommt nach und nach zu einer *Synchronisierung* von Erleben und Musik.

Diese Synchronisierung erreicht dann eine weitgehende Annäherung von Erleben und Symbol. Dies ist aber ein bestimmter Fall intensiven Musikerlebens und keineswegs der notwendige Fall des Erlebens von Musik überhaupt. Ein Musikstück kann ebenso quer zur momentanen Stimmung stehen. Erleben und musikalische Form synchronisieren sich dann nicht, musikalisches Symbol und die Kontur des »Vitalitätsaffekts« fallen dann auseinander.

Ein weiterer Punkt des Vergleichs betrifft die *Stimme*. In der Musik spielt die Stimme eine zentrale Rolle. Die Stimme ist in der Singstimme ein zentrales Phänomen der Musik. Der Sänger ist nach wie vor der Musiker schlechthin. Die Stimme ist, wie Nohr gezeigt hat, aber auch das Ideal des Instrumentalisten. Der Virtuose der ein neues Instrument für sich sucht, sucht den Klang einer idealen Stimme (Nohr 1997).

2.1 Die stimm-körperliche Beziehung

Hier kommen wir zum letzten Punkt, nämlich dem stimmvermittelten, körperlich sensorischen Erleben, das in der Musik wie in der Psychoanalyse eine zentrale Stellung einnimmt. Auf diesen Aspekt werde ich meine Überlegungen konzentrieren. In welcher Weise sind Stimme und Körper in der Musik aufeinander bezogen? Und inwieweit finden wir diesen Bezug in der analytischen Behandlung wieder?

Wir hatten gesagt, dass die Stimme das erste bedeutsame Objekt des Menschen ist. Der Fötus erlebt in der Stimme primäre Zustände von Aufgehoben-Sein oder von Störung der Beziehung. Er hört die Stimme der Mutter und kann deren emotionalen Gehalt erfassen. Die Wirkung der Stimme ist in empirischen Studien vielfach nachgewiesen (DeCaspar 1980). Für unsere Frage ist aber vor allem die Art und Weise interessant, wie die Stimme vom Fötus aufgenommen wird. Natürlich decodiert der Ungeborene noch nicht die sprachliche Bedeutung des Gesagten. Die primäre Beziehung besteht ja weit vor dem Spracherwerb.

Er reagiert vielmehr körperlich auf die Stimme. Sein Körper bildet einen Resonanzkörper für die Stimme. Die Stimme der Mutter ist für den ungeborenen Menschen ein bedeutsamer, imperativer Bewegungsimpuls. Ich möchte diese Stimme als die archaische Stimme bezeichnen. Sie ist die erste archaische Kontur des Objekts.

Sie ist ein *Bewegungsimpuls*. Die Stimme ist nachweislich eine direkte Stimulation der Körperinnervation. Sie bestimmt den Körpertonus und wird vom Fötus durch unmittelbare Bewegungen verarbeitet. Der Weg auf dem die Stimme ins Körpererleben eingreift ist vielfältig. Dieser von der Stimme gesetzte

Bewegungsimpuls ist *imperativ*, da es für den Fötus keine Möglichkeit gibt, ihn zunächst mental zu verarbeiten, ihn also zu interpretieren, ihm zuzustimmen oder ihn abzulehnen. Der Bewegungsimpuls ist unmittelbar und suggestiv. Der Wirkmechanismus der Stimme ist physiologisch und nicht sprachlicher Natur, also nicht durch Zeichen und einen reflexiven Prozess vermittelt. Die Verbindung von Stimme und Körper sind vielfältiger Natur. Die Verbindung zwischen Stimme und körperlicher Innervation beginnt auf einer basalen Form der Verarbeitung: Bereits bei der Ankunft des Reizes im Innenohr wirkt er ebenfalls auf das Vestibularsystem, also den Gleichgewichtssinn. Aber auch auf höheren Formen der Verarbeitung, insbesondere auf der Ebene des Erlebens, wie es sich in den »Vitalitätsaffekten« fassen lässt, besteht die Möglichkeit einer sehr weitgehenden Synchronisierung von Stimme und körperlich kinetischem Erleben.

Jourdain, ein Neurowissenschaftler und Komponist, hat in seinem Buch *Das wohltemperierte Gehirn – wie die Musik im Kopf entsteht und wirkt* auf anregende Weise Erkenntnisse über diese Beziehung zusammengetragen. Er vertritt die These, dass in der Musik der Körper genutzt wird, um die Bedeutung der Musik, die er als ein Produkt des Geistes ansieht, zu repräsentieren. Die Bedeutung projiziert sich also nicht auf eine Vorstellung, wie in der Fantasie oder auf ein Wort, wie in der Sprache, sondern ins körperliche Erleben (Jourdain 2001, S. 394). Welche dieser Thesen man auch immer für einleuchtend erachtet, stets wiederentdecken wir die Möglichkeit der Musik, sich dem körperlich verspürten Erleben anzuschmiegen und hier eine enge Beziehung einzugehen.

Vital bedeutsam ist dieser Bewegungsimpuls schließlich, da er sich in einer Beziehung abspielt. Einer Beziehung, von welcher der Mensch vorgeburtlich aber auch nachgeburtlich abhängig ist. Die Stimme ist Ausdruck der Beziehung, ein unmittelbares Anzeichen der zugewandten, tragenden oder missgelaunten Stimmung der Beziehung.

Diese Beziehung zur archaischen Stimme wird in der Musik aufgegriffen und sublimiert. Die Musik idealisiert die primäre Stimme. Die Stimme hat einen Klang. Der Parameter des Klanges wird in der Musik aufgegriffen und in subtiler Weise zum Wohlklang verfeinert. Die Stimme hat eine Phrasierung, ein Auf und Ab. Dieser Gesichtspunkt wird in den Gesetzen der Melodiebildung und des formalen Aufbaus der musikalischen Form berücksichtigt. Der Tonus der Stimme wird in den Spannungsfolgen der Harmonie aufgenommen. Man kann also sagen, dass die Musik eine Form ist, die archaische Form der Begegnung mit dem Anderen zu erhalten, ihr jenseits der sprachlich vermittelten Beziehung einen festen Platz in der Kultur einzuräumen, sie gleichzeitig jedoch so zu transformieren, dass sie beherrschbar und vor allem genießbar wird.

Musik hat die Funktion, in die Welt der archaischen Stimme einzutauchen und diese Welt gleichzeitig so umzugestalten, dass der Mensch hier selbst zum souveränen Herrscher wird. Die Abhängigkeit von der primären Stimme wird in der Musik, durch die Beherrschung der akustischen Parameter transformiert. Der Musiker, insbesondere der Sänger, ist der Held dieses Kampfes. Sein Prestige besteht darin, die archaische Stimme zu verkörpern, zu beherrschen und dem Genuss zugänglich zu machen.

Das Versprechen der Musik zielt darauf, eine verlorene Welt wieder zugänglich zu machen. Diese verlorene Welt können wir als Rückkehr des Erlebens in eine archaische Vorzeit bestimmen. Ein zweites Versprechen der Musik liegt darin, den Mangel aufzuheben, die Lücke zwischen Erleben und Symbol zu schließen. Diese Rückkehr zum Verlorenen als Grundthema der Musik, das sei zumindest angedeutet, ist im Orpheusthema in eine mythische Erzählung gebracht. Mit der Musik suchen wir unsere Eurydike der persönlichen Vorzeit wieder zu finden (Leikert 2005).

3. Die Stimme und das Hören in der Psychoanalyse

An dieser Stelle interessiert jedoch hauptsächlich eine andere Frage, nämlich die nach der Art, wie der primäre, archaische Modus in der Welt des Sprechens wiederzuentdecken ist, bzw. wie dies in der Psychoanalyse eine Rolle spielt. Es ist klar, dass die absolute Abhängigkeit von der primären imperativen Stimme eine Bürde und eine psychische Gefahr bildet, der das Individuum in seiner Entwicklung zu entkommen sucht. Die Entwicklung hin zur Ich-Bildung und Autonomie, der Erwerb von Sprache, aber auch von motorischer Beherrschung des Köpers, lassen sich nicht nur als Tendenz verstehen, auf die Welt zuzugehen und sich in ihr zu bewähren, sondern auch als den Versuch interpretieren, der archaischen Abhängigkeit von der Stimme zu entkommen.

Die psychoanalytische Behandlung kann nun als eine reinigende und verarbeitende Wiederbegegnung mit den frühen und in der Entwicklung abgewehrten Abhängigkeiten aufgefasst werden. Wie aber können wir den Aspekt von Stimme und Körper in der analytischen Behandlung wiederentdecken?

Mir scheint, dass dieser Aspekt fundamental für die analytische Behandlung ist. Ich möchte zwei Punkte kurz andeuten, nämlich die Grundregel und die Couch-Situation, um mich dann abschließend auf einen weiteren Gesichtspunkt, nämlich das analytische Hören, zu konzentrieren.

Wenn wir der rätselhaften Metapher von Ogden folgen wollen, also zu verstehen versuchen, was wohl mit der »Musik des Geschehens« gemeint ist, so kann die Grundregel der Psychoanalyse, also die Aufforderung ohne Zensur auszusprechen, was in den Sinn kommt, als eine Aufforderung verstanden werden, sich dieser Musik zu überlassen. Der Grundregel zu folgen bedeutet, nicht zu planen was man spricht, sich dem Augeblick zu überlassen, sie fordert, das Sprechen mit der Aktualität zu verbinden.

Die Grundregel verfolgt das Ziel, die Musik des Sprechens freizulegen, d.h. zu einem Sprechen zu gelangen, das sich in der Aktualität verankert und nicht durch ein Wissen gesichert ist. Durch ein solches Sprechen wird eine Übertragungsbeziehung eingerichtet, eine Beziehung, die eine Abhängigkeit vom Anderen, vom Analytiker akzeptiert und damit frühe Abhängigkeiten aufgreift, wiederbelebt und durcharbeitet. Die Übertragungsbeziehung hat ja dann auch das Charakteristikum, eines intensiven körperlich-sensorischen Erlebens und ist insofern mit der Musik vergleichbar.

Unter der Musik des Sprechens verstehe ich damit keineswegs eine besondere Sprachmelodie oder eine irgendwie geschliffene Ausdrucksweise. Die Musik des Sprechens ist gleichsam das Gegenteil der Musik. Es ist ein Sprechen gemeint, das aus dem Augenblick entsteht und sich dem Sprechen innerhalb einer intensiven Beziehung überlässt. Inklusive Stottern, Heulen, Lachen.

Der zweite Aspekt, der der Couch-Situation, macht noch deutlicher, wie eine Parallele zur Musik, bzw. zu archaischen Beziehung zum Objekt Stimme gesehen werden kann. Die Couch-Situation hat zwei Auswirkungen: zunächst wird die Beziehung zu einer akustisch dominierten Beziehung. Das Optische wird ausgeschaltet, die Stimme tritt ganz in den Vordergrund. Weiterhin wird in der Couch-Situation die Skelettmuskulatur weitgehend ruhig gestellt. Das Körpererleben wird nicht mehr von der Muskulatur dominiert, die unserer Kontrolle und unserem Wollen unterliegt. Der Körper wird passiv wie im Schlaf und öffnet sich der Stimme. Im Abstand zur normalen Gesprächssituation wird deutlich, dass die Couch-Situation bewirkt, dass das Gesprochene anders im körperlichen Erleben aufgenommen werden kann. Der Körper wird durch die Couch vom Handlungskörper zum Resonanzkörper.

Dies gilt für beide Beteiligten. Auch der Analytiker lässt seinen Gedanken und seiner Aufmerksamkeit freien Lauf. Vor allem aber ist sein Hören ein Hören, dass sich dem musikalischen Hören annähert (Sadow 1995). Es geht nicht allein um eine Offenheit der Informationsaufnahme, sondern vor allem darum, dass der Analytiker den Diskurs des Patienten körperlich aufnimmt, sich zum Resonanzkörper der Rede des Analysanden macht. Nicht die intellektuelle Arbeit, sondern die physische Aufnahme der Welt des Anderen mit seinen drängenden Wünschen, katastrophischen Ängsten und seinen Verzagtheiten macht die Arbeit des Analytikers anstrengend. Auch wenn der Analytiker körperlich passiv zu sein scheint, ist seine Arbeit nicht zuletzt eine physische.

Die Deutung muss aus der Lebhaftigkeit der unmittelbaren viszeralen Empfindung heraus gegeben werden. Nur in diesem Augenblick ist die Regung in der Übertragung wirklich präsent. Sowohl das Hören als auch die Deutung verankern sich auf einer Ebene jenseits der Information und Wortbedeutung. Eine verändernde, die Übertragung transformierende Kraft hat die Deutung nur dort, wo sie aus der Aktualität der Musik des Sprechens gegeben wird. Nur in diesem Augenblick ist eine verändernde Begegnung möglich.

4. Die Musik des Sprechens und der analytische Prozess

Welche Bedeutung hat nun die Musik des Sprechens für den analytischen Prozess? Die Rede von der Musik des Sprechens lässt sich jetzt klarer zuordnen. Es ist keine Metapher, kein bildlicher Vergleich, vielmehr nutzt der psychoanalytische Dialog neben den sprachlichen Möglichkeiten der Bedeutungsbildung tatsächlich auch diejenigen der Musik. In der Musik des Geschehens, der analytischen Begegnung verweben sich sprachliche und kinetische Elemente zu einer polyphonen Textur.

Wir haben gezeigt, dass der Stimme und dem Hören in der Analyse ein Raum geöffnet wird, der ihm sonst nur in der Musik zukommt: Es geht um ein Geschehen in der Aktualität, das sich dann als verändernd wirksam erweist, wenn es die körperlich viszerale Ebene des Erlebens erreicht. Wir haben gesehen, dass musikalische Mechanismen der Bildung von Bedeutung durch die Stimme und ihre besondere Resonanz auf der körperlichen Ebene auch in der Analyse am Werk sind.

Dabei geht es nicht darum, eigentlich Musik machen zu wollen. Die Musik erzeugt Bedeutungen auf eine ergreifende Weise, aber ohne Verbindung zu sprachlich bewusstseinsfähigen Inhalten und Strukturen. Und genau um diesen Versuch geht es in der Analyse. Es geht in der Analyse um die Musik des Sprechens. Es geht darum, die Bedeutung unbewusster Inhalte nicht nur bewusst zu machen, sondern diese Bedeutung auch im Erleben bis ins Körperliche hinein zu entfalten.

Bereits bei Freud (1914g) lesen wir, dass nicht die einmalige, nur auf Information abzielende Deutung, sondern das Durcharbeiten der unbewussten Bedeutung heilsam wirkt. Ich glaube nun, dass man einen wesentlichen Anteil des Durcharbeitens klarer verstehen kann, wenn man sich vergegenwärtigt, dass es um eine Annahme der Bedeutung erstens auf der Tiefenschicht des sensorischen Erlebens und zweitens durch beide analytischen Partner geht. Beide Punkte scheinen mir wichtig, um den analytischen Prozess zu beschreiben. Die Deutung kann nur wirken, wenn sie den Analysanden in der Tiefenschicht des sensorischen Erlebens erreicht. Die Deutung kann nur dann mit verändernder Macht gegeben werden, wenn der Analytiker in der Aktualität des Geschehens die Lebhaftigkeit und Dringlichkeit der Bedeutung des Gesagten in dieser Tiefenschicht erlebt und diese Teilnahme in einer Deutung verarbeitet. Dabei nutzt die Analyse musikalische Mechanismen der Bedeutungsbildung.

Literatur

DeCasper, Anthony J. (1980): On human bonding: Newborns prefer their mothers' voice. Science 208, 1174–1176.

Freud, Sigmund (1913): Zur Einleitung der Behandlung. G.W. XIII, 454–478.

Freud, Sigmund (1914b): Der Moses des Michelangelo. G.W. X, 171–201.

Freud, Sigmund (1914g): Erinnern, Wiederholen, Durcharbeiten. G.W. X, 126 –136.

Haesler, Ludwig (2002): Psychoanalyse und Musik. In: Oberhoff, B. (Hg.): Psychoanalyse und Musik – Eine Bestandsaufnahme. Gießen (Psychosozial-Verlag).

Jourdain, Robert (2001): Das wohltemperierte Gehirn: Wie Musik im Kopf entsteht und wirkt. Heidelberg (Akad. Verlag).

Leikert, Sebastian (2005): Die vergessene Kunst – Der Orpheusmythos und die Psychoanalyse der Musik. Gießen (Psychosozial -Verlag).

Leikert, Sigmund (2007): Die Stimme – Transformation und Insistenz des archaischen Objekts. Psyche (im Druck).

Nohr, Karin (1997): Der Musiker und sein Instrument. Studien zu einer besonderen Form der Bezogenheit. Tübingen (edition diskord).

Ogden, Thomas H. (2004): Gespräche im Zwischenreich des Träumens – Der analytische Dritte in Träumen, Dichtung und analytischer Literatur. Gießen (Psychosozial -Verlag).

Sadow, Leo (1995): Looking, Listening, and the Couch. Psychoanalytic Inquiry 15, (3), 386–395.

Stern, Daniel N. (1992): Die Lebenserfahrung eines Säuglings. Stuttgart (Klett-Cotta).

Stern, Daniel N. (2005): Der Gegenwartsmoment – Veränderungsprozesse in Psychoanalyse, Psychotherapie und Alltag. Frankfurt/M. (Brandes & Apsel).

Über das »musikalische Zuhören« im psychoanalytischen Dialog

Josef Dantlgraber

> »Vor der Schrift ist die Sprache, vor der Sprache das Sprechen, vor dem Sprechen aber die *Musik*«.
> *(Hans-Josef Ortheil)*

Bei der Beschäftigung mit dem Thema Musik und Psychoanalyse geht es üblicherweise um Fragen, wie Musik psychoanalytisch erforscht werden kann. Im Sinne eines Perspektivenwechsels gehe ich den umgekehrten Weg und möchte erkunden, wie sich das Phänomen Musik im psychoanalytischen Dialog äußert.

1. Zur Gemeinsamkeit der affektiven und der musikalischen Kommunikation

Wie wir als Musikhörer wissen, können im Medium der Musik Sinnschichten erschlossen werden, die der Sprache nicht oder kaum zugänglich sind. Wittgensteins berühmtes Zitat, »Wovon man nicht sprechen kann, darüber muss man schweigen«, ließe sich ergänzen; nämlich, *darüber muss man schweigen, dafür aber hinhören.* Gemeint ist, auf das hinzuhören, was innere oder äußere Reize an Affekten und Gefühlen in uns auslösen. Bekanntermaßen ist die Sprache nicht die einzige Kommunikationsform; neben ihr existieren andere Formen, die mit einer über das Bewusstsein hinausgehenden Wahrnehmung in Verbindung stehen. In der Psychologie sowie auch in der Kunst, insbesondere in der Musik, sind sie von großer Bedeutung. Nach Luhmann ermöglicht Kunst (also auch Musik) Kommunikation unter Umgehung der

Sprache.[1] Musikalische Zeichen sind in besonderer Weise geeignet, unbewusst gefühlshafte Seelenschichten in Resonanz zu bringen, was auf der engen Verschränkung musikalischer Semantik und der Semantik der Affekte beruht. »Musikalische Prozesse und ihre dynamischen Verlaufsstrukturen (haben) ein hohes Maß an Entsprechung mit den dynamischen Prozessen und Verlaufsstrukturen der Affekte« (Haesler 1997, S. 409).

Die kommunikative Funktion in der frühesten Zeit verweist auf einen gemeinsamen Ursprung der musikalischen und der affektiven Kommunikation. Bekanntlich reichen die frühesten Ursprünge des musikalischen Mediums bis in die vorgeburtliche Zeit zurück. Diese Thematik stand im Mittelpunkt der Tagung im letzten Jahr. Die enge Verbindung zwischen den dynamischen Affekten und den vor allem empfindungsmäßigen (indexikalischen) Qualitäten des musikalischen Ausdrucks und der musikalischen Bewegung erlaubt es von Musik als einer Art »Metasprache der Gefühle mit starker Affinität zum Unbewussten« zu sprechen (Schnebel 1988, zit.n. Haesler 1997).[2]

2. Über die primärobjektale Beziehung als Wurzel des affektiven und des musikalischen Erlebens

Die entscheidende Grundlage für das Verständnis der Affektentwicklung sind die emotionalen Objekterfahrungen, also die frühen Erfahrungen des Kindes mit ihren primären Objekten, respektive der zumeist mütterlichen Betreuungsperson. Deshalb lässt sich die psychische Struktur eines Individuums als Ausdruck der Beziehungserfahrung in der Mutter-Kind-Dyade konzipieren (Quindeau 2004, S. 320). In den komplexen affektiven Prozessen in der Beziehung zur Mutter kommt es zu einem fortgesetzten wechselseitigen aufeinander Einstimmen. Das Unbewusste des Kindes ist aber nicht nur ein Depot des Unbewussten der Mutter, sondern die subjektive Verarbeitung der Begegnung mit ihr und ihren für das Kind oft rätselhaften Botschaften führen zu »seelischen Prägungen«. Das Ergebnis dieser frühen Interaktion sind senso-motorische Reiz-Konfigurationen, die vom Kind aufgenommen aber noch nicht symbolisch-semantisch repräsentiert werden. Sie schaffen ein »implizites Beziehungswissen«, wie Stern (Stern et al. 1998) es nennt. Dieses »implizite Beziehungswissen« bildet eine af-

1 Diesen Hinweis auf Luhmann verdanke ich Christian Sollte.

2 Auf die engen Verbindungen zwischen Musik und Traum kann ich in dieser Abhandlung nicht eingehen; beide sind eine Sprache der Affekte. Näheres dazu bei Mätzler (2002, S. 486f.).

fektive Substruktur aus, auf der sich die kognitive Struktur aufbaut. In diesem Sinne kann man die Musik als eine Kommunikationsform ansehen, die diese frühen Wahrnehmungs- und Kommunikationsweisen darstellt, wie sie Spitz (1965) unter dem Begriff coenästhetische Organisation[3] beschreibt.

3. Zur musikalischen Wahrnehmung der Affekte

Bekanntlich überträgt der Patient Gefühle und Einstellungen, die frühen Personen seiner Lebensgeschichte galten, auf den Analytiker. In diesem Prozess nimmt der Analytiker averbales Material, wie Klang der Stimme, Sprachduktus, Melodie und Rhythmus der Phrasierungen, Sprechpausen, willkürlich und unwillkürlich hervorgebrachte Geräusche, Atemfrequenz und Körperhaltung, ebenso wahr wie das verbale Material; beides löst in ihm Affekte aus. Die Vielfalt dieser Wahrnehmungen kann er nicht alle bewusst wahrnehmen, er registriert sie aber vorbewusst oder unbewusst. Diesen globalen Wahrnehmungsvorgang nenne ich »Affekthören«. Warum Affekt*hören*, können wir uns fragen? Auch wenn Freud (1901, S.55f.) im Anschluss an Charcot von unterschiedlichen sensorischen Präferenzen, wie auditiv, visuell und motorisch ausging, so ist es inzwischen erwiesen, dass die Hörerfahrung entwicklungsgeschichtlich am Frühesten auftaucht. Deshalb sehe ich im Hören die ursprünglichste Wahrnehmungsfunktion von Affekten, spreche also von Affekthören.

Affekthören setzt eine rezeptive Bereitschaft zu einer inneren Durchlässigkeit voraus, wodurch die vom Patienten stammenden Laute den Analytiker in seinem körperlichen Erleben erreichen. In diesem speziellen Sinne kann man die Psychoanalyse als Körpertherapie ansehen. Das ergibt sich aus den neueren Erkenntnissen, denen zufolge das seelische Leben in tieferen Regionen »organisiert« wird als in der bewussten und auch in der unbewussten Welt der *symbolisch* geprägten Ich-Struktur (Holderegger 2005, S.152). Diese Regionen betreffen die basale Lebensorganisation, ein affektiv, präsymbolisch organisiertes Kernselbst, das von der Ich-Entwicklung nicht verdrängt, sondern überlagert und erweitert wird. Der erwähnte Zustand einer inneren Durchlässigkeit macht auf dem Wege des Affekthörens, neben den symbolisch geprägten seelischen Dimensionen, die gleichzeitig erlebt werden, vor allem diese tieferen Regionen erfahrbar.

Die Vorstellung von tieferen Regionen des seelischen Lebens beziehen sich auf Inhalte des Unbewussten, die niemals dem Bewusstsein zugänglich waren (Freud 1915). Mehrere Autoren haben für diese Regionen Begriffe geprägt; De Masi (2000) nennt sie das »emotionale Unbewusste«, das er unterhalb des

3 Dazu ausführlicher bei I. Biermann (1995).

»dynamischen Unbewussten« ansiedelt. Die Inhalte des emotionalen Unbewussten sind nicht verdrängt repräsentiert, sondern lediglich senso-motorisch präsent. Deshalb kann der Patient diese Inhalte nicht sprachlich vermitteln, sondern bringt sie im Sinne einer affektiven Inszenierung in den psychoanalytischen Dialog. Während dieser Inszenierung registriert der Analytiker die vorsprachlichen Zeichen, Gesten, Bewegungen und Szenen zwar vor- oder unbewusst, er erlebt sie aber als Gefühle bzw. Affekte. Das beruht auf der Tatsache, dass Wahrnehmungsqualitäten automatisch in Gefühlsqualitäten übersetzt werden. So wird z.B. bei einer Armbewegung eines anderen Menschen die rasche Beschleunigung registriert; erlebt wird aber diese Bewegung als »heftig«. Das ist ein »Vitalitätsaffekt«, wie Stern (1985, S. 225) diesen Vorgang nennt. Neben den kategorialen Affekten (wie zornig, traurig, froh usw.) gibt es diese »Vitalitätsaffekte«; sie betreffen Gefühlsqualitäten, die sehr komplex und schwer bestimmbar sind. Sie haben ihren Ursprung im Vitalitätstonus der Mutter, wie sie den Säugling trägt, pflegt, zu ihm spricht und er registriert, ob sie ihn gleichmäßig, flüchtig usw. pflegt (Böhme-Bloem 2002, S. 379). Derartige dynamische, kinetische Begriffe wie z.B. auch »aufwallend«, »verblassend«, »flüchtig«, »explosionsartig«, »anschwellend«, »abklingend«, »sich hinziehend« usw. beschreiben solche »Vitalitätsaffekte« als basale Grundstimmungen, die Langer (1967, zit.n. Stern 1985) als die »Arten des Fühlens« charakterisiert.

Die Transformation von Wahrnehmung ins Gefühl ereignet sich auch in der Musik: Bei der Hörwahrnehmung evoziert eine Tonfolge fast automatisch eine Gefühlsqualität, d.h. die Musik verkörpert als ein reales physikalisch-zeitliches Geschehen virtuelle Zeit – »nämlich Zeit, wie sie gelebt oder erlebt wird, als dahineilend, plätschernd, sich hinziehend oder spannend« (Stern 1985, S. 226). Auf diese Weise wandelt sich »objektive« Wahrnehmung in virtuelle Formen des Gefühls um, zum Beispiel des Gefühls der Stille. Diese Arten des Fühlens erlebt der Analytiker in der Gegenübertragung.

Nun aber zur Hauptfrage: Wie kommt es im Analytiker zu einer Umwandlung der in der Übertragung-Gegenübertragungs-Beziehung wahrgenommenen Affekte in »musikalische« Strukturen? Die Vorstellung von dem Transformationsprozess beruht auf dem »Container-contained Modell« von Bion (1962). Demnach werden »unverdaute Tatsachen«, also die Beta-Elemente in den Analytiker projiziert. Es ist ursprünglich die Funktion der Mutter, in der Analyse dann die des Analytikers, diese unerträglichen seelischen Zustände aufzunehmen und sie – im Sinne der Alpha-Funktion – in erträgliche Erlebnisformen umzuwandeln. Nach meiner These kann dieser Transformationsprozess über das »musikalische Zuhören« erfolgen. Bekanntlich findet zwischen dem Unbewussten des Patienten und dem des Analytikers eine ständige, kontinuierlich affektive Kommunikation statt; dieser Umstand ist schon seit Freuds Receiver-

Gleichnis bekannt (Freud 1912, S. 381f.). Entscheidend ist nun die Fähigkeit des Analytikers, die eigenen psychischen Zustände und die des Patienten intuitiv wahrzunehmen. Insbesondere dann, wenn sich in der analytischen Atmosphäre etwas hinsichtlich Klang der Stimme des Patienten, in Melodie und Rhythmus seiner Phrasierungen ändert oder wenn plötzlich Sprechpausen auftreten. Die durch diese affektiven Mitteilungen des Patienten ausgelösten affektiven Prozesse im Inneren des Analytikers führen zu einem Vorgang, den ich vorhin als ein »Affekthören« bezeichnet habe. Damit meine ich, dass die unbewussten affektiven Mitteilungen des Patienten im Analytiker Klangvorstellungen hervorrufen, die sich bisweilen förmlich aufdrängen können und verschiedenste Intensität und Qualität annehmen können. Ich sage bewusst Klang*vorstellungen*, weil es sich nicht um reale innere Hörwahrnehmungen sondern um Vorstellungen handelt.

Wie lässt sich dieser Vorgang theoretisch erklären? Die unbewussten und damit affektiven Signale des Patienten, die der Analytiker aufnimmt, sind – wie wir schon gesehen haben – aus der Perspektive der Affekte »unverdaute Tatsachen«, aus der musikalischen Perspektive aber zuerst ungestaltete »Tonhaufen«. Wie können sich daraus »Gestalten« affektiver bzw. musikalischer Art bilden?

Die Wahrnehmung der Affekte kann in der psychoanalytischen Situation zu einer Art »Affektkomposition« im Analytiker führen. Für mich ergibt sich dadurch eine Analogie zwischen dem Kompositionsvorgang von Musik und diesen »Affektkompositionen« im psychoanalytischen Prozess. Nass (1975, S. 238) zitiert eine angebliche Aussage von Johannes Brahms über den kompositorischen Vorgang, der seine musikalischen Einfälle wie Eingebungen erlebt, die ihn in einem tranceähnlichen Zustand erreichen – sozusagen in einem »Schwebezustand«. Und das entspricht genau der Haltung des Analytikers während des Zuhörens in der Behandlungsstunde, wie es Freud (1912, S. 377) schon mit der »gleichschwebenden Aufmerksamkeit« beschrieb.

Was den Analytiker primär erreicht, sind also Veränderungen der Affekte, wie sie sich in der Zeit und in der Intensität manifestieren. Wenn die Stimmung in der analytischen Stunde entweder als dahineilend oder plätschernd, nachlassend oder spannend, explosiv oder versinkend usw. erlebt wird, dann werden »Vitalitätsaffekte« wahrgenommen, die Bewegung, expressive und gestische Muster umfassen (Haesler 1992, S. 8). In der Wahrnehmung werden diese »Vitalitätsaffekte« mit Modi des kurz-lang, auf-ab, rhythmisch diskontinuierlich – rhythmisch-kontinuierlich, fließend, verlangsamend und beschleunigend verbunden. Solche sinnlichen Phänomene auf der affektiven Seite lassen sich mit den spezifischen semantischen, dynamischen und formalen Strukturen verbinden, wie sie musikalischen Prozessen zu eigen sind (ebd., S. 6): So können sich im Analytiker musikalische Vorstellungen über bestimmte Sequenzen in der

Behandlungsstunde bilden: z. B. ein crescendo oder ein decrescendo, ein accelerando oder ein ritardando usw. Ein Crescendo wird dann körperlich-seelisch als ein Anschwellen erlebt, als ein körperlich-seelisches Ereignis, das sich im Analytiker abspielt. Derartige Ereignisse verweisen als basale »Vitalitätsaffekte« auf frühe Beziehungsformen hin, die jetzt zwischen Analytiker und Patient stattfinden.[4]

Hören führt automatisch zu Bewegungsimpulsen. Wenn man Musik als tönende Bewegung in der Zeit definiert, dann lässt sich in Analogie dazu der psychoanalytische Prozess ebenfalls als Bewegung in der Zeit beschreiben, nämlich als eine durch den Affekt ausgelöste seelische Bewegung. Die Affektdynamik des Patienten löst im Analytiker sehr körpernahe Gefühle aus, die in ihm z. B. Gefühle des Fallens, des Steigens, des Rotierens hervorrufen können. Durch unser Strukturdenken werden derartige affektive Erlebnisse zu Gestalten geformt. Solch eine bewegte Musikgestalt kann sich assoziativ beim Analytiker einstellen, wenn z. B. das Erlebnis des Fallens die Erinnerung an ein musikalisches Motiv auslöst, das ihm bekannt ist; d. h. es stellt sich ein »Erinnerungshörbild« ein, das zuerst wie ein Ikon wirkt – also ein Abbild, das assoziiert wird; dem Analytiker kann dann eine bestimmte Tonfolge bzw. Melodie einfallen.

Hinzu tritt eine indexikalische Dimension (Karbusicky 1986, S. 49), d. h. mit diesem Einfall werden Empfindungen, Stimmungen, Gemütszustände usw. verbunden, so dass ein Gefühlskomplex »vergegenständlicht« werden kann. Auf diese Weise lässt sich ein – durch das affektiv übermittelte unbewusste Material des Patienten ausgelöster – komplizierter seelischer Zustand im Inneren des Analytikers bewältigen; d. h. er kann das vielleicht katastrophische Material des Patienten in der Sprache Bions »containen«.

Hier beziehe ich mich auf die Zeichenkategorien von Charles S. Peirce, der die Zeichenqualitäten Ikon, Index und Symbol unterscheidet. Ikone sind in der Musik Abbilder bzw. Nachahmungen (wie z. B. Vogelgezwitscher), Indizes haben einen subjektiven Charakter und beziehen sich auf Empfindungen, Gemütszustände usw. während Symbole für etwas stehen, also etwas repräsentieren (Karbusicky 1986, S. 49). Zwischen den einzelnen Zeichenqualitäten bestehen viele Übergänge, es gibt eine semiotische Unsicherheit, die insbesondere bei der Unterscheidung von Ikon und Index deutlich wird.

---

4 Es geht hier um die affektiv-musikalische Berührbarkeit des Analytikers, wenn er sich in der Übertragung in der »autistisch-berührenden Position« (Ogden 1989) befindet.

4. Eine Fallvignette

Ich möchte im Folgenden von einer ganz bestimmten Erfahrung mit einer Patientin berichten. Es handelt sich um eine Bankkauffrau, die ursprünglich aus Norddeutschland stammt und seit einigen Jahren wegen der Beziehung zu ihrem Freund in Süddeutschland lebt. Sie ist 36 Jahre alt, unverheiratet, wohnt mit ihrem Freund in einer gemeinsamen Wohnung; sie haben keine Kinder. Beide haben sich immer mehr auseinander gelebt, sie gehen ihre eigenen Wege, haben aber keine Außenbeziehungen. Die Patientin leidet an einer depressiven Neurose.

Ich berichte über eine Analysestunde aus der Anfangszeit der Psychoanalyse dieser Frau. Die Patientin kommt in die Stunde, schweigt wenige Minuten, dann sagt sie, sie sei völlig fertig, zudem sei sie etwas erkältet, sie habe keine Kondition – alles sei ihr zu viel. Dann entsteht eine Pause, die 22 Minuten dauert.

Was sich in dieser Pause in meinem Inneren abspielte, werde ich im Folgenden darzustellen versuchen, wobei ich mich auf das Wesentliche beschränke. Die inneren Ereignisse folgten sehr schnell aufeinander, so dass ich nur Bruchstücke des tatsächlichen Verlaufs wiedergeben kann. Allein aufgrund der Tatsache, dass die Pause so ausgedehnt war, war es mir möglich, diese Mikroprozesse zu erinnern und sie sofort nach Ende der Stunde zu skizzieren. Bei meinen folgenden Ausführungen wird es Sie überraschen, welch relativ konkrete musikalische Vorstellungen sich bei mir schon während der langen Anfangspause ausbildeten, die sich nachträglich auf bestimmte musikalische Gestalten beziehen ließen. Ich möchte betonen, dass es sich hier um einen Vorgang handelt, der äußerst selten in einer analytischen Situation vorkommt. Ich wähle aber bewusst dieses für mich einmalige Beispiel aus, weil hier explizit wird, wie eng das körperlich-seelische Erleben von Patient und Analytiker miteinander verwoben ist und welch wechselseitige Wirkungen bei beiden Beteiligten stattfinden.[5] Die Beschreibung meiner inneren Vorgänge während der Anfangspause ist als ein in die Reflexion zurückgeholter unbewusster Prozess zu verstehen.

Zu Beginn dieser Pause spüre ich ein heilloses Durcheinander, ein seelisches Chaos in mir. Ich kann nicht denken und fühle mich nicht nur ohne Kontakt zur Patientin, sondern irgendwie von allen Bindungen abgeschnitten. Es ist ein schwer erträglicher Zustand.

---

5 Diesen Vorgang beschreibt J. S. Grotstein (2005) mit dem Begriff der »projektiven *Trans*identifizierung«: Gemeint ist, dass das projizierende Subjekt sensomotorische Modi (wie Gesten, Körperhaltung usw.) in das rezeptive Objekt induziert, wodurch das Objekt das Erleben des Subjekts spontan empathisch simuliert. Da das Objekt im Gegensatz zum Subjekt über stabilere stützende »Verschaltungen« verfügt, hat dieser Vorgang eine stärkende Funktion für die Selbstentwicklung des Subjekts.

Zuerst ergreifen mich Gefühle, irgendwie aus dieser nicht aushaltbaren Situation zu entkommen. In den Vordergrund drängen sich Stimmungen des Sich-Wegbewegens, des Abstand-Gewinnen-Wollens. Diese Tendenzen erlebe ich wie in einem tranceähnlichen Zustand. Die Situation wird für mich etwas erträglicher, als sich bei mir »quasi-musikalische« Eindrücke einstellen, die Weglaufbewegungen entsprechen, also etwas Wildes, Galoppierendes. Daraus formt sich eine vage musikalische Gestalt. Erst nachträglich, als ich über diese Sequenz nachdachte, kam mir der zweite Teil der Ouvertüre zu *Wilhelm Tell* von Rossini[6] in den Sinn, währenddessen aber bleibt es bei diesem Gefühl, das noch den Status eines »Vitalitätsaffektes« hat.[7]

Dieser Eindruck des forteilenden Galoppierens erstirbt aber schnell, »verlöscht« sozusagen. Nachträglich dachte ich an ein *diluendo*[8] in der Musik.

Die affektive Weglaufbewegung stoppt. Ich spüre nun bei mir Unruhe, Ängstlichkeit und leichte Desorientiertheit. Diese Affekte erlebe ich zunächst wie ein Rotieren, bis sich in mir ein »Hörbild« (bzw. eine »Hörgestalt«) eines Motivs einstellt, das ansetzt, anschwillt, schließlich abgebrochen wird und immer wieder aufs Neue beginnt. Im Sinne einer Analogisierung von affektiven und musikalischen Verläufen ist für mich direkt erlebbar, wie die Bildung eines Themas immer wieder verhindert wird.

Jetzt stellt sich bei mir eine vage Hörassoziation ein, die mir vor allem aus Schuberts mittleren Klaviersonaten[9] geläufig ist. Ohne direkten Bezug zu einem bestimmten Thema eines dieser Schubert-Werke herstellen zu können, bildet sich in mir die »musikalische Affektgestalt« des Beginns eines Themas, das abbricht und wieder neu ansetzt, bis es wieder abrupt endet.[10]

In mir spüre ich, wie sich die Intensität meiner Affekte steigert; meine Gefühle werden immer dissonanter. Die dissonanten Spannungen bekommen eine explosive Qualität. Ich denke, ich könne diese Pause nicht mehr aushalten und möchte am liebsten aufspringen, was natürlich nicht geschieht. Obwohl es in der Stunde ganz still ist, meine ich, mir würden die Ohren dröhnen. Dieser Zustand kulminiert schließlich in einer Hörassoziation: In mir setzt sich das ungestaltete Dröhnen in Hörvorstellungen um, die Ähnlichkeit mit aggressiv-donnernden Akkorden aufweisen, wie sie in schnellen Sätzen in Klaviersonaten

6 Rossini: Ouvertüre zu *Wilhelm Tell*, Allegro (ca. ab 3,35 Min.).

7 Durch meine Hörassoziation bekam dieser Affekt eine ikonische und wegen der gefühlshaften Bedeutung auch eine indexikalische Qualität.

8 *diluendo:* erlöschend; auch *morendo* (ersterbend – gleichzeitiges diminuendo /nachlassend/ und ritardando / allmählich verzögernd/) trifft diese Gefühlsqualität.

9 Schubert: Klaviersonaten, z.B. a-Moll, D. 784.

10 Diese Hörassoziation ist m.A. als eine indexikalische Assoziation anzusehen, weil Emotionen assoziiert werden.

von Prokofieff[11] vorkommen. Streng genommen ist es keine Erinnerung an ein Stück von Prokofieff, sondern ich transformiere diese schier unaushaltbare innere Wahrnehmung (also die spontane »Hörgestalt«) in eine Hörassoziation um. Im übertragenen Sinne könnte man sagen, dass ich unbewusst im Stil dieses Komponisten gleichsam »komponiere«; es erfolgt eine Transformation einer Affektwahrnehmung in eine Hörassoziation. Zudem verdeutlicht sich mir die Gefühlsqualität: Ich erlebe sie als Wut. Sofort empfinde ich die aktuelle Situation in dieser Pause wieder erträglicher, weil meine Hörassoziation mir den Raum eröffnet, damit ich nach dieser affektiven Überwältigung wieder besser auf die Vorgänge in meinem Inneren achten kann. Nun setze ich gedanklich beide Hörassoziationen in Verbindung – also diese, die sich auf die Affektfigur »Beginnen-Abbrechen« bezieht und jene, die ich als Äußerung einer Wut erlebe – und es wird mir klar, dass es um die Wut darüber geht, immer vom Erreichen eines Zieles abgehalten zu werden.[12]

Mein affektiver Zustand ändert sich erneut: Ich spüre in mir eine emotionale Verlangsamung, etwas Schweres beginnt auf mir zu lasten, dem ich mich nicht entziehen kann. Auch dieser »Affektdruck« wird durch eine Hörassoziation transformiert: In mir entstehen Hörvorstellungen von einer lastenden, schweren Trauermusik, die mir wie ein Stück von Vivaldi[13] anmutet. Erst durch diese Hörassoziation kann ich mich aus dieser emotionalen Schwere herausbewegen, die mich in Resignation verharren lässt und meine analytische Funktion völlig hemmt. – Bis zu diesem Zeitpunkt bin ich konkordant mit dem Erleben der Patientin identifiziert.

Nun aber stellt sich bei mir eine »rêverie« (Träumerei i.S. Bions) ein: Plötzlich fällt mir eine tragische Figur eines Romans[14] ein, den ich vor einiger Zeit gelesen habe. Es handelt sich um eine Frau, die existenziell an eine Person gebunden ist, die sie in ihrem Wesen nicht erkennt und folglich keinen emotionalen Zugang zu ihr hat. Weil das »passende«, sie verstehende Objekt nicht auffindbar ist, kommt sie von dieser Person nicht los. Diese »Träumerei« verhilft mir nun, mich aus der konkordanten Identifizierung zu lösen und aus der nun gewonnenen Distanz heraus – also durch die Wiederherstellung des triangulären Raums – erkenne ich, dass die Patientin schweigt, weil die widersprüchlichen Gefühle und Affekte nicht integrierbar sind, die sie in der Übertragung einem Objekt gegenüber erlebt, das für sie subjektiv nicht erreichbar ist. Sowohl das

11 Prokofieff: Klaviersonaten, z.B. Nr. 7, B-Dur, op.83 (3. Satz: Precipitato).

12 Diese auf ikonische und indexikalische Assoziationen aufbauende Überlegung bekam dadurch eine symbolische Qualität.

13 Vivaldi: Concerto Funebre für Violine, RV 579, 1. Satz, Largo.

14 Dieter Wellershoff: *Der Liebeswunsch*.

Entstehen dieser »Träumerei« wie auch die daraus folgende Erkenntnis wurden vorgeformt durch den Verlauf der soeben geschilderten Hörassoziationen, ein Umstand, der mir in der aktuellen Situation aber nicht bewusst ist.

Infolge dieser Erkenntnis ändert sich meine Stimmung, und ich spüre jetzt in mir Gefühle, die ich am besten mit beschleunigend, vorwärtsstürmend charakterisieren kann. Auch diese Gefühle erfahren eine Transformation in Hörassoziationen, die einen marschartigen Charakter haben. Dieser assoziativen Anmutung ordnete ich im Nachhinein eine Arie des Figaro aus *Die Hochzeit des Figaro* von Mozart[15] zu.

Im zuletzt beschriebenen Vorgang kommt es zu einer Auflösung meiner Denk-Hemmung. Die sich nun einstellende affektive Figur signalisiert Initiative, die durch die besagte Hörassoziation ausgelöst wird. Daraus ergibt sich wieder eine analytische Aktivität, d.h. etwas gestalten, formen und zusammenfügen zu wollen. Auf dieser affektiven Basis formuliere ich nun die Deutung: »Sie schweigen, weil sie keine Worte finden für alle ihre widerstreitenden Gefühle, die sie in sich spüren«.

Die Patientin antwortet, sie sei sprachlos. Dann fügt sie hinzu, sie konnte nicht schlafen, wisse nicht was in ihr vorgeht, alles »sitze in ihrem Körper«. Bald danach kommt ihre Verzweiflung zum Ausdruck, weil sie nicht verstehen könne, dass ihre Mutter total beleidigt sei, wenn sie sich von ihr abgrenzen möchte.

Es würde hier zu weit führen, auf den weiteren Verlauf der Analysestunde ausführlich einzugehen. Die Mutterbeziehung der Patientin wurde inhaltlich bestimmend: So berichtete die Patientin, dass sie sich während eines kürzlichen Besuchs im Elternhaus Dinge aufdrängen ließ, die sie nicht wollte. Sie protestierte nicht dagegen, um die Beziehung zur Mutter nicht zu gefährden. Da ihre Bemühungen, das Interesse der Mutter zu gewinnen, ohne Erfolg blieben, wurde sie innerlich wütend, wagte jedoch nicht, diese Gefühle auszudrücken.

Nur so viel zu dieser Analysestunde, die äußerlich betrachtet nicht sehr ergiebig war. Für mich war aber besonders eindrucksvoll, dass ich während der langen Pause in meinem Erleben schon etwas vorweggenommen habe, das im späteren Verlauf zum bestimmenden Inhalt der analytischen Arbeit wurde.

Die heftigen Affekte, die meine Gegenübertragung in der oben geschilderten Pause bestimmten, verdeutlichen, welche katastrophenartigen Erlebnisweisen in der Patientin vorgegangen sein müssen, die für sie unerträglich und deshalb nicht integrierbar waren. Nur infolge der speziellen Art meines Zuhörens, nämlich des »musikalischen Zuhörens«, war ich in der Lage, dieses Material wahrzunehmen, des Weiteren zu containen und schließlich darin eine Bedeutung zu erkennen.

15 Mozart: *Die Hochzeit des Figaro*, 1. Akt, Arie des Figaro »Non più andrai« (nimmt Bezug auf Cherubino, der zum Militär geschickt wird).

Wenn ich nochmals den Verlauf rekapituliere, dann lässt sich mein Erleben zu Beginn der Pause als ein von der Patientin in mich projektiv-identifikatorisch hineingelegter Zustand der Fragmentierung beschreiben. Befürchtete Verschmelzungsempfindungen werden durch die Fragmentierung abgewehrt, weil die Selbstverlustängste eine noch größere seelische Katastrophe bedeuten würden. Aus dieser unerträglichen seelischen Situation sollen die Weglauftendenzen befreien, die mit Hilfe einer Spaltung zustande kommen, vgl. den Affekt des Galoppierens. Dann tritt ein »Verlöschen« der affektiven Bewegung ein, weil die Fortbewegung vom Objekt unbewusst mit der Gefahr eines Objektverlusts verbunden wird. Nun kommt es zu Versuchen der Annäherung an das Objekt, die immer wieder scheitern, vgl. meine Hörassoziation, die an das Beginnen und Abbrechen bei manchen Klaviersonaten Schuberts erinnert. Die Wut über die Vergeblichkeit findet Ausdruck in Hörassoziationen, die ich mit Sätzen aus Klaviersonaten von Prokofieff in Verbindung bringe. Die erlebte destruktive Kraft, die das Objekt zerstören könnte, löst Affekte der Trauer aus, vgl. meine Hörassoziation des *Concerto Funebre* von Vivaldi. Das Auftauchen dieses Affekts bei mir signalisiert das Verlassen meiner Identifikation mit der aktuellen seelischen Befindlichkeit der Patientin und stellt den Übergang zu einer weiteren Stufe einer therapeutisch notwendigen Haltung dar, in der – vorerst beim Analytiker – Liebe und Hass affektiv integriert werden können – also, in der Theoriesprache der Psychoanalyse ausgedrückt, die »depressive Position« eingenommen werden kann.

In diesem Zusammenhang möchte ich betonen, dass ich während der besagten Pause vorerst nur die Abfolge unterschiedlicher Stimmungen wahrgenommen habe. Das »musikalische Zuhören« auf diese Stimmungen löste in mir Hörassoziationen, also Vorstellungen über bestimmte Tongestalten aus; folglich fand eine Transformation dieser Stimmungen in auditive Vorstellungen statt. Der hohe Grad der Konkretheit dieser Hörassoziationen ist äußerst ungewöhnlich. In der Regel weisen diese Hörassoziationen einen unterschiedlichen Konkretheitsgrad auf, zumeist haben sie aber nur die Qualität von Ahnungen bzw. Anmutungen. Allerdings war auch hier die psychische Bedeutung dieser Affektabfolge erst im Nachhinein erkennbar.

Mir geht es darum zu verdeutlichen, wie über eine affektive Kommunikation, d.h. durch projektive Identifikation im Analytiker, Seelenzustände hervorgerufen werden, die als »Hörbilder« bzw. »Hörgestalten« wahrgenommen werden und dann zu einer Hörassoziation führen wodurch sie eine ikonische Repräsentation bekommen.[16] Die nun assoziierten Tonfolgen haben für den Analytiker eine sub-

16 Eine ikonische (wie auch indexikale) Repräsentation ist i.e.S. keine Repräsentation, weil sie noch keine eigentliche symbolische Qualität hat (also nur präsentiert ist). Vgl. dazu Freuds Unterscheidung von Sach- und Wortvorstellungen.

jektive, emotionale Bedeutung, sie repräsentieren emotional Verinnerlichtes des Analytikers und nehmen dadurch den Status einer indexikalischen Repräsentation an. Erst über eine anschließende Reflexion dieser inneren Vorgänge können Bedeutungen des affektiven Geschehens erschlossen werden, die dann symbolischen Charakter aufweisen. Je intensiver es dem Analytiker gelingt, diese Seelenzustände – insbesondere auch in ihrem jeweiligen Ablauf – wahrzunehmen, um so näher wird er dem emotionalen wie dem dynamischen Unbewussten des Patienten sein, d.h. um so authentischer wird er dessen Seelenzustand wahrnehmen und in weiterer Folge verstehen und erkennen können. Wobei ich auf das Wort *authentisch* besonderen Wert lege, weil damit auf das körperlich-seelische Wahrnehmen der innern Vorgänge des Patienten abgezielt wird. Diese Vorgänge können als affektive Tiefenkommunikation bezeichnet werden (Meltzer 1988).

Man wird mit Recht einwenden können, dass dieses »musikalische Hören« sich bei Analytikern nicht einstellt, die sich weniger mit Musik beschäftigen. In diesem Fall werden sich die Hörassoziationen nicht auf Analogien zu bestimmten Musikstücken beziehen; es wird dann zu keiner Zuordnung zu bestimmten musikalischen Tonfolgen oder gar Musikstücken kommen. Ich gehe aber davon aus, dass trotzdem ein »Affekthören« stattfinden kann.[17] Auch wenn sich dann kein direkter Bezug zum »musikalischen Zuhören« einstellt, werden vom Analytiker doch Stimmungen wahrgenommen, die in ihm einen fortschreitenden Prozess der Wahrnehmungsstrukturierung anstoßen werden, damit er die auf ihn einströmenden Affekte in seinem Verstehensprozess aufnehmen kann. »Musikalisches Zuhören« stellt demnach nur eine bestimmte Art einer Wahrnehmungsfokussierung dar; man könnte auch von einer Art »Denken in Musikgestalten« sprechen. Musikalische Assoziationen, wie ich sie hier beschrieben habe, erleichtern es, aus der chaotischen Wahrnehmungsmenge Gedächtnisphänomene zu bilden und dadurch eine Vorstrukturierung des Wahrgenommenen zu ermöglichen. Im Analytiker steht eine musikalische Assoziation subjektiv für eine bestimmte Stimmung, die er in der analytischen Beziehung spürt; sie hat nur für einen bestimmten zeitlichen Moment Geltung. Die affektiven Informationen werden infolge ihres senso-motorischen Charakters in ihren Abläufen *körperlich gefühlt und erlebt;* durch dieses körpernahe Berührtwerden können auch die Bereiche des »emotionalen Unbewussten« erfasst werden. Diese »Tiefenkommunikation« verhilft dazu, zu den für die Entwicklung eines Individuums entscheidenden unbewussten Vorgänge vorzustoßen.

17 Ich halte es für sehr wahrscheinlich, dass es auch ein »Affektsehen« geben kann, d.h. dass der Analytiker in sich Bilder entstehen lässt, die bei ihm subjektiv für bestimmte Stimmungen stehen, die er in der Kommunikation mit dem Patienten erlebt.

5. Zusammenfassung

Ich komme zum Schluss. In meinem Beitrag habe ich zuerst auf die gemeinsamen psychogenetischen Ursprünge der affektiven und der musikalischen Kommunikation hingewiesen. Sie basieren auf den frühen Beziehungserfahrungen in der Mutter-Kind-Dyade, in der das Kind mit der Mutter über die Affekte kommuniziert. Entsprechendes findet auch in der psychoanalytischen Situation statt.

Ich wandte mich dann der Frage zu, was im Analytiker bei der Affektwahrnehmung vorgeht. Im Affekthören sehe ich eine ursprüngliche Art der Affektwahrnehmung; das »musikalische Zuhören« bedeutet also das emotionale Aufnehmen eines aktuellen affektiven Zustandes eines Patienten. Das geschieht über die Wahrnehmung der »Vitalitätsaffekte«, die in Modi wie z.B. beschleunigend, verlangsamend usw. registriert werden. Kommt es zu einer Transformation in Strukturen, wie sie musikalischen Prozessen eigen sind – der Analytiker nimmt z.B. innerlich einen Affekt als ein Crescendo bzw. ein Decrescendo wahr. Aufbauend auf diesen musikalischen Elementen können sich dann im Inneren des Analytikers musikalische Vorstellungen bilden, die sich zu bewegten Musikgestalten ausformen – diesen Vorgang bezeichne ich als eine »Hörassoziation« des Analytikers. Bei diesen Hörassoziationen handelt es sich um »musikalische rêverie«. Diese Vorgänge spielen sich im Analytiker ab und sind ein Index für ein – oftmals traumatisches – Objektbeziehungsgeschehen, das in der Übertragung auftaucht.

Den Vorgang des »musikalischen Zuhörens« habe ich mit einem Beispiel aus einer psychoanalytischen Behandlungsstunde zu veranschaulichen versucht. Dieses Beispiel ist äußerst ungewöhnlich, da die Mikrovorgänge, die sich in mir während der erwähnten Pause zu Anfang der Sitzung abspielten, in der Regel nicht registriert werden können; sie spielen sich unbewusst oder vorbewusst im Analytiker ab. Ich wählte dieses Beispiel aber ausdrücklich, weil hier der minutiöse Vorgang deutlich wird, bei dem Affekte des Patienten im Analytiker seelisch-körperliche Reaktionen auslösen. Dieser Vorgang ist nur im Zustand einer »primären Bezogenheit« (Kinston/Cohen 1987, S. 58) möglich. Auf diese Beziehungsstufe regredierte die Patientin in dieser Stunde; bei mir stellte sich eine heftige affektive Spannung ein, die mich zu überwältigen drohte und die ich nur ertragen konnte, weil ich mich auf innere Hörwahrnehmungen einließ, die ich schließlich in Hörvorstellungen, ich spreche von Hörassoziationen, transformieren konnte.

Entscheidend ist folgendes: Damit ein Affekt des Patienten im Analytiker Hörvorstellungen ausbilden kann, muss ein bestimmter zumeist schwer aushaltbarer Affekt im Analytiker schon erlebt worden sein, d.h. er hat einen entsprechenden Affekt schon einmal, wenngleich nicht bewusst, in sich zugelassen.

Eine Hörassoziation steht für eine subjektive Bedeutung, die ein Affekt für den Analytiker hat; eine Bedeutung, die in seinem Inneren zumindest präsentiert, aber noch nicht unbedingt repräsentiert sein muss.

Und nur weil ein derartiger Affekt im Analytiker präsentiert ist, d.h. er ihn bei sich schon irgendwie »kennt«, kann er ihn präsymbolisch »verstehen«. Dieses vorsprachliche Verstehen ist nach meiner Vorstellung in Modi vorstrukturiert, die den affektiven wie den musikalischen Abläufen eigen sind; dieser Vorgang manifestiert sich in den Hörwahrnehmungen. Die Hörwahrnehmung ist der erste Schritt eines zuerst im Analytiker stattfindenden Mentalisierungsprozesses, der mit einem symbolischen Verstehen der affektiven Situation abgeschlossen ist. Nach meinem Verständnis induziert der Patient im Analytiker ein intuitives Verstehen seiner affektiven Verfassung; diese sensomotorische Induktion trifft nun auf die Innenwelt des Analytikers, der gleichsam schon auf diese Affektqualität vorbereitet ist, weil sie in ihm zumindest präsent ist.[18] In diesem Sinne können Hörassoziationen gleichsam als seelische »Bausteine«[19] angesehen werden, die der Analytiker einsetzt, nicht nur um das innerpsychische Geschehens des Patienten besser ertragen und damit verstehen zu können, sondern auch um dem Patienten »Material« zur Verfügung zu stellen, das dieser zum weiteren Aufbau seiner inneren Welt verwenden kann. Auf diese Weise wird der Analytiker zum »transformierenden Objekt« (Bollas 1987) für den Patienten. Spürbar für ihn wird die transformierende Funktion des Analytikers, wenn dieser ihm spiegelt, dass er seine Gefühle erfasst hat und ihm zugleich vermittelt, dass er sie bewältigt hat. Dies erfolgt in erster Linie über averbale Reaktionen des Analytikers, insbesondere wie er seine affektive Bewegtheit in sein Sprechen einfließen lässt – also über die »Musik der Sprache«, die eine Vorstufe zu einer erkennenden Sprachfindung sein kann und folglich Deutungsoptionen für ein bestimmtes interaktionelles Geschehen eröffnen kann.

---

18 vgl. Fußnote 5: Der Analytiker »versteht« die in ihn induzierten Affekte nur, wenn sie bei ihm auf ein Affekterleben treffen, das in ihm präsent, aber nicht unbedingt symbolisiert ist. Indem der Analytiker von einem derartigen Affekterleben »weiß« (i.S. eines ungedachten Wissens), verfügt er über etwas, was Grotstein (2005) vermutlich mit stützenden »Verschaltungen« meint. Anders ausgedrückt ist gemeint, dass die innere Objektwelt des Analytikers hinsichtlich der besagten Affektdimension strukturierter sein muss, damit er die für den Patienten unaushaltbaren Affekte in sich aufnehmen kann.

19 »Nachdem sich der Analysand (… aus der Innenwelt des Analytikers) Bausteine für sein Erleben herausbrechen konnte, entsteht ein interpsychisches szenisches Prozessgeschehen bzw. ein intrapsychisches sequenzielles aufeinander Bezogensein, welches Ausgangspunkt für das Erkennen von bis dahin unerkannt unbestimmt Erlebtem, aber noch nicht Gedachtem wird« (Wegner 2005, S. 31, bezugnehmend auf Danckwardt 2006).

Literatur

Biermann, Ingrid (1995): Die Ebene der primären Identifikation in der Behandlung von depressiven Patienten mit gehemmter musikalischer Begabung. In: Haas, J.-P. und Jappe, G. (Hg.): Deutungsoptionen. Tübingen (edition diskord), S. 257–300.

Bion, Wilfred R. (1962): Lernen durch Erfahrung. Frankfurt/M. (Suhrkamp) 1990.

Böhme-Bloem, Christel (2002): Das Ergriffene im Begriff. Gedanken zum Symbolisierungsprozess. Zs. Psa. Theorie u. Praxis 17, 371–392.

Bollas, Christopher (1987): Der Schatten des Objekts. Stuttgart (Klett-Cotta) 1997.

Danckwardt, Joachim, F. (2006): Der Einriß in der Beziehung des Ichs zur Außenwelt und seine Performance als Restitutionsversuch. Jb. D. Psa. 53, 11–27.

DeMasi, Ranco (2000): Das Unbewusste und die Psychosen. Psyche – ZPsychoanal 57, 2003, 1–34.

Freud, Sigmund (1901): Zur Psychopathologie des Alltagslebens. GW 4, S. 1–310.

Freud, Sigmund (1912): Ratschläge für den Arzt bei der psychoanalytischen Behandlung. GW 8, S. 376–387.

Freud, Sigmund (1915): Das Unbewusste. GW 10, S. 264–303.

Grotstein, James S.(2005): ›Projective transidentifiation‹: An extension for the concept of projektive identification. I. J. Psycho-Anal 86, 1051–1069.

Haesler, Ludwig (1992): Musik als Übergangsobjekt. Zs. Psa. Theorie u. Praxis 7, 4–15.

Haesler, Ludwig (1997): Psychoanalyse und Musik. In: Oberhoff, B.(Hg.): Psychoanalyse und Musik. Gießen (Psychosozial-Verlag) 2002, S. 389–419.

Holderegger, Hans(2005): Inszenierung und Verwandlung, Psyche – ZPsychoanal 59, 145–161.

Karbusicky, Vladimir (1986): Grundriss der musikalischen Semantik. Darmstadt (Wissenschaftliche Buchgesellschaft).

Kinston, Warren & Cohen, Jonathan (1987): Urverdrängung und andere seelische Zustände. Vortrag bei der DPV-Arbeitstagung im November 1987. DPV-Tagungsband Herbst 1987, 41–81.

Langer, Susanne (1942): Philosophie auf neuem Wege. Frankfurt/M. (Fischer) 1965.

Luhmann, Niklas (1995): Die Kunst der Gesellschaft. Frankfurt/Main (Suhrkamp) 1997.

Mätzler, Ruth (2002): Perspektiven einer Psychoanalyse der Musikrezeption. In: Oberhoff, B. (Hg.): Psychoanalyse und Musik. Gießen (Psychosozial-Verlag), S. 471–493.

Meltzer, Donald (1988): Traumleben. Stuttgart (Verlag Internationale Psychoanalyse) 1995.

Nass, Martin L. (1975): Hören und Inspiration im Prozess des Komponierens von Musik. In: Oberhoff, B. (Hg.): Psychoanalyse und Musik. Gießen (Psychosozial-Verlag) 2002, S. 233–250.

Ogden, Thomas H. (1989): Frühe Formen des Erlebens. Wien (Springer) 1995.

Ortheil, Hanns-Josef (1982): Mozart im Innern seiner Sprache. München (Sammlung Luchterhand) 2002.

Peirce, Charles S. (1976): Schriften zum Pragmatismus. Frankfurt/M. (Suhrkamp). Quindeau, Ilka (2004): Die intersubjektive Konstitution des Unbewussten. Zs. Psa. Theorie u. Praxis 19, 309–324.

Spitz, René (1965): Vom Säugling zum Kleinkind. Stuttgart (Klett) 1967.

Stern, Daniel N. (1985): Die Lebenserfahrung des Säuglings. Stuttgart (Klett-Cotta) 1992.

Stern, Daniel N., et al. (1998): Nicht-deutende Mechanismen in der psychoanalytischen Therapie. Psyche-Zpsychanal 56, 2002, 974–1006.

Wegner, Peter.(2006): Überwältigtwerden als Performance. Jb. d. Psa 53, 29–51.

Wittgenstein, Ludwig (1922): Tractatus Logico-Philosophicus. Frankfurt/M. (Suhrkamp) 1963

Analytisches Verstehen durch musikalische Transformation

Antje Niebuhr

Der folgende Beitrag beschreibt eine experimentelle Zusammenarbeit zwischen einer Psychoanalytikerin und einem Musiker auf der Suche nach erfahrbaren Überschneidungen zwischen Psychoanalyse und Musik. Die Erfahrbarkeit erfährt durch die Verschriftlichung eine gewisse Beschränkung, was wir durch einen Kunstgriff, der sich aus den Möglichkeiten von Technik und Vernetzung ergibt, zu lösen versuchen: Die Musik, die Ausführungen nicht lediglich begleitet oder illustriert, sondern Teil der Ausführungen ist, kann über die Homepage des Coesfelder Arbeitskreises (www.psychoanalyse-und-musik.de) unter dem obigen Titel gehört werden. Die Musikstücke sind nach Auftauchen im Text durchnumeriert.

Ausgangspunkt der Überlegungen ist ein Phänomen, das ich als emotional unmittelbar erlebbare Authentizität beschreiben möchte, eine Erfahrung, die sich in der analytischen Arbeit sowohl beim Patienten, als auch beim Analytiker einstellt, wenn eine Echtheit des Kontaktes, des Gefühles erreicht werden kann. Diese Echtheit, die in erster Linie im Kontakt mit sich selbst erlebbar und demzufolge schwer kommunizierbar ist, kennzeichnet in der analytischen Arbeit meist diejenigen wertvollen Momente, in denen gewagt werden kann, eine Berührung mit den inneren Feldern zu erleben, die wir zum psychischen Überleben meinen schützen, verteidigen, abzuschirmen und verstecken zu müssen.

Die Intimität, von der also hier die Rede ist, kennzeichnet und markiert psychoanalytische Arbeit. Eine ähnliche Intimität, eben jene emotionale Authentizität ist das Merkmal musikalischer Erlebnisse. Im Hören, wie im Musizieren selbst sind ebensolche Berührungen möglich, sie führen zu einer höchst intimen Beziehung mit der Musik, dem eigensten Erleben emotionalen Kontaktes mit sich selbst.

Die Musik erschafft den intimen Raum scheinbar absichtslos, ziellos, wobei das menschliche Bedürfnis nach Musik untrennbar von menschlichen Gesellschaften zu beobachten ist, und insofern eine starke unbewusste Motivation hinter dieser kollektiven kulturellen Kraft steckt. Im Vergleich zum analytischen Prozess jedoch, in dem es ein erklärtes und hart erkämpftes Ziel ist, Authentizität und Kontakt zu ermöglichen, ist die Musik ein frei verfügbarer Erfahrungsraum.

Der Erfahrungsraum Psychoanalyse wird mit Hilfe des Settings so gestaltet, dass er Möglichkeiten der Berührung herstellt. Emotionale Berührung des Patienten mit sich selbst, des Analytikers mit sich selbst und beider miteinander.

Die Unmittelbarkeit und Unverfälschtheit des psychoanalytischen, wie des musikalischen Erlebnisses leitete die hier beschriebene Arbeit, hier eine Verknüpfungsarbeit zu versuchen, zu experimentieren und womöglich Rückschlüsse über die Wirkungsweise von Musik und Emotionen ziehen zu dürfen, war der Anfangsgedanke.

1. Die improvisierte Musik

Uli Sobotta, den sie als Musiker hören, ist Jazz- Musiker mit dem Schwerpunkt Freie Improvisierte Musik, d.h. er lässt sich in der Gestaltung seines musikalischen Ausdrucks auf dem Hintergrund von technischem und formalem Wissen von spontanen inneren »Gefühlsbildern« leiten, die, wie in jedem kreativen Prozess eine Mischung aus individuell subjektiver Möglichkeit und hoher ästhetisch-sensitiver Kompetenz ist. Er gebraucht diverse Musikinstrumente, deren Auswahl bereits ein Ausdruck, bzw. ein Beginn der Improvisation ist. Psychoanalytisch gesprochen findet in der Improvisation eine musikalische Gegenübertragungsgestaltung statt, die sich, wie jede Gegenübertragung aus dem persönlich-subjektiv bedingten Zugriff auf ein Material, den professionellen Kompetenzen und der Tiefe des Einlassens auf die implizit mitschwingende Ebene des Materials mischt.

Mit improvisierter Musik ist, ähnlich wie im »freien Einfall«, eine hohe Gestaltungsmöglichkeit gegeben – sprich eine gewisse Freiheit, formale Texturen und damit auch Klischees zu verlassen – um dem Ausdruck der Echtheit einer emotionalen Gestalt nahe zu kommen.

Wir hören nun die erste Improvisation des Musikers auf dem Didgeridoo.

Musikstück 1, unter: www.psychoanalyse-und-musik.de

Das Instrument mit seinen einzigartigen Tönen, das von den Aborigines gebaut und gespielt wird, lädt an dieser Stelle vor allem dazu ein, die diskursive Beschäftigung mit Musik zu verlassen und zu hören. Die fast formlosen archaischen Töne, die Tierlaute und Naturgewalten vor dem inneren Auge erstehen lassen, können sowohl ängstigend als auch beruhigend wirken, wenn es gelingt, sie nicht abzuwehren. Für den Leser mögen sie eine Möglichkeit sein, den inneren Spielraum zu vergegenwärtigen, der sich öffnet, wenn nicht lediglich über Musik geschrieben, gelesen oder gesprochen wird, sondern sie zu hören ist.

Musikstück 2, unter: www.psychoanalyse-und-musik.de
Diese zweite kleine Improvisation wirkt deutlich prononcierter auf die Affekte. Technisch erkennen wir die differenzierte Arbeit mit spannungsreichen Pausen, Auslassungen, Dynamiken in der Lautstärke, durch die Affektives transportiert wird wie Angst, Schreck, Unheimliches.

Dieser Spielraum der Erfahrung mit Musik, im wahren Wortsinn ein intermediärer Raum, öffnet sich, in dem wir in uns nach den Wirksamkeiten fragen: den Wirksamkeiten von emotional bedeutsamen Bewegungen.

In unseren Experimenten suchen wir nach einem psychischen Raum, in dem sowohl musikalischer Ausdruck als auch emotionale Arbeit wurzeln oder entspringen. Dass dieser Raum schwer zu fassen ist, er sich vor allem dem sprachlichen Zugriff entzieht, ist sein Wesen. Aber er lässt sich erleben.

2. Musik und Affekte

In der Musik wie in der Affektforschung ist die Beschreibung der »Grundbausteine« die Basis, um immer differenziertere Strukturen erforschen und verstehen zu können. Die Grundaffekte lassen sich recht einfach und zuverlässig musikalisch darstellen, bzw. erleben.

Musikstück 3, unter: www.psychoanalyse-und-musik.de
Die aufsteigende, dynamische Melodie in Dur bewegt sich in Eindeutigkeit, das Instrument, ein Euphonium, unterstreicht die Präsenz, wie es die *Freude* tut.

Musikstück 4, unter: www.psychoanalyse-und-musik.de
Eine kleine Moll-Melodie auf der portugiesischen Gitarre mit abfallender, verzögernder Gestaltung, offenen Akkorden, wie Fragezeichen, lässt uns *Traurigkeit* erleben.

Was geschieht da? Wie können wir diese kleinen Erlebnisse verstehen?

Die psychoanalytische Beschäftigung mit Musik hat immer deutlicher werden lassen, dass Musik in ihrer Bedeutung für die menschliche Seele der präverbalen, frühen Entwicklungszeit mit Einschluss der pränatalen Entwicklungszeit zugeordnet werden muss, mit allen Konsequenzen und Schwierigkeiten, die das für die Erforschung und die Analyse dieses Phänomens mit sich bringt.

Mit dieser Zuordnung finden wir neben einer Kategorie auch eine Erklärung für die Intensität der Wirksamkeit von Musik. In diesem vorsprachlichen, vorsymbolischen innerseelischen Raum, dieser frühen ungeschützten von mächtigen Objekten abhängigen Lebenszeit, bestimmen diffuse, archaische, wenig ausdifferenzierte Erlebnisqualitäten das Sein. Eben diese frühe Matrix versuchen wir in einer psychoanalytischen Behandlung zu berühren oder in Bewegung, in Schwingung zu bringen, vor allem dann, wenn es, wie so oft, um die Behandlung narzisstischer Pathologien geht. Ein psychoanalytischer Prozess bleibt als seelischer Umgestaltungsprozess relativ unbedeutend, gelingt es nicht, diese Primärebene zu erreichen, sprich nicht nur sprachlich-kommunikativ sondern direkt emotional miteinander zu kommunizieren. Im Konzept des »Gegenwartsmoments« ist dies beschrieben, wie auch in der »emotionalen Antwort«. Analytisches Material wird vom Analytiker auf zwei Ebenen verstanden oder gehört: auf der differenzierten Ebene der sprachlichen Mitteilung zwischen Erwachsenem und Erwachsenem und gleichzeitig auf der vorsprachlichen Ebene der Fantasien, Ängste und Wünsche, der sich der Analytiker öffnet und zur Verfügung stellt.

Denken wir hier also noch einmal an die musikalischen Beispiele und wie wir sie gehört haben. Ein Miteinander von rational Beschreibbarem und emotional Wirkungsvollem, wobei Letzteres schwerer beschreibbar, eher erlebbar ist.

Der analytische Dialog findet ebenfalls auf diesen beiden Ebenen statt: einer expliziten Ebene des gesprochenen Wortes, des definierten Wortsinnes, des beschreibbaren Interagierens einerseits. Andererseits und gleichzeitig findet ein weiterer Dialog statt, der dieses Ereignis psychoanalytisch macht: ein impliziter Dialog auf einer emotionalen Wirkebene. Gemeint ist die Sub-Ebene des szenischen, bildhaften nicht morphologisch ausdifferenzierten Erlebens, eine implizite Ebene – verborgen, vorbewusst oder unbewusst und dadurch bedeutungsvoll und wirkungsvoll.

In psychoanalytischen wie in musikalischen Ereignissen verschränken sich eine explizite und eine implizite Ebene. Explizit haben Musik und Psychoanalyse wenige Berührungspunkte, aber auf der Ebene des präverbalen Ereignisses berühren sie sich doch und machen neugierig, mit dieser Berührung in Berührung zu kommen.

3. Musikalische Bearbeitung therapeutischen Materials

Auf diesem Hintergrund gehen wir einen Schritt weiter in unseren Experimenten. Kann Analyse musikalisch hörbar werden? Was hört der Musiker, wenn er etwas aus dem analytischen Prozess hört, öffnet sich ihm die implizite Ebene musikalisch, ohne dass er Analytiker ist? Öffnet sich dem musikalischen Ohr die implizite Ebene, gleichsam in direkterer Verbindung zum Musikalischen? Kann ein Musiker als ein »Klangredner« spezifische Verbindungen herstellen zu den Ebenen analytischer Ereignisse, die so wertvoll sind für das Verstehen?

Ich stellte Uli Sobotta Behandlungssequenzen vor, Dialoge aus analytischen Sitzungen, Traumarbeit, Szenen zwischen Analytikerin und Patienten. Er ließ das Material auf sich wirken und improvisierte dazu. Das Ergebnis war verblüffend, vergleichbar mit einer guten Supervision: Ich hörte überraschende kleine »Episoden«, musikalische Bilder, in denen sich auf eindrückliche Weise meist der abgewehrte emotionale Gehalt der Dialoge mitteilte. Abgewehrt, entweder vom Patienten oder von der Analytikerin. Besonders faszinierend erlebte ich dabei die der improvisierten Musik eigene Transparenz der impliziten Ebene: Diese Musik, die wie eine freie Assoziation entsteht, spricht eine eigene Sprache, in der die explizite Ebene des gespielten Tons oder Geräuschs sehr eng mit der impliziten Bedeutungsebene verbunden bleibt. Durch die Musik wird ein emotionaler Bedeutungsgehalt beeindruckend authentisch dargestellt, bzw. kommuniziert, und dies geschieht gleichsam am bewussten Verstehen »vorbei«. Der Musiker ist offensichtlich in der Lage, in der Improvisation etwas für das analytische Verstehen äußerst Wichtiges auszudrücken, ohne dies zu konzeptualisieren. Dieser Prozess ist der Gegenübertragung analog, das Spezifische hierbei ist der musikalische Ausdruck, der einen durchlässigeren Zugang zu impliziten Bedeutungsebenen erlaubt.

Über den musikalischen »Kommentar« erlebt der Analytiker, ähnlich der Supervision, dass latente, abgewehrte Teilaspekte zurück zu ihm gelangen konnten und damit der Behandlung zugänglich werden. Das Besondere dabei ist, dass Sie nicht kognitiv zum Empfänger gelangen, sondern musikalisch.

Dieses starke emotionale Nach- und Neu-Erleben von Teilstücken analytischer Prozesse über die Über-Setzung und Rück-Übersetzung in und von Musik ließen mich fragen, ob ein Musiker einen spezifischen Zugang zu den sprachlich nicht symbolisierten Inhalten finden kann, bzw. diese vielleicht intuitiver auszudrücken vermag, weil er den »Umweg« über die Sprache und das kognitive Verstehen nicht braucht?

Um auf die analoge Ebene zwischen Musik und Analyse zurückzukommen: zu Ende gedacht heißt dies: eine gute musikalische und eine gute analytische Antwort schöpfen vielleicht aus derselben Quelle, benutzen lediglich eine unterschiedliche Sprache.

4. Ein Traum im therapeutischen Kontext und seine musikalische Bearbeitung

Zur Veranschaulichung mag ein Beispiel musikalischer »Traumarbeit« dienen. Diese Traumarbeit fand innerhalb eines Seminars über musikalische Supervision mit Analytikern und Analytikern in Ausbildung statt.

Im Traum gerinnen Spuren aus dem Sekundär- wie aus dem Primärprozess, verschränkt sich Abgewehrtes mit Abwehr wird die seelische Gestaltungsmöglichkeit und Kreativität entfaltet. Auch wenn der Traum als Bote des Unbewussten keine direkt explizite Aussage zu haben scheint, ist er jedoch ebenso aus expliziten und impliziten, oder manifesten und latenten Inhalten zusammengesetzt.

Ein Gruppenteilnehmer erzählte folgenden Traum eines Patienten:

Traumtext
Es hat eine Atomexplosion gegeben – ich fliege in einem Raumfahrtzeug über die Erde – danach.

Der karge Text legt ein unbelebtes Szenario nahe, das sowohl auf ein Bild von Ruhe und Alleinsein verweist, als auch auf eines enormer Aggression. Affektiv ist der Inhalt schwer zu fassen, denn die angesprochenen Bilder könnten von Angst oder Sehnsucht begleitet sein, beides taucht in der Gegenübertragung jedoch nicht recht auf. Eine diffuse Suizidgefahr könnte benannt werden, bleibt auch eher unkonturiert. Insgesamt wird der Traum von der Gruppe als Zeichen und Signal großer Kontaktlosigkeit und Aggression interpretiert.

Im Anschluss ist jetzt die Musik von Uli Sobotta zum Traum zu hören:

Musikstück 5, unter: www.psychoanalyse-und-musik.de

Auf dem Euphonium ertönt eine redundante »Siegermelodie«, einfache aufsteigende Dreitonschritte in Dur, rhythmische Figuren, die beschwingen und euphorisch stimmen sollen, von Triumph, gewonnenen Schlachten oder zu gewinnenden Schlachten künden. Irritation und Ärger machen sich als Gegenübertragungsgefühle breit, Ratlosigkeit angesichts einer »unpassenden« Musik, Scham über soviel Unbezogenheit, soviel Verleugnung angesichts soviel Einsamkeit und Grauen.

Wie lässt sich das verstehen? Die manifeste Gestalt des Traumes liefert Fragmente, Fragmente von Räumen, von Zeit, von einem Subjekt. Wie unverbunden und isoliert stehen da drei Sätze, bzw. Satzfragmente, in denen der Träumer gleichzeitig wie ein allmächtiges und grauenvoll einsames Wesen auf eine zerstörte Welt blickt. Das Fehlen von Affekten, von Beziehungen, legt nahe, dass es nicht nur die äußere Welt ist, die hier zerstört wurde. In der Musik wird eine affektive Gestalt erschaffen, die die Verleugnung und Unnahbarkeit zum Thema hat: Der Musiker berichtet, dass er nach der Traumerzählung das Gefühl der Überheblichkeit als zentrales Thema empfunden habe und sich im Ausdruck davon leiten ließ. Die musikalische Interpretation greift die narzisstische Thematik auf und formt in der Spielweise die Abwehr des Patienten nach und gibt darüber hinaus auch wieder, in welcher Beziehung der Patient sich zur Zeit des Traumes zu seinem Therapeuten befand. Der Therapeut berichtet im Anschluss an die musikalische Traumarbeit, die ohne jede Vorinformation über den Patienten stattgefunden hatte, dass der 50-jährige Patient sich nach einem Suizidversuch in einer psychiatrischen Klinik bei ihm in therapeutischer Behandlung befindet. Sein Leben ist eines der verpassten Möglichkeiten, wobei er sich in einer Nische des unverstandenen Genies eingenistet habe. Er sei nicht bereit, zu trauern, kleinere Brötchen zu backen. Er habe das Gefühl, dass man sich über ihn lustig macht, nicht zu Unrecht, meint der Therapeut. Er war in großer Sorge und verspürte quälende Schuldgefühle gegenüber seinem Patienten, der sich einerseits Gesprächsangeboten entzog, gleichzeitig in großer Not schien. Mit seiner Haltung: »Macht kaputt, was euch kaputt macht« wertete er den Therapeuten ab und strebte seiner baldigen Entlassung entgegen.

Uli Sobottas Interpretation machte die Abwehr des Patienten fühlbar und bestätigt seine hohe Suizidgefährdung. Der Therapeut fühlte sich nach der Bearbeitung handlungsfähiger, da er seine Schuldgefühle als Resultat der narzisstischen Verarbeitung, sprich Schuld- und Trauerabwehr einordnen konnte.

Diese Erweiterung des Verständnisses fand im »Dazwischen« statt, das die Musik ermöglichte, dem Spiel-Raum, in dem wir Zuhörer einen Zugang zu dem inneren Drama der Verleugnungsnotwendigkeit des Patienten erhielten.

Wie lässt sich das Phänomen der »musikalischen Gegenübertragung« verstehen? Was wird hier transportiert, was wird hier transformiert?

5. Diskussion

Dass die Gegenübertragung ein unverzichtbares analytisches Instrument ist, ist längst Basis analytischen Arbeitens und wurde in weiterführenden Konzepten wie dem »Enactement«, dem intersubjektiven Ansatz, der Patienten und Analytiker als ein miteinander fühlendes und auch (wort-) handelndes Paar definiert, ausgearbeitet. Die Freudsche Metapher des empfangenden »Receivers«, der, wie der Analytiker, auf »Empfang« steht für das Unbewusste des Patienten und mit diesem auch unbewusst kommuniziere, beschrieb bereits die implizite Ebene der Kommunikation. Die Aufnahme, Übersetzung und Rückgabe bisher für den Patienten nicht integrierbarer Erfahrungen ist die Aufgabe der Analyse. In der Übertragung werden bedeutungsvolle Inhalte außerhalb der Sprache transportiert, sie werden szenisch, atmosphärisch, mimisch, gestisch und melodisch vermittelt und kommunizieren Bedeutungsvolles meist aus der frühen Lebenszeit. Diese Kommunikation funktioniert über introjektive und projektive Vorgänge, in denen der Patient unerträgliche, bewusstseinsunfähige, abgewehrte psychische Inhalte in den Therapeuten verlagert, um durch bzw. mit Hilfe seiner Person diese Inhalte mitzuteilen. Im Konzept der projektiven Identifikation ist dieser komplexe Vorgang immer wieder beschrieben worden.

Die Prozesse des Übertragungsgeschehen finden wir in der psychoanalytischen Diskussion nicht nur in den Konzepten des frühen interpersonellen Beziehungsgeschehens, das durch Melanie Klein und Winnicott eingeführt, durch Bion und Heimann weiterentwickelt wurde, sondern neuerdings auch in den Erkenntnissen von Hirnforschung und den akribischen Beobachtungsstudien der Interaktionen zwischen Eltern und Kleinkindern, in denen auf eindrucksvolle Weise zu sehen ist, wie hochsensibel das menschliche Instrumentarium ausgebildet ist, die minutiösesten emotionalen Signale eines bedeutungsvollen Gegenübers zu empfangen und zu ver- bzw. bewerten. So gesehen wurzelt Übertragungsgeschehen in der frühen Angewiesenheit des Menschen auf den Anderen, aus dem Wunsch und Begehren, mit diesem Anderen in Beziehung zu treten.

Wurde bis in die 60er Jahre noch davon ausgegangen, dass der Analytiker objektiv auf den Patienten reagiert und man also aus der Gegenübertragung objektive Schlüsse auf den Patienten ziehen könne, wurde seit den Arbeiten Kernbergs unumstrittener, dass die Gegenübertragungsreaktionen auf neurotische Patienten immer auch mit subjektivem Erleben des Analytikers angereichert sind, während bei schwer gestörten Patienten das Gegenübertragungserleben sich eher angleicht und weniger individuell ausfällt. In diesem Verständnis des Gegenübertragungserleben, dem ein objektbeziehungstheoretischer oder weiter noch, ein intersubjektiver Ansatz zugrunde liegt, vermischt sich der übertragene, vom Patienten abgewehrte Anteil mit der subjektiven Bereitschaft und Geschichte des Analytikers, d.h. seinen regressiven Anteilen und seinen professionellen oder progressiven Möglichkeiten. Durch diese Bewegung der einerseits rezeptiven Selbstreflexion und der gleichzeitigen aktiv konstruktiven Aufmerksamkeit entsteht die Handlungsfähigkeit des Analytikers, seine therapeutische Kompetenz. Diese äußert sich darin, dass er versucht, sein Verstehen für den Patienten nutzbar zu machen, um dessen Heilungsprozess voranzutreiben.

An dieser Stelle erinnere ich an die Musik. Ich vermute, dass der kreative Prozess des Musikers ein ähnlicher ist, wie die eben beschriebene Gegenübertragungsbearbeitung des Analytikers, der ebenfalls eine außerordentlich kreative Arbeit leistet.

Das Verstehen und der Ausdruck des Musikers gerinnt in der Musik. Er transportiert und transformiert, da er eine eigene Sprache spricht, die der impliziten oder emotionalen Ebene näher bleibt, sodass in der Vermittlung einer »musikalischen Gegenübertragung« der emotionale Gehalt sehr viel direkter und erlebbarer ist, als in der sprachlichen Mitteilung.

Psychoanalytische Konzepte zur Kreativität, wie die »Regressive Selbstpassage« von Richard Sterba, die »Regression im Dienste des Ich« von Kris, die Arbeiten von Kohut und natürlich vor allem von Winnicott beschreiben einen Balanceakt zwischen Regression und Progression, zwischen Hingabe, Loslassen, Passivität, somit einer empfangenden Haltung dem eigenen Inneren und den äußeren Reizen gegenüber und gleichzeitig einer hohen Aufmerksamkeit, Gespanntheit und mentalen Wachheit in Kombination mit Professionalität. Dieser Balanceakt zeichnet den kreativen Analytiker, wie den kreativen Musiker und Künstler aus, der sich bereithält, die impliziten und expliziten Botschaften eines Anderen zu empfangen, zu bearbeiten und auszudrücken.

6. Ein analytischer Dialog und seine musikalische Bearbeitung

Ein Stundenprotokoll einer analytischen Behandlung soll uns nun noch ein Stück tiefer in die Thematik führen. Wie auch dem Musiker keine Informationen über die Behandlung vorlagen, und er auch dieses Protokoll vorher nicht kannte, wird der Leser gemeinsam mit dem Musiker und durch ihn eine schrittweise Annäherung an die Behandlung erleben.

Analytischer Dialog

Pat.: So recht hab' ich gerade nichts auf dem Herzen. Ich kann erzählen, was passieren wird. Anke und ich fahren gleich nach F., wird stressig werden, Sonntag dann wieder zurück. (Schweigen.) Ich fahr in letzter Zeit gerne weg ... letzten Mittwoch wäre ja Gruppe gewesen, ich weiß auch nicht, hab' da Widerstände, bin weggefahren zu meinem Vater, in seine Wohnung, er ist in S., hab da Fußball geguckt, dann zu Mutter, die hatte ihre Gruppe zu Hause, da durfte kein TV laufen, da hab' ich bei Mutter übernachtet. Dann rief Anke an, ich solle meinen Hintern bewegen, zur Gruppe kommen, ich war wohlweislich weggefahren.

Th.: Wieso wohlweislich?

Pat.: Lust eben, in meiner Bude zu eng, dann gibt es da so ein Freiheitsgefühl, wenn man die vier Wände wechseln kann.

Th.: Und dann sitzen sie dort vor dem Fernseher?

Pat.: Ja, die räumliche Distanz, es war zu weit, um nach Hause zurückzufahren, das hat Anke eingesehen.

Th.: Sie haben sich in Sicherheit gebracht?

Pat.: Ja – hm –

Th.: Wem gegenüber müssen Sie da so einen Grund haben?

PAT.: Hm … ja, wohl Anke, ich bin wohl ein bisschen eifersüchtig … ist alles ein bisschen kompliziert …

TH.: Sie wirken heute wieder so neblig?

PAT.: Ja … hm, kann schon sein … die letzte Zeit, da ist nicht so eine richtige Motivation, mit dem beruflichen, ich sehe nicht so recht eine Perspektive, ich weiß grad nicht, wo's mit mir hingeht, also wenn ich ehrlich bin, weiß ich nicht, wo das hinführt, es sieht nicht so rosig aus, die Beziehung, das Berufliche.

TH.: Aber gefühlsmäßig wirken Sie irgendwie so unbeteiligt?

PAT.: Hm – deswegen fahr ich gerne weg, um wegzufahren, es wirkt dann so, es ist dann wenigstens außen was anders … es ist … müde … so resigniert, so ein kleiner Sumpf. Trotzdem ist es auch nicht so, es klingt nicht positiv, ich kenne das schon lange, ich kenne einiges davon schon lange …

TH.: Ich könnte mir vorstellen, dass das Angst macht?

PAT.: Nee, Angst hab' ich nicht, es wird sich verändern. Eigentlich seltsam, so war es immer, ich hatte was, auch Beziehungen, dann haben sie aufgehört, weg.

Schweigen.

Wenn es mir so neblig geht, wie Sie das ausgedrückt haben, fällt es mir schwer, mich auf andere einzulassen, und dann fühl' ich mich im Kontakt noch weiter draußen, irgendwie schmerzvoller, dann weiß ich auch nicht, wo ich bin, aber gar nicht auf der Erde. Ich fühl' mich nicht gut.

Schweigen.

TH.: Wenn Sie versuchen, das in Kontakt zu bringen, bringt Sie das eher noch weiter weg?

PAT.: Aber wo versuch' ich das denn?

TH.: Hier, jetzt?

PAT.: Ach, ja, stimmt … Ich fühl' mich am besten, wenn ich etwas vorweisen kann, dann kann ich etwas mitteilen, wenn es nicht so rosig aussieht, dann denk ich, ich bin wertlos. Ja! (wacher) das ist richtig, das ist in meiner ganzen Schulzeit so gewesen. Ob ich mich geschämt hab'?

Die Interaktion des Patienten mit sich und der Therapeutin ist in dieser Sequenz durchzogen von Kontaktlosigkeit und Vermeidung, mit Ausnahme einer kleinen Berührung am Ende, die wiederum mit einem Ausweichmanöver des Patienten beantwortet wird. In der Gegenübertragung tauchen Ärger und Wut auf, abgewehrt wiederum durch den Wunsch, sich abzuwenden, bis hin zur Ermüdung und Langeweile. Vorstöße der Therapeutin, durchaus aggressiv, den Nebel zu lichten, versumpfen in der Abwehr des Patienten. Etwas hilflos bleibt der Zuhörer mit der Frage zurück, was da so vehement abgewehrt werden muss?

In der Musik dazu (*Musikstück 6*, unter: *www.psychoanalyse-und-musik.de*)

spielt Uli Sobotta auf dem Euphonium eine ununterbrochene in sich minimal bewegte Tonfolge, wie ein Sprechgesang, die noch nicht einmal durch Atempausen unterbrochen ist. Diese brodelnde, blubbernde Masse entwickelt eine unausweichliche Dynamik, steigert sich sehr langsam in der Tonhöhe und wächst aus einer Beunruhigung zu Panik aus, deren Spitze erreicht wird, woraufhin die Dramatik abschwillt, aber nicht beruhigt wird, sondern nur einen neuen Anlauf zur nächsten Panik zu nehmen scheint. Die Frage, mit der die Überlegungen zum Patienten und der interpersonellen Dynamik in der Therapie endete: »Was wird hier abgewehrt?« wird durch die Musik beantwortet: Angst, Panik, Vernichtung. Gesichtslose, namenlose Angst.

In der Anfangsphase der analytischen Behandlung mit dem etwa 30-jährigen Patienten war tatsächlich noch sehr namenlos, wovor er sich so in die Diffusität flüchten musste, dass ihm seine Identität immer mehr abhanden kam. Als Schauspieler hatte er zwar vermeintlich eine kreative Lösung für seine Identitätsprobleme gefunden, aber er litt unter Gefühllosigkeit und Isolation. Beziehungen zu anderen Menschen brach er plötzlich ohne Bedauern ab, noch belastender erlebte er jedoch die Langeweile, die ihn in Bezug auf sich selbst überfiel. Die musikalische Bearbeitung der Stunde half, den unmittelbaren Gegenübertragungsimpuls des Ärgers zu moderieren, und die darunter liegende abgewehrte Lebens- bzw. Todesangst nicht aus den Augen zu verlieren, sondern diesen Affekt immer wieder vorsichtig und deutlich durch den Nebel zum Patienten zu transportieren und ihm so eine Transformation in Worte über seine Angst zu ermöglichen.

7. Ein Traum in der Analyse und seine musikalische Bearbeitung

Es folgt ein weiteres Beispiel aus einer analytischen Behandlung, diesmal der Traum einer Patientin, der wie der analytische Dialog mit Hilfe der Musik betrachtet werden soll.

Traumtext

Ich bin mit Emma (der zweijährigen Tochter) zusammen zum Bahnhof unterwegs, weil sie allein mit dem Zug zu meinen Eltern fahren sollte. Es war so ein komisches Gefühl, dass das sein muss, dass sie das auch kann, aber diese Vorstellung war auch ganz schrecklich, dass sie da alleine im Zug sitzt. Ich dachte, gut, sie schläft dann ja, aber dann wacht sie alleine auf, wie soll DAS denn gehen? Ich hab dann da so eine Milch gekauft, aber dann dachte ich, oh Gott, wie kriegt sie die denn alleine auf? Der Weg zum Bahnhof war lang und beschwerlich, wir mussten uns beeilen, aber ich wollte es alles nicht. Da war noch so ein Gefühl, so eine Diskrepanz, es ist was, wo ich dachte, sie kann das, das muss so sein, und ich konnte es mir aber auch gar nicht vorstellen.

Der manifeste Traum erzählt von einer Mutter-Tochter-Beziehung, in der die Mutter sich mit der Ambivalenz von Trennung und Versorgung in Bezug auf ihre kleine Tochter beschäftigt. Es vermitteln sich ihre Zweifel, ihre Nöte und ihre Bedenken, und man erfährt, wie sehr sich die Träumerin zwischen Anforderungen, Wünschen und Ängsten hin- und hergerissen fühlt. Ihre minutiösen Überlegungen bzw. Selbstbeobachtungen führen zu keinem Ende, es bleibt ein ungutes Gefühl zurück, zumal, mit Abstand betrachtet, ein zweijähriges Kind noch nicht alleine Zug fahren kann. Diesen Standpunkt kann die Träumerin aber nicht finden. Sie bleibt gefangen in dem Bezugsrahmen der Überforderung.

Welche Information bekommen wir durch die Musik, die der Musiker spontan auf die Traumerzählung antwortend improvisiert?

Musikstück 7, unter: *www.psychoanalyse-und-musik.de*

Das Euphonium wird diesmal mit einem beweglichen Schalldämpfer gespielt, sodass eine Dynamik von gepressten, eingesperrten und befreiten, sich befreienden Tönen erzeugt wird. Die Tonfolge ist unmelodiös, mehr organisch und geräuschhaft, erinnert an Laut gewordene Bewegungen von Tieren im Dunkeln. Die Musik erschafft ein Szenario von Unheimlichkeit und Angst, wobei es sich um Kinderangst handeln könnte, Angst vor Unheimlichem, Gespenstern, Hexen, Bösem. Es ist Furcht, die Uli Sobotta hier spielt. Zurück zum Traum und der Patientin erweitert die Musik das Verständnis des Materials um die Tiefe des Erlebens der Träumenden: Es ist ihre Kinderfurcht, ihre eigene Verlassenheit und Unbeschütztheit, die sie, verschachtelt und vermittelt durch die Sorgen um die kleine Tochter, mitteilt. Es ist ihre Sorge, ob sie schon groß genug ist, alleine eine weite Reise anzutreten. Musikalisch wird sofort einfühlbar, worum es der Patin geht und was sie selbst im Traum nur recht umständlich mitteilt: das Bedürfnis nach Schutz und Begleitung auf einem Weg, der Angst macht, weil alles unheimlich scheint, auch wenn es nur die Schatten der Bäume im Dunkeln sind. Es fehlt der innere Schutz, was sich im manifesten Traum dadurch ausdrückt, dass die Mutter kein sicheres Gefühl für den Schutz ihres Kindes finden kann.

Die 30-jährige Patientin befand sich zum Zeitpunkt des Traumes in der 155. Analysestunde. Die junge Frau suchte mich während ihrer Schwangerschaft auf, weil sie starke Ängste hatte, die Beziehungsprobleme zwischen ihr und ihren anklammernden Eltern könnten sich mit ihrem eigenen Kind wiederholen. Sie verfüge nicht über ein Wissen, wie man angemessen miteinander nah oder entfernt sein könne, sie reagiere nur, anstatt selber den Kontakt zu gestalten. Darüber hinaus beklagte sie fehlenden emotionalen Kontakt zu sich und ihrer Umwelt, ein allgemeines Gefühl der Entfremdung, das sich vor allem darin äußerte, nur äußerst selten einen eigenen Bezug zu den Dingen, die sie tut, zu entwickeln, sondern stattdessen unter einem schier unerträglichen inneren wie äußeren Erwartungsdruck zu stehen. Der zwanghafte Beziehungsmodus, der sie bereits als kleines Kind von ihren vitalen Impulsen partiell abgeschnitten hatte, versperrte ihr in dramatischer Weise den Zugang zu ihren diversen Begabungen und Beziehungswünschen. Die musikalische Bearbeitung des Traumes verhalf dazu, sich in der Analyse nicht in die angebotenen Fallen von Nähe- und Distanzregulierung zu verfangen, sondern den stillen kindlichen Ruf nach Schutz und Angstregulation nicht zu überhören. In diesem letzten Beispiel wird durch die musikalische Bearbeitung der abgewehrte Angstaffekt in sehr plastischer Weise transformiert, in dem er aus dem Versteck der Abwehr als Tonfolge sowohl herausverwandelt als auch heraus getragen wird. So steht dem Analytiker ein Einblick in die innere Angsterfahrung der Patientin zur Verfügung und hilft dabei, diese innere Welt mit ihr betreten und umwandeln zu können.

8. Schlussakkord

Musik und Psychoanalyse können einander berühren, schöpfen bisweilen aus ähnlichen Quellen. Zum Abschluss möchte ich eine Analysepatientin zu Wort kommen lassen, deren Leben und Erleben nur sehr minimal mit Musik in Berührung gekommen war. Es ergab sich, dass sie zu einem bedeutenden musikalischen Ereignis eingeladen wurde, zu einem Konzert mit klassischer Musik, das aus meiner Sicht ein besonderer Genuss zu werden versprach, was meine Patientin jedoch nicht besonders zu schätzen wusste. Nach dem Konzert kam sie sehr bewegt in die Stunde und erzählte mir:

> »Dieser Abend, ich hatte ja keine Ahnung, was mich da erwartet, und ich habe, als ich da war, gemerkt, dass ich gar nicht weiß, wie man das macht, ein Konzert hören. Ob es anderen auch so geht? Das erste Stück (Mozart), das hat mich wirklich überwältigt und irgendwann dachte ich, Musik hören, das ist wie eine Analysestunde! In mir waren Geschichten, nicht nur schöne, es war so stark! Ich konnte darüber hinterher nicht reden, ich war ganz woanders, für mich. Ich war in der Vergangenheit, viele Gefühle tauchten auf, nicht nur schöne, wie oft nach den Stunden hier. Eine interessante Erfahrung!«

Literatur

Bion, Wilfred R. (1997): Transformationen. Frankfurt/M. (Suhrkamp).

Bollas, Christopher (1997): Der Schatten des Objekts. Stuttgart (Klett-Cotta).

Fonagy, Peter & Target, Margret (2003): Frühe Bindung und psychische Entwicklung. Gießen (Psychosozial-Verlag).

König, Karl (1995): Gegenübertragungsanalyse. Göttingen (Vandenhoek & Ruprecht).

Küchenhoff, Jürgen & Warsitz, Peter (1992): Labyrinthe des Ohres. Würzburg (Königshausen und Neumann).

Maiello, Susanne (1999): Das Klangobjekt. Über den pränatalen Ursprung auditiver Gedächtnisspuren. Psyche 55, 1287–1306.

Oberhoff, Bernd (Hg.) (2002): Psychoanalyse und Musik. Eine Bestandsaufnahme. Gießen (Psychosozial-Verlag).

Oberhoff, Bernd (Hg.) (2002): Das Unbewusste in der Musik. Gießen (Psychosozial-Verlag).

Ogden, Thomas (2004): Gespräche im Zwischenreich des Träumens. Gießen (Psychosozial-Verlag).

Pflichthofer, Diana (2005): Hörräume – Klanghüllen. Die Stimme als ästhetisches Element in der analytischen Aufführung. Forum Psa. 21, 333–349.

Rauchfleisch, Udo (1996): Musik schöpfen, Musik hören. Göttingen (Vandenhoeck & Ruprecht).

Sandler, Annemarie & Sandler, Joseph (1999): Innere Objektbeziehung. Entstehung und Struktur. Stuttgart (Klett-Cotta).

Schlösser, Anne-Marie & Gerlach, Alf (2001): Kreativität und Scheitern. Gießen (Psychosozial-Verlag).

Spitzer, Manfred (2005): Musik im Kopf. Stuttgart (Schattauer).

Stern, Daniel (2004): Der Gegenwartsmoment. Veränderungsprozesse in Psychoanalyse, Psychotherapie und Alltag. Frankfurt/M. (Brandes & Apsel).

Winnicott, Donald W. (1974): Reifungsprozesse und fördernde Umwelt. München (Kindler).

Mütterliches Klangsprechen im Madrigal des 16. Jahrhunderts

Bernd Oberhoff

1. Einleitung: Die Rückbesinnung auf die »musica antica« in der Renaissance

Renaissance bedeutet Wiedergeburt des Menschen aus der bewussten Begegnung mit der Antike. Dort war der Mensch zum Maß aller Dinge geworden. Dieses Interesse am Menschen und am Menschlichen erfährt eine Wiedergeburt im Humanismus des 16. Jahrhunderts.

Die Begeisterung für die Antike ergriff nicht nur die Geistesgelehrten, sondern auch die Musiktheoretiker und Komponisten, die ein intensives Quellenstudium betrieben. Sie durchsuchten die überlieferten Schriften der griechischen Dichter und Philosophen nach Informationen zur Theorie und Praxis antiken Musizierens, letztendlich mit dem Ziel, diese Musik zu rekonstruieren und wiederzubeleben. Platon war einer ihrer wichtigsten Gewährsmänner. Und so meinten sie aus den antiken Schriften herausgefunden zu haben, dass die griechischen Dramen von den Schauspielern nicht gesprochen, sondern mit leidenschaftlichem Gefühlsausdruck und gestenreicher Sprache gesungen worden seien. Diese Art von Klangrede versuchten sie nun in ihrer Musik zu rekonstruieren und wiederzubeleben.

Dieser kompositorische Ansatz hat etwas Merkwürdiges an sich. Unabhängig davon, dass der Befund singender griechischer Schauspieler eher fragwürdig ist, muss überhaupt dieser so nachhaltig betriebene Rückbezug auf eine »musica antica«, von der man sich Anregungen für das Schaffen einer neuen Musik erhoffte, verwundern. Nikolaus Harnoncourt fasst seine Verwunderung in die Worte: »Es ist bemerkenswert, dass dieses Neue in der Absicht und im guten Glauben entstand, etwas sehr Altes, die Musik der Griechen, getreu zu rekonstruieren« (Harnoncourt 1982, S. 174). Fragwürdig erscheinen nicht nur die Befunde, da die Quellen es nicht zulassen, sich ein wirklich zutreffendes Bild von der »musica antica« zu machen, sondern auch die Motive für diesen historischen Rückbezug. So muss man als aufgeklärter Freudianer skeptisch fragen: Was suchte man wirklich? Was war dieses »sehr Alte«, das man getreu zu rekonstruieren versuchte? Kann es sein, dass es sich bei diesem sehr Alten nicht um die »musica antica« der phylogenetischen, sondern um die »musica antica« der ontogenetischen Frühzeit handelt?

Wenn letzteres zutrifft, so wäre das Bemühen der Komponisten der Renaissancezeit, die »musica antica« getreu zu rekonstruieren identisch mit dem Bemühen, das ursprüngliche Erleben in der Mutter-Kind-Matrix in ihren musikalischen Kompositionen zu rekonstruieren. Immerhin weiß man es von der frühen Mutter mit Bestimmtheit, dass sie »mit leidenschaftlichem Gefühlsausdruck und gestenreicher Sprache« in einer Art Singsang zu ihrem Kind gesprochen hat, von den alten Griechen wissen wir dies nicht so genau.

Ist also die sich aufdrängende These zutreffend, dass wir in der Renaissancemusik einen Rückbezug auf das präverbale Kommunizieren in der Mutter-Kind-Matrix vorfinden?

2. Das erwachende Interesse an der Kindheit in der Renaissance

Einen ersten Fingerzeig auf ein in der Renaissance erwachendes Interesse an der frühen Kindheit liefert uns die Bildende Kunst. Die mittelalterliche Kunst kannte die Kindheit nicht, bzw. machte keinen Versuch, sie zur Darstellung zu bringen. Was es seit Ende des 14. Jahrhunderts gab, ist der Putto, das kleine nackte Kind, das höchstwahrscheinlich dem griechischen Amor nachgebildet ist. Gegenüber diesen allegorischen, anonymen und typisierten Darstellungen des kleinen Kindes tritt in der Malerei des 16. und 17. Jahrhunderts eine entscheidende Veränderung ein.

Als ein Beispiel für diese neue Entwicklung sei die Altarmalerei im Freiburger Münster angeführt. In der Mitte des von Hans Baldung Grien in den Jahren 1512–1516 gemalten Hochaltarbildes sehen wir die Gottesmutter Maria, wie sie von Gottvater und Christus gesegnet bzw. gekrönt wird. Umrahmt wird diese Szene von niedlichen kleinen Kinderengeln, die singen und auf Instrumenten spielen. Diese kleinen Engel sind z.T. nackte Putten, aber es finden sich erstaunlicherweise auch bekleidete darunter. Der Kunsthistoriker Walter Salmen weist darauf hin, dass während des 15. Jahrhunderts die Vorstellungen von musizierenden Engeln eine Wandlung erfahren habe, die er folgendermaßen beschreibt:

> »Die einst Ehrfurcht, ›tremendum‹ gebietenden Gestalten aus dem Jenseits wurden aus der erhabenen Größe in die kindlich-niedliche Kleinheit irdischer Lebensverhältnisse herabgezogen. Aus den Repräsentanten und Garanten einer unerfahrbaren himmlischen Harmonie wurden Sänger und Instrumentalisten einer scheinhaft innerweltlichen Praxis. Aus Erzengeln wurden Kinderengel und Spielgefährten des Jesuskindes. Diese Verniedlichung und Annäherung an die Sphäre des Kindlichen hat auch im Freiburger Münster in Zeugnissen der bildenden Kunst seinen Platz gefunden [...]« (Salmen 2002, S. 22).

In der Malerei werden in der Folgezeit Einzelporträts von Kindern zahlreich und üblich. Das Kind wird nun allein und um seinetwillen dargestellt; es wird als eine menschliche Person entdeckt. Auch die Familienporträts beginnen sich um das Kind herum zu organisieren. Das Kind wird vielfach zum Mittelpunkt des Gemäldes. Der Historiker Aries (1971) hält diesen Wandel in der Malerei um 1600 für so bedeutsam, dass er hier von der Entdeckung der Kindheit spricht.

Wie steht es mit der Musik? Erleben wir auch in der Musik dieser Zeit eine Entdeckung der Kindheit? Zur Beantwortung diese Frage werde ich mich im Folgenden jener Musikgattung des 16. Jahrhunderts zuwenden, die als die wichtigste und bedeutendste angesehen werden muss: das italienische Madrigal.

3. Das italienische Madrigal des 16. Jahrhunderts

Das Madrigal, ein mehrstimmiger A-Cappella-Gesang mit lyrisch-poetischem Inhalt, gilt als weltliches Gegenstück zur Motette und erfreut sich im 16. Jahrhundert einer ungeheuren Beliebtheit, was daran abzulesen ist, dass es in dieser Zeit wohl kaum einen Komponisten von Rang gibt, der keine Madrigale komponiert hat.

Die Zahl der komponierten Madrigale geht ins Unermessliche. So sind z.B. allein von Philippe de Monte (1521–1603), der in Neapel, Wien und Prag wirkte, insgesamt 1.100 Madrigale überliefert. Von Giaches de Wert (1535–1596) existieren insgesamt zwölf umfangreiche Madrigalsammlungen, von Monteverdi (1567–1643) neun »libri di madrigali«. Arcadelts (1505–1568) erstes Buch vierstimmiger Madrigale erlebte bis zum Jahre 1554 insgesamt 36 Auflagen. Der Musikwissenschaftler Hartmut Schick wagt eine grobe Schätzung des Umfangs an Madrigalvertonungen in dieser Zeit. Danach »dürfte sich die Zahl der noch im 16. Jahrhundert gedruckten Madrigale in einer Größenordnung von 30.000 bewegen« (Schick 1998, S. 14).

Worin bestand die Faszination an diesen überwiegend fünfstimmigen homophon und polyphon gemischten Gesängen? Die Texte erzählen von Liebe, meist von enttäuschter Liebe. »O Crudele« (»Du Grausame«) ist eines der am häufigsten ausgestoßenen Seufzer des leidenden Protagonisten, der sich von seiner Angebeteten zurückgestoßen fühlt. Dieser überwältigende Liebesschmerz hat oftmals zur Folge, dass dieser sich das Leben nehmen will (»Lasciate mi morire«) oder bereits depressiv daniederliegt (»Io moro«).

Der Mantuaner Madrigalkomponist Giaches de Wert musste solch ein Liebesleid auch im realen Leben erleiden. Seine Ehefrau wandte sich von ihm ab und begann ein Liebesabenteuer mit Agostino Bonvicino, einem Musiker der Mantuaner Hofkapelle. Vielleicht hat diese Enttäuschung De Wert immer häufiger zum »Concerto delle Dame«, jenem berühmten Damen-Gesangstrio in Ferrara blicken lassen, wo er sich schließlich in eine der drei Damen verliebte. Dies war nicht ganz ungefährlich, da die Sängerinnen unter der ganz persönlichen Aufsicht des Herzogs Alfonso II d'Este standen und von ihm eifersüchtig bewacht wurden. Da es sich bei Tarquinia Molza, in die sich De Wert verliebt hatte, um eine Edeldame handelte, musste diese Liebschaft geheim gehalten werden. Doch so etwas gelingt selten. Als das Liebesverhältnis öffentlich wurde, musste diese Liaison auf Anordnung des Herzogs aufgelöst werden. Vermutlich hat De Wert dieses neuerliche Liebesleid durch ein weiteres »Libro di madrigali« zu verarbeiten versucht.

Ist es vorstellbar, dass diese von Liebesschmerz durchzogenen mehrstimmigen Madrigale auf das frühkindliche Erleben in der Dyade mit der Mutter Bezug nehmen?

4. Das Madrigal: ein »muttersprachlicher Gesang«

Einmal mehr müssen wir den Tiefgang und die Weisheit der Sprache bewundern, die mit dem Begriff »Madrigal« bereits recht treffsicher auf eine tiefer liegende Sinnebene Bezug nimmt. Nach überlieferter Auffassung (Pirrotta 1960, Sp. 1420) leitet sich der Begriff Madrigal »von matrix und cantus matricalis« ab, was soviel heißt wie »muttersprachlicher Gesang«. Eine zweite mögliche Ableitung verweist auf den *cantus materialis*, im Sinne eines weltlichen, stofflich-sinnlichen Liedes. Weiter heißt es bei Pirrotta: »So soll (nach Biadene) der cantus matricalis ein Gesang in der Muttersprache (lingua materna) oder (nach Hall) ein Wiegenlied (ninna-nanna) gewesen sein«.

Welcher Herleitung wir auch folgen, wir stoßen immer auf das Stammwort

»mater«, das eine unübersehbare Fährte zur Mutter legt und zwar, wie der zweite Herleitungsstrang verdeutlicht, nicht zur Mutter Gottes, sondern zur weltlichen, leiblichen Mutter. Also bereits bei der Etymologie des Wortes »Madrigal« werden wir fündig und erhalten Anhaltspunkte, die auf die Mutter-Kind-Matrix verweisen.

Wie mag der Säugling den »cantus matricalis«, den »muttersprachlichen Gesang« erlebt haben? In seinem Beitrag *Lyrik als Muttersprache* nimmt Walter Schönau Bezug auf die besondere Art und Weise, wie der Säugling die Stimme und die Sprache der Mutter erlebt, die sich deutlich von dem unterscheidet, wie wir als erwachsenen Personen Stimmen wahrnehmen. Schönau führt aus:

> »Was in der sprachlichen Kommunikation Erwachsener Nebensache oder irrelevant ist, alle nonverbalen Begleitungserscheinungen des Sprechens in Stimmbeugung und Körpersprache, das war in der präverbalen Phase die Hauptsache. Nicht *was* gesagt wurde, sondern *dass* etwas gesagt wurde und *wie* es gesagt wurde, war wichtig. Die Stimme der Mutter, ihr Timbre, die Satzmelodie, die Stimmhöhe und das Sprechtempo waren Ausdruck ihrer Beziehung zum Kinde. Die Stimme der Mutter sprach nicht *über* ihre Stimmung, sie *war* ihre Stimmung. Die Wärme oder Kälte ihrer Stimme war (semiotisch formuliert) ein Index ihrer Einstellung zum Kind. Das Kind verstand, kurzum, die sprachlichen Zeichen noch nicht als semantische Symbole, aber reagierte wohl darauf als emotionale Symptome, als spontane Zeichen der Liebe, der Beruhigung, des Ärgers oder der Erregung« (Schönau 2003, S. 34).

Schönau versteht also das Wort Muttersprache in seiner ursprünglichen Bedeutung, nämlich als das Sprechen der Mutter zu ihrem neugeborenen Kind. Das ist die wahre Muttersprache. Und dieses Sprechen der Mutter hat noch nichts mit der Übermittlung von Sachinformationen zu tun. Das Sprechen der Mutter geschieht zwar mittels Worten, aber an diesen Worten interessieren den Säugling nicht deren Bedeutungen, sondern zunächst einmal ausschließlich deren sinnlich-affektive Eigenschaften: »Man könnte sagen, dass die Mutter Worte äußert, das Kind aber keine Worte wahrnimmt, sondern in Klang, Rhythmus etc. getaucht wird ...« (Loewald 1986, S. 173). Das Kind erfährt das Sprechen der Mutter also wie Musik, wie einen mütterlichen Gesang, der ihm die gefühlsmäßige Haltung dieser so wichtigen Person übermittelt. Ist damit nicht bereits eine charakteristische Qualität des Madrigalgesangs benannt, der durch seine weiche »Dolcezza« das Gefühl einer liebevollen mütterlichen Ansprache vermittelt?

Mir kommt diesbezüglich das Madrigal *Lieto godea* von Giovanni Gabrieli in den Sinn, das nach meinem Erleben etwas von dieser Qualität einer liebevollen mütterlichen Ansprache besitzt.

»Lieto godea sedendo l'aura
che tremolando dolce spira l'aprile.
Ogn'hor sospira d'amor ogn'animale.
Con mortal dardo Amor volando
venn' e'l core mi punse,
e lass' oimè fugge, meschino me,
onde n'havrò la morte
s'in lieta non si cangia la mia sorte«.

»Ich sitze glücklich die Brise genießend, mit der
der April in süßen Schleifen mich umspielt.
Jedem Tier entweichen Seufzer der Liebe.
Mit seinem tödlichen Pfeil fliegt Amor herbei
und sticht in mein Herz,
doch, ach, ich Armer, er flieht,
das bedeutet meinen Tod,
wenn mein Schicksal sich nicht zum
Glücklichen wendet«.
(Übersetzung von B.O.)

Es handelt sich um ein Madrigal für zwei vierstimmige Chöre, das mit einer wunderschön weichen, wiegenden und Glückseligkeit ausdrückenden Klanggestalt auf die Worte »Lieto godea« beginnt. Der harmonische Eindruck ergibt sich zum einen durch den volltönenden vierstimmigen Gesang, der den Hörer wohlig umhüllt, und zum anderen durch das weiche Auffangen und Wiederholen dieses wiegenden Klangs zwischen Chor I und Chor II. Durch den sich überlappenden Wechselgesang zwischen beiden Chören entsteht zugleich so etwas wie eine gefühlvolle Kommunikation, wie ein emotionales Reagieren und Echogeben. Das Überlappen der Choreinsätze lässt zwischen den beiden respondierenden Klangkörpern keine Lücke entstehen und vermittelt so den Eindruck einer engen liebevollen Bezogenheit in einer dyadischen Einheit. Der Charakter dieses gemeinsamen harmonischen Hin- und Herschwingens durchzieht das ganze Stück und ist deshalb dazu prädestiniert, im Hörer Gefühle wiederzubeleben, wie er sie in nicht erinnerbarer aber tief im Inneren sehr vertrauten Vorzeit in glücklichen Momenten mit der Mutter erlebt hat. Und wenn beide Chöre dann zu einer grandiosen homophonen Klangfläche verschmelzen, fühlt man sich als Zuhörer hineingenommen in jene symbiotische Ur-Einheit am Lebensbeginn. Hier verwandelt sich die Musik gleichsam in eine »gute« Mutter, die sich durch Feinfühligkeit, Weichheit, Güte und Vollkommenheit auszeichnet und uns als Zuhörer ins Elysium frühen Glückes entführt.

Um zu verstehen, warum uns als Hörer diese Musik so heimelig berührt, muss man keine komplizierten Regressionskonzepte bemühen. Wir regredieren nicht beim Anhören von Musik, wohl aber evoziert diese Musik eine Tiefenebene des Erlebens, die in unserem Inneren bereitliegt, die uns aber nicht bewusst ist. Wir können uns an diese frühe Erlebniswelt nicht erinnern, da sie jenseits der Erinnerungsschranke liegt. Aber Musik ist offenbar ein Medium, das in der Lage ist, Erfahrungen des Zusammenseins mit der Mutter aus dieser Frühzeit in Gestalt von Klängen wiederzubeleben. Die frühen Erfahrungen sind in unserem Unbewussten gespeichert und scheinen darauf zu warten, in Resonanz versetzt zu werden.

Walter Schönau sieht in der Kunstform der Lyrik eine Möglichkeit, im Erwachsenenalter mit dieser frühen Muttersprache, dieser »musica antica«, wieder in Kontakt zu kommen:

> »Es ist anzunehmen, dass die […] präverbale Erfahrung der Sprache nicht spurlos untergegangen ist und dass sie in unserem weiteren Leben nicht ganz unzugänglich bleibt, wenn auch das ursprüngliche Erleben durch die infantile Amnesie der bewussten Erinnerung entzogen ist. Die analoge Erfahrung der digitalen Sprache zur Zeit der symbiotischen Beziehung zwischen Mutter und Kind ist unbewusst geworden, aber nicht verloren gegangen. Wenn es stimmt, was Freud einmal sagte über einmal erfahrene Lust, dass wir diese nämlich nicht aufgeben können, sondern immer nach einem Ersatz oder einer Kompensation suchen werden (Freud 1905, S. 111), wo finden wir dann für jenen vorsprachlichen Umgang mit der Sprache, für jene prädigitale Funktionslust beim Produzieren rhythmischer Klangstrukturen den Ersatz oder die Kompensation? Ist das nicht […] in der Lyrik mit ihrem Primat des Klangs, des Rhythmus und des Metrums, mit ihren Wiederholungen in Kehrreimen, Parallelismen und Chiasmen, im Stab- und Endreim, in Assonanzen und Alliterationen? Ist es nicht in ihrer Fähigkeit, die Sprache statt für pragmatische Kommunikation für ästhetische Expression zu benutzen?« (Schönau 2003, S. 36).

Wenn Schönau die Lyrik als eine Möglichkeit des Wiedererlebens des mütterlichen Sprechens herausstellt, um wie vieles mehr muss uns der muttersprachliche Gesang im Madrigal der Renaissance begegnen, wo zu dem lyrisch-poetischen Text noch der sinnlich-affektive Klang der Musik hinzutritt? Im Madrigal finden wir gleichsam die Ganzheit des Erlebens des muttersprachlichen Gesangs der ontogentischen Frühzeit in all seinen verschiedenen Facetten wieder.

Zur Validierung dieser These habe ich bislang die Etymologie des Wortes Madrigal und den Anmutungscharakter von Gabrielis *Lieto godea* ins Feld geführt. Diese Belege allein sind sicherlich noch nicht hinreichend, um von einer Entdeckung der Kindheit im Madrigal zu sprechen. Es wird notwenig sein, die angenommene Affinität von Madrigal und Mutter-Kind-Matrix in weiteren Details der musikalischen Komposition nachzuweisen. Wenn wir die »musica antica«, die die Komponisten im Madrigal zu rekonstruieren strebten, als den frühen muttersprachlichen Gesang ansehen, so müssten sich in dieser Musikgattung auch satztechnisch jene psycho-sozialen Prozesse und Interaktionsformen auffinden lassen, die als charakteristisch für die vorsprachliche Kommunikation in der frühen Mutter-Kind-Dyade gelten.

Um das mütterliche Sprechen in dieser Frühzeit, bei dem die sinnlich-affektiven Eigenschaften im Vordergrund stehen, von jenem späteren Sprechen, bei dem die semantischen Eigenschaften von Bedeutung sind, zu unterscheiden, verwende ich im Folgenden den Begriff des »mütterlichen Klangsprechens«, wenn ich mich auf dieses frühe Spracherleben beziehe.

5. Der homophone Schmelzklang und das Einssein in der Mutter-Kind-Dyade

Wenn die Mutter mit ihrem Kleinkind spricht, benutzt sie zwar die gleichen Sprachlaute wie in ihrem alltäglichen Sprechen unter Erwachsenen, diese werden jedoch auf eine eigenartige Art und Weise »musikalisiert«. Sie spricht in einer höheren Tonlage als normal, sie spricht lauter, in einem langsameren Tempo, melodiöser, d.h. mit übertrieben großen Hebungen und Senkungen und sie spricht emotionaler, d.h. sie legt sehr viel Gefühl in ihre Stimme. Sie spricht in einer Art mütterlichen Singsangs. Hinzu kommt, dass die Mutter nicht nur mit dem Mund redet, sondern ihren ganzen Körper zum Einsatz bringt. Man könnte auch sagen, sie »orchestriert« ihr Sprechen durch eine gesteigerte Gesichtsmimik und ausladende Bewegungen ihres ganzen Körpers.

Das Sprechen der Mutter ist für den Säugling unlöslich mit dem Erlebnis ihrer Nähe, ihrer Körperhaltung, ihrem Körpergeruch, ihrem Gesichtsausdruck, ihrem Lächeln, ihrem Blick, ihrem Zunicken, ihrer Berührung verbunden und hat die Aufgabe, dem Kind das Gefühl einer engen Verbundenheit in einer fusionären dyadischen Einheit zu vermitteln. Das mütterliche Klangsprechen gehört zu den primären und basalen Erfahrungen von Geborgenheit und Sicherheit oder im negativen Fall von dessen Fehlen.

Die für diese Entwicklungsphase typische Wahrnehmungswelt des Säuglings ist dadurch gekennzeichnet, dass es in ihr noch keinen Unterschied gibt zwischen Innen und Außen, Selbst und Anderem, Wirklichkeit und Fantasie, Gegenwart und Vergangenheit. Zu Beginn des Lebens, so Hans Loewald, »ist Sprache wesentlicher Teil einer uranfänglichen Dichte, bei der Gefühle, Wahrnehmungen, der Andere, das Selbst allesamt Teile einer unterschiedslosen Einheit sind« (Loewald 1986, S. 172). Das früheste Spracherleben ist also tief in die undifferenzierte Einheit mit der Mutter eingelassen, aus der heraus das Kind erst ganz allmählich seiner selbst als eines getrennten Wesens gewahr wird.

Vielleicht ist dieser Zustand der Morgendämmerung unseres Lebens gemeint, der uns im Madrigal *Usciva Omai* aus Giaches de Werts achtem Madrigalbuch nach den Worten von Torquato Tasso begegnet:

> »Gerade kam er heraus
> aus dem weichen und frischen Schoß seiner großen Mutter,
> der dunklen Nacht,
> leichte Brisen bringend und große Wolkenschar
> von seinem kostbaren und reinen Tau,
> und abhebend vom Schleier den feuchten Saum [...]«.

In dieser Urfrühe des Erlebens sind Konturen noch kaum auszumachen. Der Morgennebel breitet seinen entgrenzenden Schleier über alle Einzelgestalten und verbindet sie zu einer ununterscheidbaren miteinander verschmolzenen Ganzheit. In dieser Erlebniswelt gehen, nach Loewald, Wort und Klang des mütterlichen Sprechens in der Dichte eines ursprünglichen, entgrenzten Erlebens auf. Wie sehr diese Zeit der uranfänglichen affektiven Dichte dadurch gekennzeichnet ist, dass im Erleben alles in einer undifferenzierten Einheit aufgehoben ist, davon erzählt uns z.B. das Madrigal *Cor mio, mentre vi miro* nach Worten von Giovanni Battista Guarini, das Claudio Monteverdi in seinem vierten Madrigalbuch vertont hat.

> »Mein Herz, während ich euch anschaue,
> verwandle sichtbar ich mich in euch,
> und verwandelt dann,
> in einem einzigen Seufzer, hauche ich aus die Seele.
> Oh tödliche Schönheit,
> oh lebendige Schönheit,
> denn kaum wird für dich wiedergeboren ein Herz,
> stirbt neu geboren es für dich«.

Man weiß nicht so genau, wem die Anrede »Mein Herz« gilt, dem eigenen Herzen oder einer Geliebten dort draußen? Der Text lässt es offen und gibt sich damit als einer Erlebniswelt zugehörig zu erkennen, in der zwischen Innen und Außen, »ich« und »du« noch nicht unterschieden wird. Beides ist ineinander und miteinander verschmolzen: »während ich euch anschaue, verwandle sichtbar ich mich in euch«.

Solch eine undifferenzierte Verschmolzenheit ist für unser Erwachsenenbewusstsein fremd und kann etwas Unheimliches an sich haben, weil die Abgegrenztheit des individuellen Ichs davon bedroht ist, sich in eine größere Ganzheit hinein aufzulösen. Doch für die Zeit der ersten Lebensmonate nach der Geburt war diese Verschmolzenheit eine wichtige und zentrale Erfahrung. Und wenn die Mutter fürsorglich zur Verfügung stand, war dieses Erleben überwiegend mit einem glückseligen Gefühl der Geborgenheit und eines sicheren Gehaltenseins verbunden. Gerade im Blick, im Schauen in das Gesicht der Mutter geschah die Herstellung jener dyadischen Ur-Einheit, von deren »lebendiger Schönheit« der Text zu unserem Geist und die harmonische Musik des Monteverdischen Madrigals zu unserem Gefühl spricht.

Wie wird nun satztechnisch im Madrigal die harmonische Gefühlsverbundenheit mit der Mutter in einer dyadischen Ur-Einheit dargestellt? Eines der zentralen Elemente zur Darstellung dieser dyadisch-fusionären Verbundenheit im Madrigal ist die homophone Klangfläche, in der alle Stimmen zu einer harmonischen wohligen Klangeinheit verschmelzen. Da es in den Madrigalkompositionen noch keine ausgeprägte Melodie gibt – man spricht deshalb von einem Soggetto – tragen grundsätzlich alle Stimmen gemeinsam dazu bei, einen harmonischen Zusammenklang zu erzeugen. Die Stimmen sind in diesem Schmelzklang gleichsam unterschiedslos eingetaucht. Die Grenzen der individuellen Stimmen sind aufgelöst zugunsten eines alle verbindenden fusionären Klangs. Es ist eine harmonische Ganzheit entstanden, der eine deutliche Vorrangstellung gegenüber den einzelnen Stimmen zukommt.

Man spricht in der musikwissenschaftlichen Fachliteratur oftmals davon, dass die Stimmen im Madrigal »gleichberechtigt« seien. Dieser Begriff ist aus psychologischer Sicht insofern nicht glücklich gewählt, weil er assoziiert, dass hier bereits individualisierte Stimmen miteinander singen. Doch entwicklungspsychologisch gesehen handelt es sich bei diesem Schmelzklang um eine vorindividuelle Harmonie, in der sich die beteiligten Stimmen noch in einem Stadium einer undifferenzierten Ur-Einheit befinden. Das ist auch der Grund dafür, warum die Madrigalkomponisten sich nicht dafür entschieden haben, als Ausdruck der dyadischen Gefühlsverbundenheit von Mutter und Säugling Duette zu komponieren. Bei einem Duett haben wir zwei individuell ausgeprägte Stimmen vor uns, die als getrennte Wesen intersubjektiv miteinander interagieren. Solch eine Musik werden wir in der Barockzeit antreffen. In der Renaissancemusik finden wir einen Rückbezug auf das entwicklungspsychologische Stadium der vorindividuellen, undifferenzierten Mutter-Kind-Einheit und für diese Erlebniswelt ist ein mehrstimmiger harmonisch verschmelzender Gesang der absolut stimmige und angemessene Ausdruck. Durch die Klangfülle eines fünfstimmigen Ensembles wird dieser besondere glückselige Gefühlszustand im Zusammensein mit der Mutter in idealer Weise ausgedrückt. Und wenn es dann noch gelingt, dass das Gesangsensemble so präzise wie eine einzige Stimme singt, so sind alle Bedingungen einer paradiesischen Ur-Einheit erfüllt, die jeden Hörer in seinen Tiefenschichten ergreift.

In solchen Momenten kann es geschehen, dass man von einem urtümlichen Glückserleben durchströmt wird, wie es offensichtlich dem Engländer Thomas Coryat geschehen ist, der sich 1608 in Venedig aufhielt. Er erlebte die Musik Giovanni Gabrielis in einem Gottesdienst in der *Chiesa di San Rocco* und geriet über diese Musik geradezu ins Schwärmen. Er bezeichnet sie als

> »die beste Musik, die ich je in meinem ganzen Leben zu irgendeiner Tageszeit gehört habe, so gut, dass ich ohne Zögern einhundert Meilen zu Fuß gehen würde, um derartiges zu hören. Dieser Ohrenschmaus bestand im Wesentlichen aus Vokal- und Instrumentalmusik, so herrlich, so ergötzlich, so einzigartig, so bewundernswert, so überaus hervorragend, dass sie alle Fremden, die nie dergleichen zu hören bekommen hatten, geradezu überwältigte und verblüffte. Wie sie auf andere wirkte, weiß ich nicht; für mich selbst kann ich sagen, dass ich während dieser Zeit geradezu wie der heilige Paulus in den dritten Himmel hinaufschwebte« (zit.n. Thomsen-Fürst 1996, S. 8).

Herr Coryat wähnt sich offensichtlich zurück im Paradies der primären Zweisamkeit mit der als vollkommen und göttlich empfundenen Mutter am Lebensbeginn, jenem Paradies, nach dem eine unstillbare, aber letztlich vergebliche Sehnsucht unser ganzes Leben durchzieht und durch das Hören von Musik immer wieder neu belebt wird: »Die Musik konfrontiert uns mit der Sucht nach einer Verbundenheit, die wir nicht erreichen, von der wir aber auch nicht lassen können« (Leikert 2005, S. 69).

Das Spracherleben ist in dieser Phase auf die sinnlich-affektiven Eigenschaften und noch nicht auf die Bedeutungen der Worte gerichtet. Zwar ist für das Madrigal kennzeichnend, dass es einzelne Worte musikalisch darzustellen versucht. Diese Art einer bildhaften Darstellung hat jedoch etwas ausgesprochen Vorsprachliches, in gewisser Weise Körperhaft-Gestisches an sich. Diese Darstellung ahmt eher das Gestikulieren der Mutter nach, während sie zum Säugling spricht, als dass sie eine lexikalische Wortdefinition liefert. So wurden z.B. der Himmel durch hohe Töne, die Erde durch tiefe Töne, das Eilen durch schnelle Notenwerte, das Verweilen durch langsame, das Hinauf durch eine Notenfolge in die Höhe, das Hinunter in die entgegengesetzte Richtung musikalisch ausgedrückt. Auch die Angabe von Zahlen fand eine Berücksichtigung: die Eins wurde z.B. durch Einstimmigkeit, die Zwei durch Zweistimmigkeit usw. dargestellt; das Helle durch lange Notenwerte, das Dunkle durch kürzere Notenwerte, also durch schwarze Notenköpfe. Solche »Madrigalismen« wurden allmählich zu einer allgemein vertrauten Symbolsprache, die allen damaligen Musikern und Musikliebhabern vertraut war. Dieser Bildersprache und »Augenmusik« haftet jedoch etwas ausgesprochen Kindliches an.

Damit kommen wir nun zum zweiten zentralen musikalischen Baustein der Madrigale, zu den polyphon gestalteten Imitationen.

6. Die imitierende Polyphonie und das mütterliche Spiegeln und Echogeben

Es gehört zur zentralen Aufgabe der Mutter, ihrem Säugling durch mimische und vokale Äußerungen diejenigen Gefühle zurückzuspiegeln, die sie in seinem Verhalten oder seinen lautlichen Äußerungsformen zu erkennen glaubt. So sieht z.B. der Säuglingsforscher Fonagy es als die wichtigste Fähigkeit der frühen Mutter an, »die Affektzustände des Säuglings zu ›spiegeln‹, ihnen ein ›Echo‹ zu geben« (Fonagy et al. 2002, S. 198).

Die hohe Bedeutung des Echogebens und Spiegelns von Gefühlen in der Mutter-Kind-Matrix ist auch den Madrigalkomponisten der Renaissancezeit nicht verborgen geblieben, was sich daran ablesen lässt, dass das Echogeben zu einem der wesentlichen musikalischen Elemente geworden ist, aus dem heraus das Madrigal lebt. Das Echogeben tauchte satztechnisch in den vielfältigen Imitationen auf, aber es etablierte sich darüber hinaus auch in einer eigenen Gattung. Weder vorher noch später in der Musikgeschichte sind Echokompositionen in einer derartigen Fülle geschaffen worden, wie in der Zeit der Renaissance und des Barocks.

Die ersten in Musik gesetzten Echoverse scheinen die des Dichters Angelo Poloziano gewesen zu sein, die von Heinrich Isaak im Jahr 1489 vertont wurden. Bis heute bekannt und beliebt ist Orlando di Lassos berühmtes *O la, o che bon eco*, ein mehrstimmiges Echolied, das als Kanon notiert ist. Es gab außerdem ganze Sammlungen mit Echokompositionen, z.B. diejenigen von P. Agostini: *Canones et Eco* (1572) und *L'Eco et Enigmi musicali* (1581). Ansonsten finden sich Echokompositionen bei allen großen Madrigalkomponisten wie z.B. Andrea Gabrieli, Orazio Vecchi (1590, 1597) oder Philippe de Monte (1599). Auch in Monteverdis Oper *Orfeo* sind Echoszenen enthalten, genau so wie in den beiden verloren gegangenen Werken von Heinrich Schütz, der Oper *Dafne* und dem Ballett *Orpheus*. Schütz hat ferner den 100. Psalm *Jauchzet dem Herren alle Welt* in der Sammlung *Psalmen Davids* als ein reines Echo-Chorstück konzipiert.

Satztechnisch begegnet uns die mütterliche Affektspiegelung in der Vielfältigkeit der Imitationen. Bei den Imitationen werden Worte und Tonfiguren, die zunächst von einer Stimmgruppe gesungen werden, von einer anderen Stimmgruppe wiederholt. Dabei kann es sich um eine genaue wörtliche Wiederholung handeln oder aber um eine Wiederholung in anderer Lage oder anderem Klang.

Nun ist es so, dass das Spiegeln und Echogeben der Mutter ganz bestimmten Erfordernissen genügen muss, damit der Säugling es als ein Feedback auf seine inneren Zustände erfahren kann und nicht etwa als Gefühle der Mutter auffasst. Um das zu erreichen, muss die Mutter die Affektspiegelungen in spielerisch-markierender Weise geben, wie die neuere Säuglingsforschung herausgefunden hat. Spielerisch-markierend heißt, ihr Lächeln ist etwas breiter oder sie wiederholt es in verschiedenen Variationen und Modulationen, d. h. sie spielt mit ihrer Antwort. Bei negativen Gefühlen ist dies besonders wichtig. Wenn die Spiegelung ängstlicher Gefühle in spielerisch-markierender Weise geschieht, macht der Säugling dic Erfahrung, dass dic Mutter seine Gefühle wahrgenommen hat, sich aber von diesen negativen Gefühlen nicht kontaminieren und überwältigen lässt. Die Mutter macht vielmehr durch ihre beruhigenden stimmlichen Äußerungen kenntlich, dass sie diese bedrohlichen Gefühle in verdauliche und gut integrierbare Emotionen umzuwandeln vermocht hat. Damit dient solch eine spielerisch-markierenden Affektspiegelung nicht nur dem Erkennen eigener innerer Befindlichkeiten, sondern gleichzeitig auch der Regulierung der Affekte des Säuglings.

Die Imitation kann sich auf Gefühle oder auf Verhalten beziehen. Für das Imitieren von Verhaltensweisen haben die Säuglingsforscher bemerkenswerte Erkenntnisse zu Tage gefördert, die offensichtlich auch eine Entsprechung in der musikalischen Imitation im Madrigal gefunden haben.

Die Erfahrung zeigt, dass der Säugling äußerst interessiert an Nachahmungen seines Verhaltens ist. Sein Interesse an Imitationen ist darin begründet, dass er durch sie eine »Wie-ich«-Erfahrung (Meltzoff/Gopnik 1993) macht, was er offensichtlich sehr schätzt. Solch eine »Wie-ich«-Erfahrung durch Imitation erfüllt verschiedenste narzisstische und soziale Bedürfnisse. Der Säugling kann sich zum einen als Urheber und Auslöser für eine spiegelnde Reaktion der Mutter fühlen. Das beweist seine Wirkmacht auf seine Umwelt und das erfüllt ihn mit Stolz. Wenn ein Soggetto nun nicht nur von einer Stimme sondern in einer durchimitierenden Weise auch noch von allen anderen Stimmen gespiegelt wird, so vermag dies seine Stimmung noch weiter zu steigern. Durch dieses reiche Angebot eines vielfachen Echos vermag also die Musik zu einer die Erregung steigernden Affektregulierung beizutragen. Für den Hörer, der dieses Geschehen in Identifizierung mit dem Interaktionsgeflecht der Stimmen auch für sich erlebt, wird in diesem Moment die Musik zu einem wohligen »das

Selbst regulierenden Anderen«, der in angenehmer Weise zu einem gesteigerten Wohlbefinden beiträgt, so wie es am Lebensbeginn die Mutter getan hat. Kurzum, Nachahmungen bieten für den Säugling bedeutsame »Wie-ich«-Erfahrungen.

Durch eine kluge Experimentalsituation haben Magyar und Gergely (1998) nun herausgefunden, dass der Säugling ab dem Alter von ca. drei Monaten gar nicht so sehr an einer perfekten Nachahmung seines Verhaltens interessiert ist, sondern eher an einer unvollkommen kontingenten Nachahmung, in der die charakteristische Eigenart der imitierenden Person noch enthalten ist. Das heißt, der Säugling findet nun solche Imitationen am spannendsten, die nicht »genau wie ich«, sondern die »fast wie ich, aber nicht genau wie ich« sind (vgl. Fonagy et al. 2004, S. 196f.).

Ich habe an anderer Stelle (Oberhoff 2007) die Hypothese aufgestellt, dass, wenn man die in den vielen hundert barocken »Concerti grossi« enthaltenen Imitationen zwischen Concertino und Tutti einmal darauf hin untersuchen würde, wie perfekt kontingent oder wie unvollkommen kontingent diese sind, würde man möglicherweise zu dem Ergebnis kommen, dass die vom Säugling bevorzugten »fast wie ich, aber nicht genau wie ich«-Imitationen überwiegen. Diese Hypothese habe ich bei einer ersten Überprüfung an einem Concerto-Satz aus Händels *Concerto grosso op. 6, Nr. 8* verifizieren können. Von den insgesamt 29 Imitationen des Kopfmotivs sind zehn vollkommen kontingent (oft im Oktavabstand) und 19 unvollkommen kontingent (Figur entweder abgewandelt oder auf anderer Stufe).

Bemerkenswert ist, dass der Madrigalforscher Schick etwas nahezu Identisches über das Madrigal formuliert hat. Für das, was die Säuglingsforscher als »unvollkommen kontingente Nachahmung« bezeichnen, findet sich bei Schick der Begriff der »unscharfen Imitation«. Schick sagt über die Madrigale Willaertscher Prägung:

> »Die einzelnen Stimmen bilden zwar ein dichtes Imitationsgewebe, doch wird eine exponierte Soggettogestalt fast nie von einer anderen Stimme genau übernommen, sondern sofort abgewandelt, melodisch und rhythmisch variiert. Der jeweilige Soggetto existiert gleichsam nur als ungefähre Idee, die sich vielfältig konkretisiert in einer Art ›unscharfer Imitation‹« (Schick 1998, S. 35).

Durch solche Formen einer »unscharfen Imitation« macht das Kind eine erste Erfahrung getrennter innerer Befindlichkeiten zwischen dem mütterlichen und dem eigenen Selbst. Solche unscharfen Imitationen sind durch die Subjektivität der mütterlichen Person gegangen und spiegeln deren subjektive Erlebniswelt wider, die mitunter vom kindlichen Selbst unterschieden ist. Diese Erfahrungen sind geeignet, für den Säugling den weiteren Weg zum individuellen Selbst zu bahnen.

Nach diesen satztechnischen Verweisen auf die Erlebniswelt der Mutter-Kind-Matrix in der Madrigalkunst, bleibt mir abschließend noch übrig, einmal auf die Texte zu schauen und zu überprüfen, ob auch in ihnen ein Bezug zur frühkindlichen Erfahrungswelt erkennbar ist.

7. »O Crudele« – oder die schmerzlichen Erfahrungen mit der nicht »genügend guten« Mutter

Wie die Bindungsforschung aufgezeigt hat, entscheidet die Feinfühligkeit der Mutter bzw. der Pflegeperson darüber, ob das Kind eine sichere Bindung entwickeln kann, die für die weitere Entfaltung eines stabilen Selbst von großer Bedeutung ist. Die Spiegelung von Gefühlen wie auch die Regulierung der Gefühle durch diese Person sind ganz zentrale und bedeutsame Erfahrungen, die für den Säugling existenznotwendig sind. Deshalb entwickelt er Bindungswünsche und Bindungsverhaltensweisen gegenüber dieser so überaus wichtigen Person.

Was ist nun, wenn die Mutter diese Feinfühligkeit nicht besitzt und nicht anbieten kann? Diese Frage stellt sich hier in besonderer Weise, da wir davon ausgehen müssen, dass den meisten Eltern der Renaissancezeit die einfühlsame Qualität nicht zur Verfügung stand.

Die Erlebniswelt des frühen Kindes war für die damaligen Menschen eine terra incognita. Man verstand diese kleinen sprachlosen Wesen nicht, die eher einem Tier als einem Menschen ähnelten. So meint etwa der Theologe Berulle: »Der Säuglingszustand ist der niedrigste und gemeinste Zustand der menschlichen Natur, nach dem des Todes« (v. Marcard 1994, S. 28). Säuglinge wurden als böse und sündhaft hingestellt, und es bestand hier und da die Vorstellung, dass das bei der Taufe schreiende Kind den Teufel herauslasse. Und so diente die Taufe u.a. der Teufelsaustreibung. Zumindest war man in kirchlichen Kreisen der Meinung, dass das Schreien eines Säuglings bedeute, dass er eine Sünde begehe. So haben gerade die Kirchenväter im wahrsten Sinne des Wortes viel zur Verteufelung der Kinder beigetragen.

Wo man die Kleinkinder nicht abgelehnt hat, stand man ihnen zumindest etwas hilflos und gleichgültig gegenüber, da man an ihnen etwas Wesentliches vermisste, nämlich das Vernünftige und Verständige, durch das sich nach allgemeiner Meinung menschliche Wesen auszeichnen. Kinder mussten erst einmal durch eine strenge Erziehung zur Vernunft erzogen werden. Bevor dieser Zustand nicht erreicht war, gehörten sie nicht wirklich als vollwertige Mitglieder zur Familie. Das heißt, die von der Bindungsforschung als entwicklungsfördernd beschriebene elterliche Feinfühligkeit werden die Kinder dieser Zeit eher in Ausnahmefällen erlebt haben. Überwiegend werden sie eine Mutter erfahren haben, die nicht verfügbar war, weder emotional noch durch Pflegehandlungen. In besser gestellten Familien wird man sowieso die Kleinkinder den Hausangestellten überlassen haben.

Diese defizitäre Situation einer nicht genügend guten Mutter im Kleinkindalter mag uns eine Erklärung dafür liefern, dass in den lyrisch-poetischen Texten so häufig über eine kalte oder grausame weibliche Person geklagt wird.

Nehmen wir z.B. das Madrigal *Ride la Primavera* (»Es lacht der Frühling«), ein oft vertonter Madrigaltext. Hier ist es die Nymphe Cloris, eine Symbolgestalt für den Frühling, und damit für die Mutter am Lebensbeginn, die der Erzähler monologisierend als Dialogpartnerin wählt. Er wirft ihr vor, eiskalt und grausam zu sein. Der Vers endet mit der anklagenden Frage:

> »Ach, wenn du schon dein Herz mit ewigem Eise panzerst,
> warum, ebenso grausame wie liebenswerte Nymphe,
> trägst du dann in den Augen die Sonne, aber im Antlitz den April?«.

Das heißt, das Erzähler-Ich hat es mit einem mütterlichen Gesicht zu tun, das zwar hübsche Augen hat aber eine versteinerte Mimik, deren Grausamkeit darin besteht, dass sie keine Gefühle zurückspiegelt.

Wir wissen alle, wie wichtig für den Säugling die Augen und das Gesicht der Mutter sind. Sein Selbst besteht in dieser ontogenetischen Frühzeit ausschließlich aus dem, was ihm die Augen und die Gesichtsmimik der Mutter zurückspiegeln. Denn in den Augen der Mutter spiegelt sich das, was die Mutter erblickt, wenn sie auf ihren Säugling schaut. Und wenn dieser Anblick beglückend ist, so zeigt sich jener »Glanz im Auge der Mutter« (Kohut), der für eine gesunde Entwicklung des kindlichen Selbst so überaus wichtig ist. Was der Säugling im Gesicht seiner Mutter erblickt bildet den Kern seines Selbstgefühls.

Entsprechend dieser außerordentlichen Bedeutung des mütterlichen Blickes als eines Spiegels für das Selbst des Kleinkindes kann es nicht verwundern, dass in den Madrigalen die Augen, der Blick und das Gesicht der Geliebten (Mutter) ein bevorzugtes Thema sind. Es durchzieht die gesamte Madrigalliteratur wie ein roter Faden.

Monteverdis Madrigal *Occhi, un tempo mia vita* (»Augen, die ihr einst mein Leben wart«) kündet von lebensspendenden Augen deren Glanz erloschen ist. Der Komponist belegt diese Augen von Anfang an mit einem herabsinkenden Motiv, worin sich bereits andeutet, dass es diese Augen sind, die durch ihr Abwenden den Tod bringen. An solchen Stellen taucht regelmäßig das Wort »grausam« (»crudel«) oder auch der Ausruf: »Du Grausame« (»O Crudele«) auf.

Wie psychodiagnostisch präzise diese frühkindliche Bedrohung durch ein sich abwendendes mütterliches Gesicht im Madrigal thematisiert sein kann, erleben wir im Madrigal *Occhi dolci e soavi* von Luca Marenzio. Wie die klinische Erfahrung gezeigt hat, entstehen in Situationen mangelnder Präsenz der Mutter im kleinen Kind heftigste Wut- und Hassgefühle, in deren Gefolge Ängste vor Vergeltung auftreten und die Mutter im Erleben des Säuglings zu einer Verfolgerin wird. Diese frühkindliche Erfahrung – die ja für einen erwachsenen Menschen kaum vorstellbar ist – finden wir ziemlich präzise thematisiert in Marenzios Madrigal. Dort heißt es:

»Lieblichste aller Augen,
die ihr mein leidend Herz gefangen haltet.
Nicht länger verfolget mich.
Könnt ich die Sonne sein, die ihr erblicket«.

Den Augen wird hier eine große Macht zugebilligt, indem sie das Herz gefangen halten und zu einer Verfolgerin werden können. Die sich anschließende letzte Zeile drückt jene tiefe Sehnsucht eines jeden Säuglings aus, nämlich für die Mutter »ihr kleiner Sonnenschein« zu sein, dessen heller Glanz im Spiegel des mütterlichen Gesichts dann auf ihn als eine beglückende Erfahrung zurückfällt.

Damit möchte ich meinen kleinen Ausflug in die Welt des Madrigals beenden. Ich habe Ihnen in meinen Ausführungen einiges Material vorgelegt, das in seiner Summe eine deutliche Affinität des Madrigals zur Erlebniswelt der Mutter-Kind-Matrix aufzeigt. Bereits die Herkunft des Wortes Madrigal, noch mehr jedoch die homophonen Klangflächen als Ausdruck des primären Einsseins und die polyphonen Imitationen als Ausdruck des mütterlichen Spiegelns und Echogebens haben uns auf einer verborgenen Sinnebene das Madrigal als eine idealisierende ästhetische Re-Inszenierung des mütterlichen Klangsprechens aus der Zeit der Mutter-Kind-Dyade erleben lassen.

Die existenziell bedrohlichen Erfahrungen mit einer nicht genügend guten Mutter werden im Text zum Ausdruck gebracht, während die Musik sich überwiegend als eine liebevoll umarmende und gefühlvoll spiegelnde Mutter anbietet, indem sie jene harmonischen Schmelzklänge und jene differenzierten Gefühlsimitationen präsentiert, die sich wie eine heilende Salbe auf die verletzten und vernachlässigten Seelen der damaligen Hörer gelegt haben werden. Die Musiker und Musikliebhaber waren vermutlich deshalb nahezu ein ganzes Jahrhundert lang von dieser gefühlvollen Musikgattung so fasziniert und begeistert, weil die Madrigale ihnen wie ein liebevolles mütterliches Klangsprechen erschienen sind, das ihnen all das an feinfühliger Zuwendung lieferte, das sie in ihrer Kindheit so schmerzlich vermissen mussten.

Vielleicht ist es genau diese Aufgabenteilung von Musik und Text – im Text die Verlassenheitserfahrung und in der Musik das imaginierte Erleben einer liebevollen und einfühlsamen Mutter – die dem Hörer damals wie heute ein affektives Wiedererleben der frühen Entbehrungen ermöglicht, ohne vom Schmerz erneut überwältigt zu werden. Beim Lauschen auf die Madrigalgesänge fallen gleichsam die Erfahrung von Objektverlust und von einem imaginärem Wiedergewinn des guten Objekts in eins. Die ästhetische Erfahrung kann so vom Hörer in den Dienst gestellt werden, das Unerinnerbare wieder zu erinnern und das am Lebensbeginn nicht Aushaltbare durch den liebevoll haltenden Rahmen der Musik nun als aushaltbar zu erleben und in sein Selbst zu integrieren.

Literatur

Ariès, Philippe (1971): Geschichte der Kindheit. München (dtv).

Fonagy, Peter; Gergely, György; Jurist, Elliot L. & Target, Mary (2002): Affektregulierung, Mentalisierung und die Entwicklung des Selbst. Stuttgart (Klett-Cotta).

Harnoncourt, Nikolaus (1982): Musik als Klangrede. Wege zu einem neuen Musikverständnis. Salzburg (Residenz).

Leikert, Sebastian (2005): Der Ursprung des musikalischen Symbols – der Orpheusmythos als Grundparadigma der Oper. In: Oberhoff, B. (Hg.): Die seelischen Wurzeln der Musik. Psychoanalytische Erkundungen. Gießen (Psychosozial-Verlag).

Loewald, Hans (1986): Psychoanalyse: Aufsätze aus den Jahren 1951–1979. Stuttgart (Klett-Cotta).

Magyar, Judith & Gergely, Gyorgy (1998): The obscure object of desire: »Nearly, but clearly not, like me.« Perceiving self-generated contingencies in normal and autistic children. Poster, International Conference on Infant Studies. Atlanta, GA.

von Marcard, Micaela (1994): Rokoko oder das Experiment am lebenden Herzen. Galante Ideale und Lebenskrisen. Reinbek (Rowohlt).

Meltzoff, Andrew N. & Gopnik, Alison (1993): The role of imitation in understanding persons and developing a theory of mind. In: Baron-Cohen, S. et al. (Hg.): Understanding other minds: Perspectives from autism. New York (Oxford University Press), S. 335–366.

Oberhoff, Bernd (2007): Handlungsdialoge und Affektspiegelungen im barocken Concerto grosso. (In diesem Band).

Pirrotta, Nino (1960): Madrigal. In: Blume, F. (Hg.): Musik in Geschichte und Gegenwart, Bd. 8, Spalte 1420–1424. Kassel (Bärenreiter).

Salmen, Walter (2002): Sinnbildliche Darstellungen der Musik am Freiburger Münster. In: Schmider, Chr. (Hg.): Musik am Freiburger Münster. Freiburg (Rombach).

Schick, Hartmut (1998): Musikalische Einheit im Madrigal von Rore bis Monteverdi. Phänomene, Formen und Entwicklungslinien. Tübinger Beiträge zur Musikwissenschaft, Bd. 18. Tutzing (Schneider).

Schönau, Walter (2003): Lyrik als Muttersprache. Eine ontogenetische Theorie der Dichtkunst. Freie Assoziation 6 (1), 31–40.

Thomsen-Fürst, Rüdiger (1996): Venedig, Gabrieli und San Marco. Booklet zur CD »Gabrieli in San Marco«. Sony Classical SBK 62426.

Handlungsdialoge und Affektspiegelungen im barocken Concerto grosso

Eine musikpsychoanalytische Analyse von G. F. Händels Concerto grosso Op. 6, Nr. 8, 3. Satz

Bernd Oberhoff

Einleitung

Beim Hören von Barockmusik erleben wir uns im Raum der göttlichen Vollkommenheit. Die Komponisten des Barock sahen es als ihre Aufgabe an und wurden von den Musiktheoretikern darauf verpflichtet, eine erhabene, vollkommene Musik zu schaffen, eine Musik, die mit der himmlischen Harmonie in Übereinstimmung steht. Der Musiktheoretiker Andreas Werckmeister, der von 1645–1706 lebte und als Organist in Quedlinburg und Halberstadt wirkte, hat dies in seinen zahlreichen Schriften herausgestellt. Gemäß Werckmeister ist der Mittelpunkt allen Seins die »Unität« als die höchste Vollkommenheit, von der alles ausgeht, was ist und auf die alles bezogen ist, ja »Gott ist selber die Unität« (Werckmeister 1687, S. 63). Und Aufgabe der Musik ist es nun, Abbild dieser Vollkommenheit zu sein. Denn es ist »gleichsam wider die Natur, vorab in der Music, wenn wir allzu weit von der Aequalität und Einigkeit abweichen« (Werckmeister 1687, S. 67).

Es gibt auch lebensgeschichtlich eine Zeit, die als derartig göttlich und vollkommen erlebt wird. Das ist die frühe Zeit der Mutter-Kind-Dyade. Hier ist es die Mutter, der eine höchste Vollkommenheit zukommt, die vom Kleinkind als göttlich und großartig erlebt wird. Genauer müssen wir sagen, dass es die gemeinsame Beziehung ist, die als göttlich und vollkommen erlebt wird. Dieses beglückende Erleben ist nicht bedingungsfrei gegeben, sondern stellt sich nur dann ein, wenn das kommunikative Zusammenspiel von Mutter und Kind ganz bestimmte Charakteristika aufweist. Dazu gehören ohne Frage die elementare Erfahrung, sicher aufgehoben und gehalten zu sein, ebenso wie die Notwendigkeit, gut und liebevoll genährt zu werden. Darüber hinaus gibt es aber noch weitere Charakteristika, die gegeben sein müssen, damit sich das narzisstische

Vollkommenheitsgefühl beim Säugling einstellt und aufrechterhalten bleibt. Zu diesen äußerst wichtigen kommunikativen Leistungen, die die Mutter bereitstellen muss, gehören Handlungsdialoge und Affektspiegelungen.

Wenn die These zutrifft, dass die Barockmusik eine ästhetische Reinszenierung dieser narzisstisch vollkommenen Welt darstellt, so müssen sich in ihr derartige Elemente der Mutter-Kind-Kommunikation wiederfinden lassen. Um diese These zu belegen, werde ich im Folgenden einen Concerto grosso-Satz von Georg Friedrich Händel analysieren, in der nach meinem Dafürhalten die Handlungsdialoge und Affektspiegelungen eine zentrale Rolle spielen, ja der ganze Satz kann als ein ständiges Abwechseln zwischen Handlungsdialogen und Affektspiegelungen beschrieben werden.

1. Affektspiegelungen und Handlungsdialoge

Es gehört zur Aufgabe der Mutter, die Gefühle des Säuglings zu spiegeln, ihnen ein Echo zu geben. Und es ist ebenfalls die Aufgabe der Mutter, sich mit den Gefühlen des Säuglings zu verbinden, sich ihnen anzugleichen, sich auf sie abzustimmen. Diese Gefühlskommunikationen sind aus zwei Gründen wichtig. Zum einen fühlt sich der Säugling dadurch in seinen Affekten gesehen und verstanden und zum anderen erlebt er sich mit der Mutter in einer gemeinsamen Matrix als sicher verbunden.

Doch es gibt auch auf der Verhaltensebene einen Dialog, der für den Säugling von großer Bedeutung ist. Das Kind ist in der Zeit des ersten Lebensjahres sehr daran interessiert, die spezifischen, unveränderlichen Eigenschaften und Verhaltensweisen seiner eigenen Person und der Person der Mutter kennenzulernen. Um diese spezifischen Invarianten von den rein zufälligen Akzidentien zu unterscheiden, müssen die Verhaltensweisen von der Mutter so präsentiert werden, dass der Säugling bei aller Unterschiedlichkeit der Ausführung das Charakteristische und immer Gleichbleibende wahrnehmen kann. Er muss gleichsam die Varianz aussortieren lernen, um das Invariante zu erkennen. Um diesen Lernprozess zu ermöglichen, müssen die Eltern ihr Verhaltensangebot in einer ganz bestimmten Form darbieten:

1. es muss einfach strukturiert sein (d.h. nicht zu kleinteilig und nicht zu kompliziert),
2. es muss oft wiederholt werden (damit es der Säugling als etwas bereits Vertrautes wiedererkennen kann), und
3. es muss im Laufe des Spiels leicht variiert werden, also als ein »Thema mit Variationen« dargeboten werden. Zu letzterem bemerkt der Entwicklungspsychologe Stern: »Je länger es dem Erwachsenen gelingt, in jede

> Runde ein optimales Maß an neuen Varianten einfließen zu lassen, desto länger wird das Kind von dem Spiel gefesselt sein« (Stern 1993, S. 110).

Wir werden bei unserer Analyse also zu prüfen haben, ob die genannten Eigentümlichkeiten des Handlungsdialoges, also einfache Struktur, häufige Wiederholung und Variation in diesem Concerto grosso-Satz auffindbar sind.

Der Säugling sucht nichts sehnlicheres, als mit der großartigen Mutter so oft und so intensiv als möglich zusammen zu sein. Daniel Stern (1993) hat diese Erlebnisqualität als das »Selbst-zusammen-mit-dem-Anderen« (»self with other«) beschrieben. Doch der Säugling ist sich gleichzeitig diffus der Tatsache bewusst, dass er seit der Geburt ein von der Mutter getrenntes Wesen ist, d.h. er erlebt sich auch als ein »Selbst-gegenüber-dem-Anderen« (»self versus other«). Dieses Gefühl hat anfänglich etwas Beängstigendes an sich und kann nur ertragen werden, wenn es genügend sicherheitsgebende Situationen des Zusammenseins gibt. Beide Modi des Erlebens sind gleichsam dialcktisch miteinander verkoppelt: Das Erleben des »Selbst-gegenüber-dem-Anderen« entwickelt sich in dem Maße wie das »Selbst-zusammen-mit-dem-Anderen« verlässlich und harmonisch verläuft. Es gibt also in dieser frühen Mutter-Kind-Matrix ein Oszillieren zwischen dem »Selbst-gegenüber-dem-Anderen« und dem »Selbst-mit-dem-Anderen«.

Mit den fein aufeinander abgestimmten Handlungsdialogen, wie sie die Säuglingsforscher als charakteristisch für die Mutter-Kind-Matrix ansehen, ist im Grunde ein ganz zentrales Prinzip barocken Musizierens ziemlich präzise umschrieben, nämlich das *barocke Dialogprinzip*. Das Charakteristische dieses musikalischen Interagierens ist genau jenes Oszillieren zwischen dem »Selbst-gegenüber-dem-Anderen« und dem »Selbst-zusammen-mit-dem-Anderen«. Eggebrecht (1991) spricht bezüglich der Barockmusik von einem »Gegeneinander im Miteinander«. Das barocke Concertieren ist für ihn »das Zusammenwirken mit gleichzeitigem Sichabheben, das Gegeneinander im Miteinander … das sinnlich wirkungsvolle Moment der Rollenverteilung, der ›aktionellen Harmonie‹« (Eggebrecht 1998, S. 325).

Der letztere Begriff der »aktionellen Harmonie« könnte mühelos in die Sprache der Säuglingsforschung integriert werden. Er ist gleichbedeutend mit dem, was die Säuglingsforscher eine »harmonische Verschränkung« oder eine »interaktionale Synchronizität« im wechselseitigen Interagieren zwischen Mutter und Kind nennen.

Nach diesem einleitenden Erklärungen können wir nun zur musikpsychoanalytischen Analyse schreiten. Die Partitur des *Concerto grosso*-Satzes finden Sie am Ende dieses Aufsatzes.

Handlungsdialog H1 (Takte 1–2)

Das keck vorgetragene Kopfmotiv ist eine einfache spielerische Figur, die etwas Körperlich-Sinnliches an sich hat. Sie ähnelt einem Stupsen mit dem Finger, einer markanten Hin- und Herbewegung mit der Hand oder dem Ausstoßen von vokalen Lauten, etwa einem »Trinn-tack«. Diese spielerische Figur taucht immer paarweise auf, weswegen der Eindruck eines interaktiven Spiels entsteht, in der Art von »erst ich, dann du« oder »Hin und Her« oder »Ruf und Echo«. Es beginnen die hohen Stimmen (1. Violinen) und es antworten die tiefen Stimmen (2. Violinen eine Oktave tiefer). Den tiefen Stimmen fällt dabei die Aufgabe zu, auf den das Spiel eröffnenden Stimulus der ersten Violinen mit einem gleichartigen Antwortreiz zu reagieren. Dies tun sie äußerst verlässlich und lassen die Antwort auf den ersten Reiz stets unmittelbar folgen, wodurch sich eine interaktive Spielmatrix konstituiert, in der die Reaktion des Partners gut vorhersehbar und berechenbar ist. Diese Verlässlichkeit in der Reaktion vermittelt dem Säugling das Gefühl, Urheber eines interaktiven Geschehens zu sein und Kontrolle über das Verhalten des Anderen zu besitzen.

Da es nicht um einen sprachlichen Austausch geht, sondern Sprache allenfalls als ein klanglicher Laut auftaucht, haben wir es nicht mit einem Sprechdialog, sondern mit einem Handlungsdialog zu tun, so wie er sich in der ganz frühen Mutter-Kind-Interaktion in vielfältiger Weise ereignet. Dass sich in diesem Handlungsdialog hohe Stimme und tiefe Stimme abwechseln, lässt durchaus Assoziationen an Kind (hohe Stimme) und Erwachsener (tiefe Stimme) entstehen, wobei der Erwachsene auf den Handlungsimpuls des Kindes antwortet. Ganze drei Male ereignet sich dieser muntere Handlungsdialog in den ersten beiden Takten, bevor das Geschehen im Folgenden zu einer anderen Art dialogischen Interagierens überwechselt.

Affektspiegelung A1 (Takte 3–8)

Gegenüber dem eckigen »Trinn-tack«-Spiel folgt ab Takt drei eine weiche und gefühlvolle Passage, gespielt vom solistisch besetzten Concertino mit erster Violine, zweiter Violine und Violoncello. Gegenüber dem Tutti des Gesamtorchesters wirkt diese Spielformation intimer, feiner, gefühlvoller. Es beginnt mit einem weichen Streicher-Legato, überwiegend auf einer Tonhöhe und ohne eine prägnante Melodiegestalt (Abschnitt a). Diese dichten Streicherklänge drücken eine unspezifische harmonische Verschmolzenheit aus, die eine wohlige angenehme Qualität besitzt. Man kann sich gut eine Situation des stillen wortlosen Streichelns oder Liebkosens vorstellen, bei dem der Säugling eng an den Körper der Mutter angeschmiegt ist.

Aus dieser weichen, diffusen emotionalen Verschmolzenheit erhebt sich dann die erste Violine mit einem deutlich wahrnehmbaren, melodiösen Motiv, das einen feinen Glanz und eine gehobene Stimmung, eine Art Glücksgefühl ausdrückt (Abschnitt b). Dieses gefühlvolle Motiv ist von ganz einfacher Struktur. Es kommt ohne größere Sprünge aus und bewegt sich in kleinen Stufen aufwärts und abwärts. In dieser Einfachheit und Simplizität weist es eine gewisse Verwandtschaft zu Kinderliedern auf, die ähnlich gebaut sind. Das wohlige Glücksgefühl, das sich hier im Concertino ausdrückt, ist möglicherweise aus dem vorhergehenden harmonischen Handlungsdialog mit der Mutter erwachsen.

Das hier ausgedrückte Glücksgefühl wird im Folgenden von der zweiten Violine in tieferer Lage imitiert, wodurch eine Art Gefühlsecho, bzw. eine Spiegelung des von der ersten Violine ausgedrückten Affekts geschieht. Indem die erste Violine während des Echos weiterspielt, wird diese Spiegelung gleichzeitig zu einem gefühlsmäßigen Sich-Verbinden zwischen den beiden Violinen, ein Sich-Verbinden, das vom Violoncello harmonisch gestützt und gehalten wird.

In der Mutter-Kind-Dyade gehört es zur Aufgabe der Mutter, durch mimische und vokale Äußerungen diejenigen Gefühle zurückspiegeln, die sie im Verhalten oder den lautlichen Äußerungsformen ihres Kindes zu erkennen meint. Entsprechend sieht der Säuglingsforscher Fonagy es als die wichtigste Fähigkeit der frühen Mutter an, »die Affektzustände des Säuglings zu »spiegeln«, ihnen ein »Echo zu geben« (Fonagy et al. 2004, S. 198). Etwas von dieser liebevoll-weichen Qualität eines mütterlichen Echogebens erleben wir in den wenigen Takten, die das Solistentrio vorträgt.

Die Affektspiegelung durch die Mutter ist für den Säugling in zweifacher Hinsicht eine ganz wichtige Erfahrung. Zum einen vermittelt sie ihm das Sicherheit gebende Gefühl einer engen Verbundenheit, denn die Mutter schwingt sich auf das Gefühl des Säuglings ein und vermittelt ihm dadurch das Empfinden, in einem gemeinsamen Wir-Gefühl aufgehoben zu sein. Zum anderen stellt eine Affektspiegelung eine wichtige Erfahrung des eigenen Selbst dar, denn über die Spiegelung durch die Mutter kann der Säugling seine inneren affektiven Zustände kennenlernen. Wir gehen oftmals von der irrigen Vorstellung aus, dass wir bereits am Beginn unseres Lebens einen Zugang zu unseren inneren Gefühlen besitzen. Das ist aber keineswegs der Fall, wie die neuere Säuglingsforschung aufgezeigt hat. Der Säugling benötigt ein soziales Biofeedback, wie z. B. über das Gesicht der Mutter, das dem Säugling seine inneren Zustände widerspiegelt. Ohne diese äußere mimische Affektspiegelung bleiben ihm seine inneren Gefühlsbewegungen fremd und unerkennbar.

Diese Zusammenhänge lassen eine Ahnung aufkommen, warum diese wenigen Takte von A1 im Hörer so wohlige Gefühle auszulösen im Stande sind. Der Hörer wird hier in das Erleben einer äußerst feinfühligen und liebevollen

Affektspiegelung hineingezogen, die sich zwischen der ersten und der zweiten Violine ereignet. Diese Musik befriedigt ganz urtümliche Sehnsüchte nach einem harmonischen »Zusammensein mit dem Anderen« einerseits und einem wortlosen Verstandenwerden in der aktuellen Gefühlslage andererseits. Das Erleben der harmonischen Verbundenheit mit der geliebten Mutter sowie die einfühlsame Spiegelung einer glückseligen Befindlichkeit im eigenen Innern fallen in diesen musikalischen Klängen in eins.

Beendet wird diese wohlige Affektspiegelung vom Tutti (Abschnitt c), das mit straffen, kurzen Strichen, die wie ein festes, beherztes Anfassen anmuten, in eine Schlussklausel hineinführt und damit gleichzeitig einen Übergang zu einem neuen Handlungsdialog schafft.

Handlungsdialog H2 (Takte 9–10)

Im zweiten Handlungsdialog wird das vertraute »Trinn-tack«-Spiel wieder aufgenommen, allerdings mit kleinen Abwandlungen: Das alternierende Hin und Her wird nun um eine Runde erweitert (statt dreimal nun viermal) und erfolgt außerdem in einer absteigenden Richtung. Und es ist auch nicht das Tutti-Orchester, wie beim ersten Mal, sondern das solistische Concertino, das jetzt miteinander spielt. Die erste und zweite Violine des Concertinos tun sich zusammen und fordern das Concertino-Violoncello zu einer Echo-Antwort heraus. Begleitet wird diese Spielrunde vom Tuttiorchester, das die diffus-verschmolzenen Streichel-Klänge beisteuert. Der größere Klangkörper übernimmt gleichsam eine mütterliche *holding-function* für den kleineren Klangkörper. Dazu passt es, dass die Orchesterbässe mit einer leicht ausgedünnten Spiel-Figur das Concertino-Cello feinfühlig unterstützen.

Affektspiegelung A2 (Takte 11–14)

Das kurze Überleitungsmotiv vom Handlungsdialog zur Gefühlsspiegelung sowie das diffuse Streicheln, das wir beim ersten Mal kennen gelernt hatten, entfallen diesmal. A2 beginnt in Takt 11 sofort mit dem prägnanten Gefühlsmotiv in Violine eins, das dann von der zweiten Geige – wie beim ersten Mal – eine Quinte tiefer imitierend gespiegelt wird. Mit dem bekannten »Anfassen« des Gesamtorchesters wird dieser Teil dann beizeiten beendet und in eine nächste Spielrunde überführt.

In der CD-Aufnahme mit dem Kammerorchester der »Academy of St. Martin-in-the-Fields« (genaue Angaben s. Literaturverzeichnis) fällt auf, dass die zweite Violine die erste Violine nicht in vollkommener Weise spiegelt. Sie verwendet zwar die gleichen Töne, sie artikuliert diese Töne aber anders. Statt Legato-Bogen spielt sie die Töne kurz und trocken (als Note mit Punkt). Diese differenzierende Artikulation, wie wir sie in der Barockmusik häufig vorfinden, ist auch für die Mutter-Säuglings-Interaktion durchaus typisch und hat hier ihre besondere Funktion.

Wenn das Gefühlsecho als eine Gefühlsspiegelung gedacht ist, aus der der Säugling etwas über seine eigenen Gefühle lernen soll, so differenziert die Mutter ihr »Echo« gegenüber dem »Original« des Säuglings. Fonagy (2004) spricht vom »Markieren« eines Gefühls, womit eine deutlich akzentuierte Äußerungsform gemeint ist, die sich vom Gefühlsprofil des Säuglings abhebt. Denn nur bei einem markierten Gefühl versteht der Säugling, dass es sich nicht um ein Gefühl der Mutter, sondern um eine Spiegelung seines eigenen Gefühls handelt. Den Streichern steht in den verschiedenen Arten des Bogenstrichs eine wirksame Form zur Verfügung, ein Gefühl zu markieren, so wie es hier in A2 auf der benannten CD-Aufnahme zu hören ist.

Gleichzeitig erfüllt eine unterschiedliche Artikulation noch einen weiteren Zweck. Die empirischen Säuglingsforscher haben herausgefunden, dass der Säugling äußerst interessiert an Nachahmungen seines Verhaltens ist. Sein Interesse an Imitationen ist darin begründet, dass er durch sie eine »Wie-ich«-Erfahrung macht (Meltzoff/Gopnik 1997). Durch eine kluge Experimentalsituation haben Magyar und Gergely (1998) nun herausgefunden, dass der etwas ältere Säugling (ab dreieinhalb Monaten) gar nicht so sehr an einer perfekten Nachahmung seines Verhaltens interessiert ist, sondern eher an einer unvollkommen kontingenten Nachahmung. Das heißt, der Säugling findet solche Imitationen nun am spannendsten, die nicht »genau wie ich«, sondern die »fast wie ich, aber nicht genau wie ich« sind (vgl. Fonagy et al. 2004, S. 196f.). Diese Erfahrung ist besonders bei negativen Gefühlen für den Säugling bedeutsam, denn die unvollkommen kontingente Nachahmung zeigt ihm, dass die Mutter seine Befindlichkeit wahrgenommen hat, aber durch sie nicht negativ kontaminiert ist, sondern die Situation positiv bewältigt. Durch die unterschiedliche Artikulation der ersten und der zweiten Geige in der Affektabstimmung A2 ist solch eine »fast wie ich, aber nicht genau wie ich«- Erfahrung musikalisch dargestellt worden.

Wenn man die in den vielen hundert barocken »Concerti grossi« enthaltenen Imitationen zwischen Concertino und Tutti einmal darauf hin untersuchen würde, wie perfekt kontingent oder wie unvollkommen kontingent diese sind, würde man möglicherweise zu dem Ergebnis kommen, dass die vom Säugling bevorzugten »fast wie ich, aber nicht genau wie ich«- Imitationen überwiegen. Diese Annahme lässt sich für den hier analysierten Concerto grosso-Satz verifizieren. Von den insgesamt 29 Imitationen des Kopfmotivs sind zehn vollkommen kontingent (meist im Oktavabstand) und 19 unvollkommen kontingent, d.h. die Echofigur ist entweder verkürzt (auf drei oder zwei Töne) oder erfolgt auf einer anderen Stufe.

Doch nun zurück zum Spielgeschehen. Bereits nach zweieinhalb Takten läutet das Tutti-Orchester durch sein beherztes Anfassen die nächste Spielrunde ein.

Handlungsdialog H3 (Takte 15–22)

Die Interaktionsspiele in der Mutter-Säugling-Dyade dienen nicht nur dem Entdecken von Invarianten, sondern auch der Regulierung der Affekte. Jeder Säugling hat ein optimales Erregungsniveau, das ihm angenehm ist. Oberhalb dieses Erregungsniveaus wird das Erleben unangenehm, unterhalb wird es langweilig. Die Mutter muss es im Gespür haben, welches Erregungsniveau vom Säugling gerade gewünscht wird. So entspricht dem optimalen Erregungsniveau beim Säugling ein optimales Stimulierungsniveau auf Seiten der Mutter. Natürlich hat auch die Mutter jeweils ein Bedürfnis nach einem bestimmten Grad an Lebendigkeit und Ausgelassenheit ihres Kindes. So gilt es, in wechselseitiger Regulierung ein Erregungsniveau zu finden, das von beiden als angenehm und lustvoll erlebt wird.

Offenbar war in den ersten beiden Handlungsdialogen (H1 und H2) die affektive Erregung auf zu niedrigem Niveau, so dass die Mutter sich aufgerufen sieht, hier eine Veränderung herbeizuführen. Und so erleben wir ab Takt 15 wie in zwei Aufwärtsmodulationen die emotionale Erregung in die Höhe getrieben wird. Es ist von nun an für den Hörer nur schwer möglich, jeweils zu identifizieren, wer gerade das »Trinn-tack«-Spiel initiiert, weil beide Partner in intensiver Dichte und in einem eng verschlungenen Miteinander agieren.

Nur der Blick in die Partitur lässt erkennen, dass es das Tutti-Orchester im Bündnis mit dem Concertino-Cello ist, das mit den Handlungsdialogen beginnt, während die Concertino-Violinen die »wohlige Streichelfigur« im Hintergrund weben. Gleich im nächsten Takt geschieht ein Rollentausch und das Concertino übernimmt das Echospiel, Spielpartner sind nun die Orchesterbratschen, während die Tuttiviolinen »wohlig streicheln«. Das »Trinn-tack«-Motiv erhält zudem eine Variation: Es tritt im Folgenden mitunter in Terzen auf.

Als eine erste Steigerung des affektiven Erregungsniveaus wird im darauf folgenden Takt (T. 17) das »Trinn-tack«-Spiel um eine halbe Tonstufe nach oben auf eine höhere Ebene verlagert (in den ersten Violinen von G nach As). Die affektive Erregung wird also nach oben reguliert, musikalisch ausgedrückt, nach oben moduliert. Doch damit noch nicht genug. Zwei Takte später (T. 19) erfolgt eine erneute Modulation um wiederum eine halbe Stufe nach oben (von As nach B). Das »Trinn-tack«-Spiel ist nun so richtig in Fahrt gekommen. In immer höherer Drehung erfolgt eine Spielrunde auf die nächste. Das Spiel erreicht ganze dreizehn »Trinn-tacks« mit genauso vielen Echos hintereinander. Es kommt also zu einem lustvollen Aufschaukeln der Gefühle.

In diesem lustvollen Taumel gerät einiges durcheinander. Die zweite Violine des Concertinos spielt ihr eigenes Echo, indem sie in drei Takten (T. 16,18 und 20) ihr »Trinn-tack« selbst beantwortet. Wer hier gegen wen spielt, bzw. wer wem als Echo antwortet, gerät ebenfalls außer Kontrolle. Mal ergreifen die Tutti-Violinen die Initiative, mal die Concertisten. Mal streichelt das Concertino, mal das Orchester. Die Orchesterbässe betätigen sich in dieser Passage nahezu nur noch als Echo. Um das Durcheinander perfekt zu machen stimmt das Concertino in Takt 21 bereits das Gefühlsmotiv an. Das Tutti-Orchester ist verdattert und wirft etwas verzögert zwei einsame »Trinn-tacks« ins Geschehen ein (T. 21 und 22). Rettung kann jetzt nur noch das Einsetzen der prägnanten und geordneten Affektspiegelung bringen, was dann in Takt 23 auch gelingt.

Man ist an diesem Siedepunkt des Stückes an Eggebrechts »Gegeneinander im Miteinander« als ein Spezifikum der Barockmusik erinnert. Das Pendant in der Mutter-Säuglings-Dyade ist das Oszillieren des Säuglings zwischen Interaktionen, die das »Selbst gegenüber dem Anderen« und das »Selbst zusammen mit dem Anderen« ausdrücken. Persönlicher, individueller Ausdruck und das Erleben von Gemeinsamkeit mit dem Anderen wechseln in diesen Passagen in nicht mehr zu unterscheidender Weise ab. War bislang das Alternieren zwischen Tutti und Concertino recht klar unterschieden, so gewinnt man in diesem Mittelteil des Stückes den Eindruck, dass das »Selbst gegenüber dem Anderen« und das »Selbst zusammen mit dem Anderen« ineinander fallen.

Dieses Chaos ist jedoch keineswegs ein Malheur, sondern es erschafft etwas verblüffend Neues. Es ist offenbar vom Komponisten so gewollt, dass in diesem Mittelteil nicht mehr unterschieden werden kann, wer was spielt bzw. wer angefangen und wer geantwortet hat. Die Verschlungenheit beider Partner im wechselseitigen Interagieren hat eine Emotionalität entstehen lassen, die weder dem Einen noch dem Anderen zuzuordnen ist, sondern die sich gleichsam im Zwischenraum zwischen beiden etabliert hat. Die intensive emotionale Gemeinsamkeit hat gleichsam etwas »Drittes« entstehen lassen, ein transpersonales Phänomen, das keinem von beiden eindeutig zuzuordnen ist, aber beide in beglückender Weise miteinander verbindet.

Als Ausdruck dieses gemeinsam erschaffenen und gemeinsam geteilten Gefühls laufen der kleine und der große Klangkörper trunken vor Glücksgefühl in die nächste Affektspiegelung hinein.

Affektspiegelung A3 (Takte 23–28)

Das prägnante Gefühlsmotiv, das bislang nur dem Concertino vorbehalten war, wird nun als eine neuerliche Variation in inniger Verschmolzenheit von Concertino und Tutti-Orchester gemeinsam dargeboten. Als Ausdruck dieser gemeinsamen Seligkeit erleben wir eine äußerst weiche und homogene Klangfläche, die sich wie ein breiter Gefühlsstrom im Forte über die Zuhörer ergießt. Alle ersten Geigen zusammen bieten das schöne Gefühlsthema dar und werden von den vereinigten zweiten Geigen darin gespiegelt. Die weiteren zwei Takte dienen einer Fortsetzung der herbeigeführten Gefühlsabstimmung durch ein harmonisches und lustvolles »Gegeneinander im Miteinander«. Als Ausdruck dieses erreichten transpersonalen Glücks mögen die Spitzentöne bei den ersten Violinen angesehen werden, die hier auffällig gehäuft auftreten.

Damit dieses Aufschaukeln der Gefühle nicht entgleist oder überschießend wird, muss die Erregung von der Mutter wieder gedämpft und nach unten reguliert werden. Das geschieht in diesen Takten (ab T. 23), indem die Harmonien im Quintenzirkel abwärts geführt werden (von G-Dur nach C-moll, von F-Dur nach B-Dur und weiter nach Es-Dur). Dieses Heruntermodulieren findet im folgenden Handlungsdialog seine Fortsetzung.

Handlungsdialog H4 (Takte 29–34)

Das erlebte Glück hat die Kreativität beider Partner offensichtlich beflügelt und so erleben wir im Folgenden noch einige neue, bislang noch nicht praktizierte Spielvarianten. Ein doppelter Zweier-Block an »Trinn-tacks«, wird jeweils durch kurze Zwischenfiguren unterbrochen. Die »Trinn-tacks« sind zunächst im Tutti-Orchester, dann im Concertino. Der jeweils Andere unterstützt durch ein feinfühlig-diffuses Streicheln die Spielaktionen des Partners. Gleichzeitig wird weiter »Erregung« aus dem Spiel genommen, indem die »Trinn-tacks« kontinuierlich Stufe um Stufe nach unten geführt werden (e, d, c, h – bei den jeweils beginnenden Spielfiguren).

Wer glaubt, dass der Ideenreichtum an Variationsmöglichkeiten bei dieser Mutter bereits ausgeschöpft ist, der wird im Folgenden eines Besseren belehrt. Welche Variation fehlt noch? Natürlich ein Rollenwechsel. In den Takten 33 und 34 beginnen überraschend die tiefen Stimmen mit dem »Trinn-tack«-Motiv und die hellen Stimmen antworten.

Ansatzlos mündet der Handlungsdialog in die nächste und gleichzeitig letzte harmonische Affektspiegelung.

Affektspiegelung A4 (Takte 35–36)

So, als wollten großer und kleiner Klangkörper nicht mehr voneinander lassen, wird auch in diesen Passagen das Spiegeln und Einstimmen auf die Gefühle von Tutti-Orchester und Concertino gemeinsam vorgetragen. Doch alles Glück hat einmal ein Ende. Vielleicht sind es auch die nachlassenden Kräfte: Die Spielrunden werden kürzer und auch die Gefühlsechos. Nach zwei Takten wird das Gefühlsthema bereits vom Überleitungsmotiv abgelöst, das in eine letzte Spielrunde einmündet.

Handlungsdialog H5 und Schluss (Takte 38–42)

Die letzte Spielrunde ist nurmehr ein matter Abglanz, eine Reminiszenz an die vorher erfolgten Sequenzen. Mit einem zweimaligen »Trinn-tack« zwischen den ersten und zweiten Violinen haucht das aufregende Spiel endgültig seinen Geist aus. Die Mutter ist offenbar unumstößlich entschlossen, das so wunderschöne Spiel zu beenden. Und so fasst das Tutti-Orchester in den letzten beiden Takten noch einmal beherzt zu und führt diesen Satz mit zügigen und entschiedenen Schritten zu einem definitiven Ende.

Doch, was geschieht in den Takten 39 und 40?

Das Orchester der »Academy of St. Martin-in-the-Fields« ist offenbar selber in eine derartige Spiellaune geraten, das es sich für den Abschluss noch eine ausgesprochene neckische Spielvariante aufgehoben hat. Das bis dahin völlig untergetauchte Continuo-Cembalo erhält urplötzlich noch seinen Auftritt in Gestalt eines kurzen zweitaktigen Solos, das ganz zart von allen Streichern mit dem »Streichel-Motiv« unterlegt wird. Dieses überraschende Cembalo-Solo ist ausgesprochen reizvoll, witzig und intelligent, ein wahres Sahnestückchen dieser schnell vorüberrauschen Spielepisode. Aber es beweist einmal mehr, dass auch die Orchestermusiker mit viel Lust und Freude mitgespielt haben.

Gute Musik gelingt nur, wenn auch das Kind im Musiker mitspielt. Und auf Seiten des Hörers wird sich nur ein Genuss einstellen, wenn auch bei ihm das innere Kind mitschwingt. So weist die Sprache wieder einmal äußerst aufschlussreich auf diese verborgenen Zusammenhänge hin, indem sie die schweißtreibende Arbeit von Instrumentalisten nicht – wie man erwarten sollte – mit dem Verb »arbeiten«, sondern mit dem Verb »spielen« belegt. Musik wird nicht »gearbeitet«, sondern »gespielt«. Warum das so ist, das hat uns diese lustvolle Mutter-Säugling-Spielepisode von Georg Friedrich Händel eindrucksvoll vor Augen geführt.

In der folgenden Abbildung ist der Concerto-Satz noch einmal in Form einer schematischen Übersicht als eine Abfolge von Handlungsdialogen und Affektspiegelungen dargestellt. In einer dritten Spalte sind die dabei wirksamen Interaktions-Variablen benannt.

<table>
<tr><th></th><th>Handlungsdialoge</th><th>Affektspiegelung</th><th>Interaktions-Variablen</th></tr>
<tr><td>H1
(1)</td><td>3 x »trinn-tack«
(immer mit Echo)</td><td></td><td rowspan="10">Stimulus und Antwort,
Imitation, Echo,
alternierendes Spiel

gegenseitiges
Anfühlen

Wiederholung +
Variation
unterschiedliche
Artikulation,
Gefühle markieren

Erregungssteigerung
aktionale Harmonie

emotionale
Verschmelzung
im transpersonalen
Zwischenraum

allmähliche
Abwärtsregulierung
der Gefühle
Variation:
Rollentausch

kleine Überraschung
gemeinsamer Schluss</td></tr>
<tr><td>A1
(3)</td><td></td><td>Streicheln – Gefühl –
Spiegeln – Abstimmen
Anfassen</td></tr>
<tr><td>H2
(9)</td><td>4 x »trinn-tack«</td><td>Streicheln</td></tr>
<tr><td>A2
(11)</td><td></td><td>Gefühl – Spiegeln
Anfassen</td></tr>
<tr><td>H3
(15)</td><td>4 x »trinn-tack«
4 x (1/2 Ton höher)
4 x (1 Ton höher)

(2 x »trinn-tack«)
(ohne Echo)</td><td>Streicheln
Streicheln
Streicheln

Abstimmen</td></tr>
<tr><td>A3
(23)</td><td></td><td>Gefühl – Spiegeln –
Abstimmen</td></tr>
<tr><td>H4
(29)</td><td>2 x »trinn-tack«
2 x »trinn-tack«
4 x (Bässe beginnen)</td><td>Streicheln
Streicheln</td></tr>
<tr><td>A4
(35)</td><td></td><td>Gefühl – Spiegeln</td></tr>
<tr><td>H5
(38)</td><td>2 x »trinn-tack«

Cembalo-Solo</td><td>

Streicheln
Anfassen – Schluss</td></tr>
</table>

Abb. 1 : Übersicht über die Ablauforganisation der Mutter-Kind-Interaktion in Händels Concerto grosso Op. 6, Nr. 8, 3. Satz (Andante-allegro)

2. Warum spricht uns als Erwachsene diese ästhetische Reinszenierung einer frühen Mutter-Kind-Interaktion an?

Diese Frage ist zum gegenwärtigen Forschungsstand der Musikpsychoanalyse noch nicht eindeutig zu beantworten. Folgen wir Sigmund Freud und seiner Annahme, dass der Mensch einmal erfahrene Lust nicht gerne aufgibt, so böte Musik eine Möglichkeit der Wiederholung, Wiederbelebung und erneuten Befriedigung jener intensiven und glückseligen Gefühle im Zusammensein mit der Mutter. Wir würden im Musikhören und Musikmachen eine früh im Leben erfahrene Lust wiederholen, und zwar ohne uns dessen bewusst zu sein. Vielleicht ist es sogar sinnvoll, dass wir uns dessen nicht bewusst sind, da für einige Menschen die Vorstellung, beim Musikhören einer frühkindlichen Lust zu frönen, möglicherweise irritierend sein könnte.

Wir kennen in der Psychoanalyse darüber hinaus das Gesetz der Wiederkehr des Verdrängten. All jene Erfahrungen, die wir in unserem Leben nicht adäquat verarbeitet und als ungelöste Probleme in die Verdrängung geschickt haben, ist die Tendenz eigen, sich wieder in Erinnerung zu rufen, um endlich einer Lösung und einer Integration ins bewusste Erleben zugeführt zu werden. Um welche schlecht gelösten Probleme könnte es sich bei den Menschen der Barockzeit handeln, die in der Musik zu einer Wiederkehr gelangen?

Es handelt sich im hier analysierten Concerto-Satz um die Darstellung von idealen Situationen der frühen Mutter-Kind-Dyade. Musikalisch werden Situationen der Bezogenheit ausgedrückt, wie sie sich in glücklichen Momenten ereignet haben oder wie sie idealer Weise am Lebensbeginn hätten sein sollen. Warum diese Tendenz zur Idealität?

Vielleicht war das Ich der Menschen des Barock noch nicht stark genug, um sich den konflikthaften Gefühlen aus dieser Frühzeit zu stellen. Auf einer nicht bewussten Ebene war dieses Ich gleichsam noch mit dem Aufbau eines »guten« inneren Objekts beschäftigt, dass sich noch nicht stabil etabliert hatte, weswegen die Menschen danach trachteten, durch ein Wiederholen von idealen Mutter-Kind-Dialogen sich über die Musik dasjenige zu holen, das sie in ihrer Kindheit vermissen mussten. Musikmachen und Musikhören wäre demnach eine Möglichkeit gewesen, dieses frühkindliche Defizit aufzufüllen und nachträglich noch satt zu werden an harmonischen Situationen mit einer liebevoll zugewandten und kreativen Mutter, ganz so wie sie in Händels *andante-allegro* zu erleben ist und wie sie von jedem Hörer dieser Musik bis heute stets neu erlebt werden kann.

Literatur

Eggebrecht, Hans Heinrich (1991): Musik im Abendland. Prozesse und Stationen vom Mittelalter bis zur Gegenwart. München (Pieper) 1998.

Fonagy, Peter; Gergely, György; Jurist, Elliot L. & Target, Mary (2004): Affektregulierung, Mentalisierung und die Entwicklung des Selbst. Stuttgart (Klett-Cotta).

Händel, Georg Friedrich: Concerti grossi Op. 3 & 6. CD-Aufnahme mit der Academy of St. Martin-in-the-Fields. Leitung: Iona Brown. Brillant-Classics 99954.

Magyar, J. & Gergely, G. (1998): The obscure object of desire: »Nearly, but clearly not, like me.«Perceiving self-generated contingencies in normal and autistic children. Poster, International Conference on Infant Studies. Atlanta (GA).

Stern, Daniel, N. (1993): Die Lebenserfahrung des Säuglings. Stuttgart (Klett-Cotta).

Werckmeister, Andreas (1687): Musicae mathematicae Hodegus oder Richtiger musicalischer Weg-Weiser (zitiert nach Eggebrecht 1991).

Anhang

Georg Friedrich Händel: Concerto grosso Op. 6, Nr. 8, 3. Satz (Orchesterpartitur)

H1
A1
a
Soli
b
Tutti
c
H2
A2
Soli
Tutti

H3
A3

H4
26
30
A4
34

H5 und Schluss
38
pp
pp
pp
pp
pp
pp
pp
f
f
f
f
f
f
f

2. Das Auftauchen des Subjekts in der Musik des 18. Jahrhunderts

Vom Barock zur Klassik – Die Entdeckung der inneren Welt in der Musik

Bernd Oberhoff

Während der Stilwandel der Musik von der Renaissance zum Barock nahezu unmerklich und fließend vonstatten geht – psychoanalytisch betrachtet verbleibt die Musik im Raum der narzisstischen Vollkommenheitsillusion – ist der Übergang zur Musik der Klassik dramatischer. Man spricht in der musikwissenschaftlichen Literatur vielfach von einem »Traditionsknick«. Was hier einknickt oder sogar einbricht, kann man mittels der benennbaren Form- und Stilveränderungen beschreiben. Aber das noch Interessantere sind natürlich die latenten psychischen Veränderungen, die diesen stilistischen Umbruch hervorgebracht haben. Um diese in der Musik erfahrbaren neuen psychischen Mentalitäten in der Zeit des ausgehenden 18. Jahrhunderts soll es in meinen folgenden Darlegungen gehen.

1. Psychologische Charakteristika der Barockmusik

a) Differenzierter Gefühlsausdruck

Wenn ich aus einer psychologischen Perspektive auf die Barockmusik schaue, so fallen mir drei Merkmale auf. Da ist zunächst einmal das nachhaltige Bemühen um einen differenzierten Ausdruck menschlicher Gefühle. Die mittelalterliche Musik hatte noch nicht den Ausdruck von Gefühlen im Sinn. Sie wollte objektives Abbild einer göttlichen Ordnung sein und nicht dem individuellen Hörvergnügen dienen. Entsprechend war diese Musik derartig gefühlsneutral, dass ein Klagegesang von einem Jubellied nicht zu unterscheiden war. Das änderte sich mit dem Beginn der Renaissancezeit, wo man begann, mittels Musik menschliche Gefühle auszudrücken. Die gefühlsgetränkten lyrischen Texte der Madrigale dienten als Vorlage, um sich darin zu üben, die im Text erwähnten Affekte in musikalische Klänge umzusetzen.

Um das Jahr 1600 entdeckte dann Claudio Monteverdi, dass die Gefühlspalette in der bisherigen Musik noch sehr eingeschränkt war. Bei den Madrigalkompositionen sah er ausschließlich die gemäßigten und lyrischen Gefühle ausgedrückt. Was ihm fehlte, waren die erregten, dramatischen Affekte. So machte er sich daran, in seinem Werk *Combatimento di Tankredi et Clorinda* erstmals den Affekt des Zorns zur Darstellung zu bringen. Auf diese neue Errungenschaft war Monteverdi offenbar sehr stolz, denn er schreibt in einem Brief:

> »Weil ich gesehen hatte, dass mir damit der Anfang zur Darstellung des Zorns gelungen war, fuhr ich fort, diese Darstellung mit größerem Eifer und in größerem Umfang zu erforschen und schuf verschiedene weitere Kompositionen für die Kirche wie für die Kammer. Diese Kompositionsweise war auch anderen Komponisten so willkommen, dass sie mich nicht nur mit Worten lobten, sondern mich auch in ihrem Werk zu meiner großen Freude und Ehre nachgeahmt haben. Deshalb hielt ich es für richtig, die Öffentlichkeit wissen zu lassen, dass von mir die Erfindung und die erste Anwendung dieser Kompositionsart stammt, die für die Musik so notwendig ist, weil ohne sie – das kann man mit Recht sagen – die Musik bis heute unvollständig gewesen ist, da sie nur die zwei Kompositionsarten kannte, nämlich die weiche und die gemäßigte« (MVE 3, nach Ehrmann 1989, S. 144f.).

Monteverdi wendet sich bei der Erkundung der Gefühle nicht introspektiv nach innen, sondern richtet seinen Blick nach außen auf das affektbewegte Sprechen eines anderen Menschen. Er will in seiner Musik den Tonfall eines Redenden, der aus dem Affekt heraus spricht, imitieren. D.h. es geht ihm um die Nachahmung eines beobachtbaren objektiven Phänomens. Entsprechend spricht man bezogen auf die Barockmusik auch von einer Nachahmungsästhetik.

Das Bemühen um einen differenzierten Ausdruck der Affekte in der Musik machte es notwendig, sich zunächst einmal einen Überblick über die Vielzahl der Gefühle zu verschaffen, für sie ein Ordnungssystem zu entwickeln und sich Gedanken über ihr Zusammenspiel zu machen. Die Ergebnisse all dieser Klassifizierungsbemühungen wurden in einer Affektenlehre gebündelt, die man ohne Übertreibung als den Ursprung und Vorläufer der heutigen Emotionspsychologie ansehen darf.

Man gelangte zu der Annahme, dass es so etwas wie universale Grundaffekte gebe, eine Vorstellung, die sich bis heute erhalten hat, wo man von fünf »basic emotions« (Ekman 1992) spricht, gemeint sind Freude, Trauer, Zorn, Furcht und Ekel. Diese Emotionen finden sich bereits in den Affektenkatalogen der

Musikforscher des 18. Jahrhunderts, z.B. bei Forkel oder bei Marpurg. Was an diesen Emotionen wirklich basal ist, darüber herrscht bis heute Uneinigkeit, so dass man sich des Eindrucks nicht erwehren kann, dass man in dieser Frage in der modernen Emotionspsychologie gegenüber der barocken Affektenlehre eigentlich nicht wesentlich weiter gekommen ist.

Im Jahre 1762 veröffentlichte Friedrich Wilhelm Marpurg einen Katalog von 27 Affekten, denen er gleichzeitig die geeigneten musikalischen Darstellungsmittel zuordnete, an denen sich die Komponisten orientieren konnten. Es wird dort z.B. ausgesagt,

- »dass die *Freude* ein sehr hoher Grad der sinnlichen Lust« bedeutet und entsprechend von der Musik »eine geschwinde Bewegung, eine lebhafte und triumphierende Melodie, in welcher die weiteren Klangstufen [=Intervalle] vorzüglich gebraucht werden und einen herrschenden konsonierenden Grund der Harmonie erfordert …«
- »dass die *Traurigkeit* ein sehr hoher Grad des sinnlichen Missvergnügens oder Verdrusses, in langsamer Bewegung mit einer matten und schläfrigen Melodie, die mit vielen Seufzern unterbrochen ist … in welcher die engeren Klangstufen vorzüglich gebraucht werden und welche auf eine herrschende dissonierende Harmonie erbaut wird, auszudrücken ist«.
- »dass der *Zorn* ein sehr heftiger Verdruss über ein uns zugefügtes Unrecht, der mit einem Hasse des Beleidigers verbunden ist, mit geschwinden Tiraden auflaufender Noten, bei einer plötzlichen und öfteren Abwechslung des Basses, in sehr heftiger Bewegung und mit scharfen, schreienden Dissonanzen auszudrücken ist …«
- »dass *Furcht*, Angst, Bangigkeit usw. … ein Missvergnügen, über ein vermeintlich bevorstehendes Übel, mit zitternden und abgebrochenen Tönen, mehr in der Tiefe als Höhe vorzustellen ist …« (zit.n. Rampe 1995, S. 93).

Entsprechend der Zeitströmung, die Darstellung der Affekte in der Musik nach allgemein formulierten Modellvorstellungen vorzunehmen, hat z.B. Georg Christian Füger noch im Jahre 1783 eine ganze Sammlung mit dem Titel *Charakteristische Clavierstücke* herausgegeben, in denen er modellhaft vorführt, mit welchen musikalischen Darstellungsmitteln man bestimmte Affekte, wie »Ausgelassenheit«, »Freude und Frohlocken«, »Zärtlichkeit«, »Sehnsucht«, »Stolz und Kühnheit«, »Schwermut und Gemütsunruhe«, »Wut und Raserei« ausdrücken kann.

b) Die Gefühle der Zuhörer bewegen: *Muovere l'affetto*

Kehren wir noch einmal zu Claudio Monteverdi zurück. Monteverdi verfolgte noch ein zweites wichtiges Anliegen in seinen Kompositionen, er wollte nicht nur Gefühle ausdrücken, sondern auch wirkungsvoll auf die Gefühle seiner Zuhörer Einfluss nehmen.

»Muovere l'affetto« lautete seine Parole, die für die ganze Barockmusik bestimmend wurde, so z.B. auch für das Weinen beim Hören der Matthäus-Passion (siehe dazu Mathias Hirsch 2007 in diesem Band). Man war fasziniert von der Musik als einer Wirkmacht, die auf zauberische Weise die Befindlichkeiten der Menschen zu verwandeln in der Lage war. So ist es nicht verwunderlich, dass es auf der barocken Opernbühne von Zauberern und Zauberinnen nur so wimmelte. Eine von diesen mit magischen Kräften ausgestattete Zauberin war Armida, die sich in den Ritter des feindlichen Heeres Rinaldo verliebte und auf magische Weise versuchte, auch bei ihm Liebesgefühle zu erregen, was ihr aber nicht vollständig gelang. Offenbar haben sich auch die Komponisten dieser Zeit als Zauberer gefühlt und versucht, mittels ihrer Musik auf magische Weise die Befindlichkeiten ihrer Zuhörer zu beeinflussen.

Warum war man so erpicht darauf, die Gefühle der Zuhörer zu affizieren? Diese sich aufdrängende Frage führt uns zum dritten Charakteristikum der Barockmusik: Die in der Musik ausgedrückten Gefühle sollten nicht irgendwelche sein, sondern es sollte sich um große und erhabene Gefühle handeln.

Diese Forderung verdient eine nähere Betrachtung, denn an ihr werden sich ab 1750 die Geister scheiden und das Neue wird sich geradezu im Kontrast und im Gegensatz zu dieser Maxime herausbilden. Doch hören wir uns zunächst einmal die Begründung dafür an, warum gemäß der barocken Affektenlehre in der Musik nur große und erhabene Gefühle ausgedrückt werden sollten.

c) Das erhabene Gefühl – Musik als eine Zuchtlehre zum Guten

Die Orientierung an erhabenen Gefühlen war religiös motiviert und wurde mathematisch-kosmologisch begründet. Wir finden diese Gedanken am klarsten in den musiktheoretischen Schriften von Andreas Werckmeister ausgedrückt, der von 1645–1706 lebte und als Organist in Quedlinburg und Halberstadt tätig war.

Gemäß der Anschauung Werckmeisters ist der Mittelpunkt allen Seins die »Unität« als die höchste Vollkommenheit, von der alles ausgeht, was ist und auf die alles bezogen ist, ja »Gott ist selber die Unität« (Werckmeister 1687, S. 63).

Da die musikalischen Klänge und Intervalle auf Zahlen beruhen, drückt sich in den Zahlenverhältnissen der Töne zueinander die Nähe oder Ferne der Klänge zu dieser Unität aus. Die Oktave als das Verhältnis 1 : 2 ist »die erste und allervollkommenste Proportion, weil sie der Unität am nächsten ist, ja selber daraus bestehet«. Entsprechend gilt der Durdreiklang als *Trias harmonica perfecta*, da er in seinen Proportionen 4 : 5 : 6 der Unität wesentlich näher steht als der Molldreiklang, die *Trias harmonica imperfecta* mit den Proportionen 10 : 12 : 15. Letztere Trias bezeichnet Werckmeister als »sehr traurig und schwach«, und sie sollten nur äußerst schmerzlichen Ereignissen vorbehalten bleiben. So rät er den Komponisten, wenn ein Stück »aus dem Moll gemachet ist«, so soll es in Dur schließen, »damit doch der Sensus zuletzt sein Vergnügen habe«, denn » »die Natur strebt zur Vollkommenheit« (Werckmeister 1707, S. 103). Außerdem ist es »gleichsam wider die Natur, vorab in der Music, wenn wir allzu weit von der Aequalität und Einigkeit abweichen« (Werckmeister 1687, S. 67).

Die Orientierung am großen und erhabenen Gefühl verfolgt also sowohl eine mathematisch-kosmologische Zielsetzung, Musik soll Abbild der im Kosmos vorfindlichen Zahlenverhältnisse, der sogenannten, *numeri harmonici*, sein, als auch eine moralisch-ethische Zielsetzung: Musik soll als ein Sprachrohr Gottes die Menschen zum Guten leiten. Hinsichtlich der moralisch-ethischen Funktion der Musik lesen wir in der 1700 erschienen Generalbasslehre »Musicalische Handleitung« von Friedrich Erhardt Niedt:

> »Endlich soll auch der Finis oder End-Ursache aller Music und also auch des General-Basses sein nichts als nur Gottes-Ehre und Recreation des Gemüts; wo dieses nicht in acht genommen wird, da ist auch keine recht eigentliche Music und diejenigen, welche diese edle und göttliche Kunst missbrauchen zum Zunder der Wollust und fleischlicher Begierden, die sind Teufels-Musicanten; denn der Satan hat seine Lust solch schändlich Ding zu hören, ihm ist eine solche Music genug; aber in den Ohren Gottes ist es ein schändliches Geplär« (Niedt 1700, zit.n. Eggebrecht 1998, S. 364).

Dass die Musik die Menschen zum Guten erziehen soll, diese Auffassung finden wir auch bei Johann Mattheson, wenn er in seinem Lehrbuch *Der vollkommene Capellmeister* (1739) davon spricht, dass jene Affekte, »welche uns von Natur am meisten anhangen« und folglich »nicht die besten sind«, beschnitten oder im Zügel gehalten werden müssen« ... Denn das ist die rechte Eigenschaft der Music, dass sie eine Zucht-Lehre vor andern sei«. Selbst der so sinnenfrohe und schwungvolle Musik schöpfende Georg Friedrich Händel ordnet sich in diese Riege ein, indem er einem englischen Bewunderer seiner Musik gegenüber äußert: »Es täte mir leid, Mylord, wenn ich den Menschen Vergnügen bereitete. Mein Ziel ist es, sie zu bessern« (Händel, zit.n. Pieck 2001, S. 290).

Musik soll also zum Guten erziehen, und das vermag sie dadurch, dass sie die im göttlichen Kosmos vorfindlichen harmonischen Proportionen in Töne umsetzt und sie in die Seele des Zuhörers einpflanzt. Diese moralisch-idealistische Musiktheorie lässt uns im wohlmeinenden Sinne verstehen, warum die Barockmusik so erhaben und harmonisch und von einer nahezu göttlichen Vollkommenheit ist.

Doch in den Jahren nach 1750 beginnen die Komponisten diesem Diktat zu einer göttlich vollkommenen Musik die Gefolgschaft zu verweigern. Es stellte sich offensichtlich ein Unbehagen gegenüber Werckmeisters Thesen ein. Der jüngst verstorbene Musikwissenschaftler Eggebrecht kommt zu der Feststellung: »Dieses Verständnis von Musik trug dem neu erwachten Verständnis des Menschen als eines emotionalen Wesen zwar Rechnung, versuchte jedoch zugleich, diesen neuen Menschen durch Rationalisierung, Typisierung und Mechanisierung der seelischen Empfindungen im moralischen Sinne zu beherrschen und zu regulieren« (Eggebrecht 1991, S. 359).

Gegen diese Typisierung und moralische Beherrschung seelischer Empfindungen entwickelten sich um das Jahr 1750 und in den Jahrzehnten danach starke Gegenkräfte, die danach trachteten, den goldenen Käfig idealisierter Gefühle aufzubrechen. Johann Mattheson (1681–1764) hatte offenbar ein Gespür dafür, in welche Richtung die musikgeschichtliche Entwicklung weiter gehen könnte, wenn er gegen die spekulativ-mathematisch fundierte Affekttheorie gerichtet äußert, dass »die Tonkunst aus dem Brunnen der Natur ihr Wasser schöpfet und nicht aus den Pfützen der Arithmetik« (zit.n. Heinemann 2000, S. 37). Und er fügte noch erläuternd hinzu, »dass Erd- und Landmesser, Sternseher und Rechenmeister« zwar gute Leute seien, jedoch mit ihrem »Fernglas, ihrem Einmaleins und ihrem Zirkel nicht bis an die Ohren und Seelenkräfte des Menschen reichen« (ebd.).

Also »Natur« heißt die neue Zauberformel. Aber Natur ist ein weites Feld. Auch Werckmeister hat sich auf die Ordnung der Natur berufen. Doch die neue Musikergeneration meinte offensichtlich etwas anderes als Werckmeister, wenn sie davon sprach, dass die Musik aus dem Brunnen der Natur ihr Wasser schöpfen solle.

2. Jean Jacques Rousseau oder die Entdeckung der inneren Stimme

Einer der wichtigsten Vorkämpfer dieser neuen Suchbewegung war zweifellos der in Paris lebende Genfer Philosoph Jean Jacques Rousseau, der das für die

Barockzeit vorherrschende idealistische Bild des Menschen radikal in Frage stellte. Zentral für sein Lebenswerk war die Losung »Zurück zur Natur!« Mit diesem Aufruf wird Rousseau zum Wegbereiter einer neuen Epoche des Gefühls und der Empfindsamkeit. Und diese Empfindsamkeit wendet sich sowohl gegen den Rationalismus und Intellektualismus der Aufklärer wie auch gegen die von Rousseau gehasste höfische Kultur, diese Welt des Puders und der Perücke, der Contenance und der Etikette und all der anderen Künstlichkeiten. Gegen diesen sich selbst entfremdeten, zivilisierten Menschen setzt Rousseau den Menschen des Naturzustandes, der noch in Kontakt lebt mit der Stimme der Natur, zu der der entfremdete höfische Mensch keinen Zugang mehr besitzt. Die verkrustete höfische Etikette zwang die Menschen dazu, sich zu verstellen und sich an unnatürliche Höflichkeitsformen anzupassen. Widerspiegelungen dieses falschen Selbst, wie wir heute sagen würden, finden sich z.B. in den unzähligen Maskeraden und Verkleidungsszenen auf der Opernbühne. Ging es in den Barockopern vornehmlich darum, sich hinter einer Maske verborgen zu halten und nach außen eine makellose Fassade zu zeigen, so gewinnt man bei den nicht minder häufigen Verkleidungsszenen in den Opern der Klassik den Eindruck, dass hier die Lust am Verbergen ganz allmählich von der Lust am Aufdecken des hinter der Maske verborgen Gehaltenen abgelöst wird.

Die Suche nach der vorzivilisatorischen Ursprünglichkeit richtete sich im ausgehenden 18. Jahrhundert zum einen auf die Tiefe der Vergangenheit, also auf die Anfänge der Menschheitsgeschichte, aber sie richtete sich auch auf die Tiefe der Welt. Man reiste über die Weltmeere zu den entlegensten Eilanden, um dort in Kontakt mit der ursprünglichen Natur zu gelangen. Als populärer literarischer Ausdruck dieser Natursehnsucht erschien um 1720 Daniel Defoes Roman *Robinson Crusoe*. Die Erlebnisse des schottischen Seemanns Selkirk, der vier Jahre auf einer einsamen Insel verbrachte, hatten Defoe angeregt, in Form eines Tagebuchs das Leben eines Menschen außerhalb der Zivilisation zu beschreiben. Eine ähnliche Reise zum paradiesischen Urzustand unternehmen 1787 englische Seeleute mit der legendären »Bounty«. Doch auf sie wartete in der Tiefe der Südsee nicht das ewige Glück, sondern ihr Versuch, auf Dauer mit den Ureinwohnern Tahitis zusammenzuleben endete in Mord und Totschlag.

Der Ausgang dieses Abenteuers mag für etliche Menschen als ein Hinweis verstanden worden sein, dass die Sehnsucht nach dem natürlichen Ursprung im Außen letztendlich nicht zu stillen war, da sie sich eigentlich auf das Innere der eigenen Person richtete. Der ursprüngliche Mensch, der er in der Tiefe der Zeitalter und den abgelegensten Winkeln der Welt gesucht wurde, fand sich schließlich in der Tiefe des Selbst wieder oder mit den Worten Starobinskis: »Von nun an ist die Natur [...] nicht länger das, was zufernst hinter uns liegt, sondern sie offenbart sich als das, was zuinnerst in uns liegt« (Starobinski 1971, S. 34).

In der Zuwendung zur Stimme der Natur gelingt es Rousseau, die idealistische Sicht auf den Menschen aufzubrechen und ein Stück weit zur Realität der menschlichen Psyche vorzudringen, für die es jedoch, wie Rousseau feststellt, noch keine angemessene Sprache gibt. Das wäre Aufgabe der Psychologie gewesen. Doch auf die konnte Rousseau nicht zurückgreifen, denn – es gab sie noch nicht. Interessanterweise taucht um das Jahr 1720 in den Schriften von Christian Wolff (1676–1754) erstmalig der deutsche Begriff »Psychologie« auf. In Analogie zu dem von Wolff geprägten Begriff »Bewusstsein« bildet sein Schüler Ernst Platner (1744–1818) etwa um 1770 den Terminus »Unbewusstsein«. Das Adjektiv »unbewusst« kennt Platner allerdings noch nicht. Das taucht erstmalig 1777 bei Goethe in der Erstfassung seines Gedichtes »An den Mond« auf. Dort heißt es in der letzten Strophe. »Was vom Menschen unbewusst oder nicht bedacht …« (zit.n. Pongratz 1967, S. 182).

Mit diesem ersten Aufschimmern und Andrängen des unbewusst Psychischen wird der Mensch des Rokoko mit einer beunruhigenden Tiefenebene seines inneren Erlebens konfrontiert, die faszinierend und bedrohlich zugleich ist. Die Verpflichtung auf die nur positiven Gefühle in der Musik des Barock wird abgelöst von einem Interesse an den wirklichen, authentischen und damit zugleich komplizierten und konflikthaften Inhalten der menschlichen Psyche. Auch hier schreitet Rousseau mutig voran. In seinen introspektiven Selbstbeobachtungen kommt er bereits zu bemerkenswerten Einsichten:

> »Für das, was ich zu sagen habe, müsste man eine Sprache erfinden, die ebenso neuartig wäre wie mein Vorhaben: denn welchen Ton, welchen Stil soll man wählen, um dies ungeheure Chaos verschiedenartigster, widersprüchlichster, oft so gemeiner und oft so erhabener Empfindungen, die mich beständig überfielen, zu entwirren? Wieviel Nichtigkeiten, wieviel Jämmerlichkeiten muss ich nicht ausbreiten, auf welch widerwärtige, unschickliche, kindische und oftmals lächerliche Details muss ich nicht eingehen, um dem Faden meiner geheimen Neigungen zu folgen …?« (Rousseau, Annales, zit.n. Starobinski 1993, S. 285).

Und Rousseau nimmt weitere psychoanalytische Erkenntnisse vorweg. Er entdeckt nämlich, dass es schwierig oder nahezu unmöglich ist, die Vergangenheit realistisch zu rekonstruieren. Er fragt sich »wird mein Blick auf die Vergangenheit nicht durch den Zustand getrübt, in dem sich meine Seele gegenwärtig befindet? Ist mein gegenwärtiges Gefühl nicht wie ein Prisma, worin sich Form und Färbung meines früheren Lebens verändern?« (zit.n. Starobinski 1993, S. 293).

Doch Rousseau kommt zu dem Ergebnis, dass das Wesentliche unverletzt geblieben ist. Und als den verlässlichsten Führer zur Rekonstruktion der Vergangenheit erlebt er seine Gefühle:

> »Ich kann Lücken in den Tatsachen lassen, sie verschieben, mich in den Daten irren, aber *ich kann mich nicht über das täuschen, was ich gefühlt habe*, noch über das, was mich meine Gefühle haben tun lassen. Der eigentliche Gegenstand meiner Bekenntnisse ist der, mein Inneres in allen Lagen meines Lebens genau erkennen zu lassen. Die Geschichte meiner Seele habe ich versprochen; um sie treu zu schreiben, brauche ich keine anderen Erinnerungen. Es genügt mir, wie ich bisher getan, in mein Inneres einzukehren« (Rousseau 1781/1985, Bekenntnisse VI, S. 274).

In all dem Chaos widersprüchlichster Empfindungen entdeckt Rousseau aber etwas ausgesprochen Wichtiges, eine Entdeckung die dem menschlichen Fühlen von nun an Tiefe geben wird. Er entdeckt das, was der Psychoanalytiker Winnicott das »wahre Selbst« genannt hat, also die wahren authentischen Gefühle im eigenen Innern. Dieses wahre Selbst heißt bei Rousseau »cri de la nature«, zu Deutsch: die »Stimme der Natur«. Es gibt einen Komponisten, der ein besonderer Bewunderer und Verehrer der Rousseauschen Gedanken war und der sich sehr darum bemüht hat, diesen »cri de la nature« in die Musik umzusetzen. Gemeint ist Christoph Willibald Gluck.

3. Die innere Stimme in Glucks Oper »Iphigenie in Aulis«

Gluck war in seinen kompositorischen Leitvorstellungen tief durchdrungen von den Ideen Rousseaus und seiner Kultur der Empfindsamkeit, Natürlichkeit und des freien und unverstellten Gefühlsausdrucks. Entsprechend galt ihm als oberstes Gebot, in seinen musikalischen Schöpfungen »die Bahn der Natur nie zu verlassen«. Im Vorwort zu seiner Oper *Alceste* heißt es: »Der Erfolg … führte mich zu der Überzeugung, dass Einfalt und Wahrheit die einzigen richtigen Grundlagen des Schönen in den Werken der Künste sind« (Gluck, Vorwort zu Alceste, ebd.).

Bei Gluck war dies nicht nur ein Anspruch, sondern es ist ihm auch wie kaum einem anderen Opernkomponisten gelungen, eine Musik zu schreiben, die schlicht, rein, manchmal wie unschuldig klingt und von einer tiefen ergreifenden Wahrheit ist. Der Orchesterdirigent Gülke sagt über Glucks Musik: »… wir atmen durchweg die Luft des Wahren und Einfach-Natürlichen …« (Gülke 1984, S. 78). In Glucks Oper »Iphigenie in Aulis«, die 1774 in Paris uraufgeführt wurde, erhält diese innere Stimme in einer Arie des Agamemnon eine ausdrucksvolle und anrührende Tongestalt.

Agamemnon, der Führer des griechischen Heeres auf dem Weg nach Troja, hatte schwere Schuld auf sich geladen, indem er im heiligen Hain der Göttin

Diana eine Hirschkuh erlegte und, anstatt dieses Tier der Göttin zurückzugeben, bzw. es ihr zu opfern, hat er es zusammen mit seinen Freunden verzehrt. Die erzürnte Göttin stellt daraufhin die unmenschliche und grausame Forderung, dass Agamemnon seine liebste Tochter Iphigenie auf dem Altar opfern solle, anderenfalls würde sie der griechischen Flotte die Weiterfahrt verwehren.

Gegen diese Order der Göttin setzt sich Agamemnon zu Beginn der Oper heftig zur Wehr: »Diana, unerbittliche Göttin, umsonst befiehlst Du mir, dir dieses Opfer zu bringen … Ich entsage dem Ruhm, der mir sicher schon schien. Sollte es mir auch das Leben kosten, Iphigenie mein Kind, wird nicht geopfert werden« (1. Akt, 1. Szene).

Diese mutige Entgegnung macht ihm persönlich alle Ehre, doch ein griechischer Heerführer hatte nicht nur auf seine persönlichen Neigungen zu achten, sondern musste ebenso der politischen und militärischen Raison gehorchen. Und so gerät Agamemnon mit diesen Äußerungen in Konflikt mit seinem Priester Kalchas und auch mit seinen Soldaten, die lautstark das von der Göttin bestimmte Opfer fordern, da es ihnen unvorstellbar ist, sich dem Willen der Götter zu widersetzen.

In dieser nahezu ausweglosen Konfliktsituation singt Agamemnon die Arie *Peuvent-ils ordonner qu'un père*. Der Text ist in französischer Sprache und lautet in deutscher Übersetzung:

Peuvent-ils ordonner qu'un père
De sa main présente à l'autel
Et pare du bandeau mortel
Le front d'une victime
Et si tendre et si chère?
Peuvent-ils l'ordonner?
Je n'obiérai point
A cet ordre inhumain
J'entends retentir dans mon sein
Le cri plaintif de la nature
Elle parle à mon coeur,
Et sa voix est plus sûre
Que les oracles du destin.

Darf es sein,
dass ein Gott einen Vater zwingt
mit eigener Hand das Opferband
der geliebten Tochter
um ihr Haupt zu winden?
Darf ein Gott solches befehlen?

> Nein, ich gehorche
> diesem unmenschlichen Befehl nicht.
> Ich höre tief in meiner Brust
> die klagende Stimme der Natur,
> die zu meinem Herzen spricht,
> und diese Stimme ist mächtiger
> als alle Schicksalsorakel.
> (1. Akt, 3. Szene)

Mit diesem wörtlichen Rousseau-Zitat, dem »cri de la nature« erweist Gluck dem von ihm bewunderten Philosophen seine Referenz. Ganz im Sinne von Rousseau versucht Agamemnon in dieser Szene entgegen den äußeren, gesellschaftlichen Erwartungen in Übereinstimmung mit seiner inneren Stimme, der Stimme seines Herzens, zu handeln. Gluck unterstützt dieses Bemühen, indem er in liebevoller Weise diese innere Stimme musikalisch durch einen seufzerartigen Sekundschritt abwärts, vorgetragen von einer gefühlvollen Oboe, ausdrückt. Diese klagende Stimme der Natur ist eine des anteilnehmenden Mitgefühls.

Dieser tief aus dem Innern kommende Seufzer ertönt insgesamt 13 Mal hintereinander. Der erste Gluckbiograf Anton Schmid bemerkt zu dieser Arie:

> »Als das Erhabenste jedoch und zugleich als das Eigentum einer tiefen, vom Genius erweckten und in Bewegung gesetzten Empfindsamkeit kann man die Art betrachten, wie der Tonsetzer den, aus dem tiefsten Herzen Agamemnons emporsteigenden Schrei der Natur ankündigt und ausdrückt; diese seufzenden Stimmen der Oboen, die tiefe Antwort der Bässe, das chromatische Fortschreiten des Gesangs und der Instrumente, die jenen immer von fern begleiten; ... – Dies sind die Schönheiten, von denen schon eine hinreichen würde, tausend Fehler zu verhüllen!« (Schmid, 1854, S. 203f.)

4. Das Neue in der klassischen Musik

Mit der Entdeckung der inneren Stimme in der Musik der Klassik ist gleichsam eine Veränderung der Blickrichtung eingetreten. Der Blick geht nicht mehr *nach außen*, auf den affektiv sprechenden Menschen, der imitiert wird und auch nicht mehr *nach oben* auf die göttliche Vollkommenheit, die abgebildet werden soll, sondern der Blick geht nun *nach innen*; er wendet sich introversiv und introspektiv den inneren Befindlichkeiten zu. Im Lauschen auf die innere Stimme entdecken die Komponisten des ausgehenden 18. Jahrhunderts zentrale Charakteristika und Gesetzmäßigleiten der individuellen menschlichen Psyche. Ja, die

Musik wird geradezu zum Forschungsinstrument, um diese verborgene innere Welt zu erkunden und ihr einen Ausdruck zu verleihen.

War es in der Barockmusik üblich, in einem Satz jeweils nur *ein* Gefühl zur Darstellung zu bringen, das von Anfang bis zum Ende durchgehalten wurde, so erleben wir in der Musik der Klassik einen schnelleren und häufigeren Wechsel der Gefühle. Affektwechsel in der klassischen Musik nehmen viel deutlicher Bezug zur Wirklichkeit der Gefühle, die nie statisch in einem Zustand verharren, sondern sich unmerklich oder auch schlagartig verändern können. Gegenüber dem geplanten und bewusst gesetzten Gefühlsausdruck in der Barockmusik erleben wir in der Klassik ein Sich-Überlassen der Bewegungen der Gefühle. Man zwingt die Gefühle nicht in ein vorgefertigtes Konzept, sondern spürt ihnen nach und folgt ihnen, wohin sie sich auch immer bewegen mögen. Das hat zur Folge, dass es in der klassischen Musik z.B. keinen durchlaufenden konstanten Rhythmus mehr gibt. Die Musik zögert hier, beschleunigt dort, macht hier eine längere Pause, um dort attacca einzusetzen, sie schwillt an und ebbt ab etc. All diese Neuerungen sind der wahren Natur der Gefühle geschuldet, die sich nicht in vorgefertigten Bahnen bewegen, sondern ihren eigenen oftmals überraschenden Gesetzmäßigkeiten folgen.

Der Ausdruck dieser dynamischen Kräfte verlangt natürlich nach einem dafür geeigneten Musikinstrumentarium. Auf dem Cembalo konnte sich keine individuelle Dynamik entwickeln, man konnte allenfalls durch Registerwechsel die Lautstärke um eine Stufe verändern. Diese Beschränkung stellt für die Barockmusik kein Problem dar, da es ihrer Wirkung keinen Abbruch tut, wenn man sie durchgängig in einer Lautstärke hört. Doch für eine Musik, die Ausdruck der Natur und Eigenart individuellen subjektiven Fühlens sein will, ist eine gleich bleibende Lautstärke kontraindiziert. So muss nach 1750 das Cembalo allmählich einem anderen Instrument weichen, das in der Lage ist, allein durch die Verstärkung des Fingerdrucks die Musik dynamisch anschwellen zu lassen oder umgekehrt durch die Rücknahme des Drucks sie zu entspannen. Solche Spannungsveränderungen können subtil und individuell gestaltet werden, ganz so wie es den inneren Gefühlen des Komponisten oder Interpreten gerade entspricht. Das neue Instrument, das dieses Wunder vollbringen konnte, erhielt den Namen Pianoforte, auf Deutsch: »leise-laut«, womit auf das faszinierend Neue dieses Instrumentes verwiesen wird, nämlich von leise bis laut eine stufenlose Dynamik hervorbringen zu können.

Solche den inneren Gefühlen abgelauschten dynamischen Veränderungen lassen sich natürlich auch auf Streichinstrumenten vollführen. Zu besonderer Berühmtheit avancierte das Orchester des Kurfürsten Karl Theodor in Mannheim, das in bis dahin noch nie dagewesener Weise dynamische Crescendi zu zaubern verstand. Der Dichter Friedrich Daniel Schubart äußerte sich wie folgt über dieses Ausnahmeorchester: »Kein Orchester der Welt hat es je in der Ausführung dem Mannheimer zuvorgetan. Sein Forte ist ein Donner, sein Crescendo ein Catarakt, sein Diminuendo – ein in die Ferne plätschernder Krystallfluss, sein Piano ein Frühlingshauch« (Schubart 1785).

Diese neue dynamische Spielweise blieb nicht auf dieses Orchester beschränkt, sondern wurde stilbildend für die gesamte klassische Instrumentalmusik. Und nebenbei gesagt, wurde dadurch Deutschland erstmals in der Musikgeschichte zum Ort einer wichtigen weiterführenden Entwicklung von epochaler Bedeutung.

Unbedingt zu nennen sind an dieser Stelle natürlich noch die Veränderungen, die im Bereich von Harmonik und Melodik vor sich gehen. Die absolute Autorität und Herrschaft des Basses in Gestalt des Generalbasses wird aufgegeben. Die Musik richtet sich nicht mehr harmonisch an der Basslinie aus, sondern wendet sich der Melodie in der Oberstimme zu, die von den Mittelstimmen akkordisch gestützt wird. Der Bass wird über weite Strecken überflüssig oder aber er beteiligt sich seinerseits an der Gestaltung der Melodie, indem er sie übernimmt oder ihr antwortet. So wie auf der politisch-gesellschaftlichen Ebene die absolute Herrschaft der Landesfürsten und des Königs allmählich sein Ende findet, so entledigt sich auch die Musik dieser im basso continuo symbolisierten Vorherrschaft einer einzigen Stimme, die über alles bestimmt und nach der sich alles ausrichtet. Es kommt zu einem Systemwechsel, bei dem an die Stelle einer fest gefügten Dominanz des fürstlichen Basses, Mozart spricht einmal vom *basso ducato*, ein freieres Dialogisieren ausgesprochen individuell geprägter und volksliedartiger Melodien tritt. Einen symbolträchtigen Ausdruck findet dieser Wandel darin, dass in der Klassik die Orchesterleitung mehr und mehr vom basso continuo-Spieler am Cembalo zum Konzertmeister an der ersten Violine übergeht.

Die Betonung des Melodiösen kommt einer Betonung des Individuellen gleich. Entsprechend wetteiferten die Komponisten der Klassik damit, Melodien zu erfinden, die ausgesprochen originell und einzigartig waren. Die Originalität und Einzigartigkeit von Melodien wurde fortan zum Markenzeichen und zum Ausweis für musikalische Genialität. Und diesbezüglich war Mozart natürlich einer der ganz Großen, der über einen nahezu unerschöpflichen Melodienreichtum verfügte.

Diese Lust am Melodienerfinden brachte es mit sich, dass Melodien oftmals nur kurz waren und schnell von einer anderen oder mehreren anderen abgelöst wurden. Bei Mozart gibt es in seinen Sonaten nicht nur ein Hauptthema und ein Seitenthema, so wie es die Sonatenform vorschreibt, sondern Mozart fügt oftmals noch weitere Themen hinzu. Da gleichzeitig der Kontrast gesucht wurde, wechselten in ihrem emotionalen Stimmungsgehalt stark unterschiedene Gefühle auf engem Raum miteinander ab, ja bei Mozart finden wir sogar die

Gleichzeitigkeit von ganz widersprüchlichen Gefühlen. So z.B. im Andante der Sonate F-Dur KV 533, wo zu einer gemächlichen Bassfigur unruhig-nervöse Läufe in der rechten Hand treten (vgl. Rampe 1995, S. 111). Auch hierfür sind die zugrunde liegenden Motive offensichtlich darin zu suchen, dass die Komponisten der Klassik die Realität der inneren Gefühlswelt abzubilden und auszudrücken trachteten. Und sie entdecken darüber hinaus, dass der Ausdruck von wahrhaftigen inneren Gefühlen nur gelingen kann, wenn der ausführende Musiker selbst innerlich beteiligt ist.

Diese neuartige Sichtweise finden wir z.B. bei Carl Philipp Emanuel Bach in seiner Schrift *Versuch über die wahre Art das Clavier zu spielen* (1753) ausgedrückt. Dort heißt es:

> »Indem ein Musickus nicht anders rühren kann, er sey dann selbst gerührt, so muss er notwendig sich selbst in alle Affekten setzen können, welche er bey seinen Zuhörern erregen will; er gibt ihnen seine Empfindungen zu verstehen und bewegt sie solchergestallt am besten zu Mit-Empfindung. Bey matten und traurigen Stellen wird er matt und traurig. Man sieht und hört es ihm an. Dieses geschieht ebenfalls bei heftigen, lustigen und anderen Arten von Gedancken, wo er sich alsdenn in diese Affeckten setzet. Kaum, dass er einen stillt, so erregt er einen anderen, folglich wechselt er beständig mit Leidenschaften ab« (C.P.E. Bach 1753,Teil 1, S. 122f.).

Der barocke Zuhörer interessierte sich nicht für das subjektive Fühlen des Musikers. Hier war der Gefühlsausdruck eine objektiv zu lösende Aufgabe. Vereinfacht gesagt: Aus dem Affektenkatalog war das Passende auszuwählen und wirkungsvoll vorzutragen. Ein persönliches Affiziertsein des Musikers lag außerhalb der Erwartung. Doch nun am Ende des Säkulums beginnt man sich für das subjektive Fühlen des Musikers zu interessieren. Das Affiziertsein des Ausführenden wird als eine notwendige Voraussetzung für einen angemessenen Ausdruck der Musik angesehen. Carl Philipp Emanuel Bach schießt noch einmal eine volle Breitseite gegen das Artifizielle der Barockmusik indem er feststellt: »Aus der Seele muss man spielen und nicht wie ein abgerichteter Vogel« (C.P.E. Bach 1753, Teil 1, S. 19).

Die Zuhörer ergötzten sich nun am Anblick eines subjektiv involvierten Interpreten. So berichtet Johann Anton Reichard über das Spiel von Philipp Emanuel Bach: »Stundenlang konnt' er sich in seine Ideen, in ein Meer von Modulationen vertiefen und verlieren. Seine Seele schien dann ganz abwesend, wie im süßen Träume« (Reichard 1814, Sp 28). Und Charles Burney fügt hinzu: »Während dieser Zeit geriet er dergestalt in Feuer und wahre Begeisterung, dass er nicht nur spielte, sondern die Miene eines außer sich Entzückten bekam« (Burney 1772, S. 212f.).

Die Menschen dieser Zeitepoche beginnen zu verstehen, dass die innere Welt der Gefühle viel komplexer und konflikthafter ist, als es sich der Barockmensch vorgestellt hat. Das ist natürlich zugleich eine äußerst bedrohliche Erkenntnis, und so ist es nicht verwunderlich, dass diese neu entdeckte Natur der Gefühle noch nicht in seiner ganzen Tiefe und Tragweite in der Musik des ausgehenden 18. Jahrhunderts abgebildet wird, sondern diesbezüglich zunächst einmal eine zaghafte Annäherung geschieht, bevor in der romantischen Musik dann die gewaltigen Affektströme der Tiefenschicht unserer Psyche in ihrer ganzen Wucht und Dramatik zum vollen Ausdruck gebracht werden (vgl. den Beitrag von Johannes Picht über Beethovens Hammerklaviersonate in diesem Band).

Ich hoffe, es ist mir gelungen Ihnen zumindest eine Ahnung davon zu vermitteln, welch ein dramatischer psychologischer Umbruch sich in der Musik beim Übergang zur Epoche der Klassik ereignet. Wir erleben eine Abwendung vom objektivierten idealen Affekt hin zu widerstreitenden Gefühlen bewusster und unbewusster Provenienz. Wir erleben eine Wendung nach innen und einen Abstieg zur psychischen Realität, zum wahren Selbst. Ausdruck dieser neuen, inneren Wirklichkeit sind die flexibleren, dynamischeren und individualisierteren Klanggestalten.

Die Musik hatte die Tür zu den inneren Räumen des Subjekts aufgestoßen. Die weitere musikalische Erforschung dieser Räume konnte beginnen.

Literatur

Bach, Carl Philip Emanuel (1753 und 1762): Versuch über die wahre Art das Clavier zu spielen. Berlin 1753 und 1762, Nachdruck Kassel (Bärenreiter) 2003.

Burney, Charles (1772): Tagebuch einer musikalischen Reise. Hamburg (Bode) 1772, Nachdruck Kassel (Bärenreiter) 2003.

Eggebrecht, Hans Heinrich (1991): Musik im Abendland. Prozesse und Stationen vom Mittelalter bis zur Gegenwart. München (Pieper) 1998.

Ehrmann, Sabine (1989): Claudio Monteverdi. Die Grundbegriffe seines musiktheoretischen Denkens. Pfaffenweiler (Centaurus).

Ekman, P. (1992): An argument for basic emotions. Cognition and Emotion 6 (3–4), 169–200.

Gluck, Christoph Willibald (1987): Gluck-Gesamtausgabe: Iphigénie en Aulide I/5. Kassel (Bärenreiter).

Gluck, Christoph Willibald (1988): Gluck-Gesamtausgabe: Alceste I/3. Kassel (Bärenreiter).

Gülke, Peter (1984): Rousseau und die Musik oder von der Zuständigkeit des Dilettanten. Wilhelmshaven (Heinrichshofen).

Heinemann, Michael (2000): Das Bach-Lexikon. Laaber (Laaber).

Hirsch, Mathias (2007): »Können Zähren meiner Wangen nichts erlangen ...« Formen der Identifikation beim Hören von Bachs Matthäus-Passion (in diesem Band).

Mattheson, Johann (1739): Der Vollkommene Capellmeister. Hamburg.

Niedt, Friedrich Erhard (1700): Musicalische Handreichung. Hamburg.
Picht, Johannes (2007): Beethoven: Gewaltsame Konstituierung des Subjekts (in diesem Band).
Pieck, Werner (2001): Leben Händels. Hamburg (Europäische Verlagsanstalt).
Pongratz, L. J. (1967): Problemgeschichte der Psychologie. Bern (Huber).
Rampe, Siegbert (1995): Mozarts Claviermusik. Klangwelt und Aufführungspraxis. Kassel (Bärenreiter).
Reichard, Johann Anton (1814): Allgemeine musikalische Zeitung 16.
Rousseau, Jean-Jacques (1781): Bekenntnisse. Frankfurt/M. (Insel) 1985.
Schmid, Anton (1854): Christoph Willibald Ritter von Gluck. Dessen Leben und tonkünstlerisches Wirken. Leipzig (Deuticke).
Schubart, Christian Friedrich Daniel (1785): Ideen zu einer Ästhetik der Tonkunst. Herausgegeben von J. Mainka. Leipzig (Reclam) 1977.
Starobinski, Jean (1971): Rousseau. Eine Welt von Widerständen. Frankfurt/M. (S. Fischer) 1993.
Starobinski, Jean (1993): Jean-Jaques Rousseau und die List der Begierde. In: Cassirer; Starobinski & Darnton (Hg.): Drei Vorschläge, Rousseau zu lesen. Frankfurt/M. (S. Fischer) 1989, S. 79–103.
Werckmeister, Andreas (1687): Musicae mathematicae hodegus curiosus oder Richtiger musicalischer Weg-Weiser. Frankfurt und Leipzig 1687, Reprograf. Nachdr. Hildesheim (Olm) 1972.
Werckmeister, Andreas (1707): Musicalische Paradoxal-Discourse oder Ungemeine Vorstellungen, wie die Musica einen hohen und göttlichen Ursprung habe und wie hingegen dieselbe so sehr gemißbrauchet wird. Frankfurt und Leipzig 1707, Reprograf. Nachdr. Hildesheim (Olm) 1970.

Beethoven: Gewaltsame Konstituierung des Subjekts

Johannes Picht

Es ist eine Gattungseigenschaft des Instrumentalkonzerts, dass Orchester und Soloinstrument einen Dialog führen. Aber nie zuvor wurde im Rahmen reiner Instrumentalmusik eine Begegnung zweier Charaktere so innig und so intensiv komponiert wie im zweiten Satz von Beethovens *Viertem Klavierkonzert op. 58*. Solist und Orchester scheinen zunächst, wie zwei Personen eines Dramas, einander entgegengesetzte Prinzipien zu verkörpern: Notwendigkeit und Freiheit, Gesetz und Gefühl. Rezitativisches Streicher-Unisono steht gegen ausgebreitete Klavierharmonik, statisch-akzentuierter gegen fließenden Rhythmus, Marcato gegen Legato, Forte gegen Piano. Dies entspricht zunächst noch durchaus dem klassischen Genre eines Charakterstücks. Aber dann geschieht etwas für Beethoven Spezifisches: Beide Charaktere beginnen sich zu verändern. Der Orchesterpart ordnet sich unter; und aus der Spannung zwischen den Kontrahenten wird ein innerer Konflikt des Solisten, den er mit sich allein zu erleiden, zu reflektieren und zu transformieren hat – man hört ihn geradezu hin- und hergehen. Der Prozess resultiert in einem Ende der Diskussion, vielleicht aus Resignation. Das Orchester ist vielstimmig und klangweicher geworden, Solist und Orchester sprechen nicht mehr gegeneinander, sondern teilen eine klagende Chromatik untereinander auf, und in dem ausdrucksstarken Seufzervorhalt, zu dem sich die Linie des Klaviers im Schlussakkord aufbäumt, scheint aller Schmerz noch ein letztes Mal verdichtet.

Es ist kaum möglich, diese Musik zu hören, ohne menschliche Figuren und ein menschliches Drama vor Augen zu haben. Natürlich gibt es dergleichen auf der Opernbühne, auch schon im 18. Jahrhundert. Natürlich ist auch instrumentale Musik schon seit längerem Ausdruck menschlicher Seelenbewegungen. Aber erst bei Beethoven – vor ihm allenfalls beim späten Mozart – wird die innere Zerrissenheit des Einzelnen zum musikalischen Ereignis. Mit Beethoven werden Leid, Anstrengung, Schmerz und Gewalt nicht mehr nur exemplarisch wie auf einer Bühne dargestellt, wie in der barocken Imitatio, sondern sie werden als Elemente der Musik selbst wirksam, sie werden dem Hörer mitgeteilt; der Hörer selbst – und natürlich auch der Spieler – muss leiden und sich anstrengen, wenn er sich überhaupt von dieser Musik erreichen lassen will. Ist die Barockmusik Sprache in dem Sinne, dass sie ein codifiziertes Vokabular von Affektimitaten entwickelt hat, so wird Beethovens Musik – die über das traditionelle Vokabular verfügt – in jenem ganz anderen Sinne sprachähnlich, dass sie den Eindruck erweckt, als spräche ein individueller Mensch zu uns. Beethoven wirkt auf uns ein, er hebt wie kein anderer Komponist vor ihm die Distanz zwischen sich und uns auf, er tut uns etwas an. Schon in diesem Sinne könnte ich davon sprechen, dass seine Musik eine Gewalterfahrung vermittelt. Ich möchte darüber hinaus aber zeigen, dass – und in welchem Sinne – bei Beethoven als Erstem Böses und Vernichtendes als unmittelbare Erfahrung Eingang in die Musik finden. Die Beethovensche Welt ist auch in dem Sinne menschlich, dass man sie, wenn man will, psychopathisch nennen kann. Der Gewinn an Tiefe führt in diese Tiefe.

An ihm hat sich deshalb wie an keinem anderen die Debatte darüber entzündet, inwieweit Musik von der historischen Persönlichkeit des Komponisten und seinem biografischen Schicksal her zu verstehen ist, wie weit sie über ihn als Person Auskunft gibt. In diesem Sinne erreicht mit Beethoven das »Auftauchen des Subjekts in der Musik des 18. Jahrhunderts«, wie Bernd Oberhoff es nennt, einen End- und Höhepunkt – mit der Lizenz, das 18. Jahrhundert bis zu Beethovens Tod 1827 dauern zu lassen, so dass auch sein Spätwerk noch dazugehört. Es enthält andererseits bereits eine Vorahnung dessen, was man als »Untergang des Subjekts in der Musik des 20. Jahrhunderts« bezeichnen könnte.

Die vorliegende Arbeit hat zum Ziel, in der Musik Beethovens ein zentral motivierendes, prägendes und beunruhigendes Element aufzuspüren und näher zu charakterisieren. Es ist zwar immer schon aufgefallen, dass Gewalt als Realität und Erfahrung ein Inhalt dieser Musik ist. Aber soweit ich sehe ist bisher nicht versucht worden, genauer zu fassen, wie sich Gewalt im musikalisch-ästhetischen Detail vermittelt, noch auch, welchen Ort sie im Bedeutungsgefüge der Beethovenschen Musik hat. Dies dürfte damit zusammenhängen, dass die Gewalt ebenso wie die der Gewalt zugrunde liegende Vernichtungserfahrung beinahe von Anfang an – auch schon von Beethoven selbst – umgedeutet und überlagert wird von idealisierenden und heroisierenden Tendenzen (vgl. Geck 1989), psychoanalytisch gesprochen also von Abwehrtendenzen. Die Frage nach der Gewalt in der Musik führt an den Rand eines Abgrunds, der mit herkömmlichen musikwissenschaftlichen Analysekategorien nicht auszuloten ist. Hier können klinische Erkenntnisse und Konzepte der Psychoanalyse dem Verständnis weiterhelfen.

Dies setzt jedoch voraus, dass der Horizont erschlossen ist, innerhalb dessen das, was sich in der Beethovenschen Musik artikuliert, auch für eine psychoanalytische Perspektive transparent werden kann. Als erstes scheint es daher notwendig, den Begriff des Subjekts und die Wandlungen, denen er im 18. Jahrhundert unterworfen ist, zu betrachten, um so einen Zugang zum geschichtlichen Ort von Beethovens Musik zu bekommen. Darauf aufbauend sollen die allgemeinen musikalischen Strukturen identifiziert werden, die die Epoche entwickelt hat, um das im Sinne der Zeit Subjektive zu repräsentieren. Das hierbei Gewonnene ist – zweitens – Grundlage für einen kurzen Überblick über das Beethovensche Oeuvre unter der Leitfrage nach dem sich in ihm entfaltenden musikalischen Subjekt. Meine These lautet – knapp gefasst –, dass das, was sich in Beethovens Musik als Subjekt zu konstituieren sucht, auf eine Vernichtungsdrohung trifft und dass an dieser Stelle Gewalt sowohl als Erfahrung als auch als Reaktion auf diese Erfahrung musikalisch-ästhetisch real wird. Um dies in den musikalischen Abläufen fassen zu können, werden – drittens – Negation und Gewalt begrifflich zu präzisieren sein; hier wird erstmals Bezug auf psychoanalytische Konzepte genommen. Als letztes folgt – viertens – exemplarisch eine Analyse und Interpretation der *Hammerklaviersonate (op. 106)*, die die musikalischen Signaturen für Negation und Gewalt aufzeigen soll. Das biografische Subjekt Beethoven und seine inneren Konflikte sind nicht unmittelbar Gegenstand dieser Arbeit. Sie mögen hier und da durchschimmern; aber an dieser Stelle soll der Versuch unternommen werden, die Musik Beethovens aus sich selbst heraus und ohne Rekurs auf biografische Daten zu erschließen. Die Bezugsetzung zum biografischen Subjekt bleibt einer späteren Publikation vorbehalten.

1. Zum Begriff des Subjekts, seiner neuzeitlichen Geschichte und seiner musikalischen Repräsentation

Der Begriff des Subjekts geht uns – ebenso wie der zugehörige des Objekts – meist allzu leicht über die Lippen, ohne dass wir uns klar machen, welche gedanklichen Entscheidungen wir damit ungeprüft übernehmen. Sein Kern ist die Vorstellung von etwas a priori Gegebenem und fraglos mit sich selbst Identischem, das immer schon da ist, wenn etwas sich auf es bezieht oder auf es hin geschieht oder ausgesagt wird. Von dieser Vorstellung ist das europäische Denken seit der Antike derart durchdrungen, sie ist für uns so grundlegend, dass wir große Mühe haben, uns davon zu lösen oder auch nur uns dessen bewusst zu werden, dass unser Denken eine solche Voraussetzung macht. Ebenso ist uns im Allgemeinen nicht bewusst, dass unsere Gewohnheit, den einzelnen Menschen oder das individuelle Selbst als Subjekt zu denken, keineswegs eine Selbstverständlichkeit ist, sondern die Folge einer erst im 18. Jahrhundert, also fast schon zu Beethovens Lebzeiten, vollzogenen tiefgreifenden Wandlung des Subjektbegriffs. Die Betrachtung der Geschichte dieses Begriffs (vgl. hierzu G. Picht 1985, S. 132ff.) führt deshalb direkt an den geschichtlichen Ort von Beethovens Musik.

Der Subjektbegriff wurzelt in der aristotelischen Aussagelogik und verweist auf einen metaphysischen Horizont, in dem zwischen dem Bleibenden, mit sich selbst Identischen, »Zugrundeliegenden« einerseits und seinen veränderlichen Erscheinungsformen und Attributen andererseits scharf und prinzipiell unterschieden wird. Der Rang, Subjekt zu sein, war in der Antike und das ganze Mittelalter hindurch Gott vorbehalten. Dass der einzelne Mensch diese vormals göttliche Stellung übernimmt, ist angelegt in der Cartesischen Wendung, der Entscheidung, die Gewissheit wahrer Erkenntnis nicht mehr in Gottes Schöpfungsplan, sondern im »Ich denke« zu verankern. Die Einsetzung des Individuums als Subjekt wird aber vollends erst in der Aufklärung vollzogen, vor allem mit der Philosophie Kants. Erst mit ihr kommt der einzelne Mensch in die Position, seine Welt mittels seiner Verstandesbegriffe selbst zu ordnen; und erst gegen Ende des 18. Jahrhunderts, etwa im Sturm und Drang, wird das private Ich mit seiner emotionalen Innenwelt zum Zentrum der Subjektivität. Dies führt jedoch in Widersprüche, als deren Konsequenz ein Jahrhundert später das Subjektparadigma bei Nietzsche als Illusion entlarvt wird. Beethovens Musik spiegelt diesen Prozess wider und ahnt sein Ende voraus.

Damit ist auch der Psychoanalyse ein Menetekel an die Wand geschrieben. Denn ungeachtet der Tatsache, dass die Psychoanalyse ihr Entstehen der Krise des Subjektbegriffs verdankt und zu ihr auch selbst beiträgt, hat Freud in seiner metapsychologischen Grundlegung der Psychoanalyse die Seele so konstruiert, dass sie Subjekt ist, nämlich in polarer Gegenüberstellung zur Welt der »Objekte«. Damit bleibt die Psychoanalyse einem metaphysischen Horizont verhaftet (vgl. J. Picht, 2005). Außerhalb dieses Horizonts verliert der Begriff des Subjekts seinen Sinn. Deshalb führt das Wort Subjekt überall, wo es auftaucht, diesen Horizont mit sich, auch wenn dies geleugnet oder übersehen wird. Wenn wir uns selbst als Subjekte denken, entziehen wir uns dem Fluss der Veränderungen und damit dem Zweifel an der Gegebenheit und Dauerhaftigkeit unserer Identität. Zugleich setzen wir zwischen uns und der sogenannten Objektwelt jene schroffe Differenz, von der die heutige Wissenschaft und Technik einschließlich ihres immensen Zerstörungspotenzials geprägt sind. Gewalt ist dem Subjektbegriff nicht äußerlich beigegeben, sie ist in ihm selbst angelegt. Das wird bei Beethoven hörbar, ähnlich wie beim späten Goethe.

Wie erscheint nun dieses neuzeitlich gewendete Subjekt in der Musik? Die Zeit der Herrschaft des Ich-denke und des Subjektivismus in der Philosophie zwischen Descartes und Nietzsche – in der Physik etwa die Zeit zwischen Galilei und Einstein – fällt zusammen mit der Emanzipation der Instrumentalmusik und der Epoche der funktionalen Dur-Moll-Tonalität. Es ist zugleich die Epoche, die man als das »thematische Zeitalter« in der Musikgeschichte bezeichnet hat, weil in ihr die Regel gilt, dass musikalische Prozesse und Formen aus Themen, d.h. aus tonal gebundenen, rhythmisch und melodisch differenzierten Gestalten hervorgehen. Entsprechend entwickelt diese Epoche – jedenfalls in der Instrumentalmusik – eine überschaubare Anzahl von formalen Typen, denen gemeinsam ist, dass sie sich aus Themen entfalten, wie etwa die Fuge, die Variation, das Rondo oder der Sonatensatz. Damit sind drei Elemente benannt – Tonalität, Thematik und formale Typologie –, die sich in der Musik zur Einschreibung dessen eignen, was der Begriff des Subjekts bezeichnet, nämlich Identität jenseits von Veränderungen.

Das Subjekt denkt sich außerhalb der Zeit. Wenn etwas Außerzeitliches im Zuge einer zeitlich ausgebreiteten Struktur sinnfällig werden soll, muss es ständig oder doch zumindest wiederkehrend präsent sein. Zur Tonalität gehört die bemerkenswert stabile Regel, dass ein Musikstück in der Tonart endet, in der es begonnen hat. Die Tonart bleibt also im Verlauf des Stückes erhalten und stellt auf diese Weise ein Element von Identität dar. Da die Tonalität im Übergang von den kirchentonalen Modi zur funktionalen Dur-Moll-Tonalität (im Laufe des 17. Jh.) und erst recht nach Erfindung der Wohltemperierten Stimmung und des Quintenzirkels zu Beginn des 18. Jahrhunderts die Eigenschaft entwickelt hat, modulierend zu sein, entfaltet sich hier eine musikalische Möglichkeit, »Geschichten« zu erzählen, »Schicksale« oder »Wege«, die das Subjekt durchläuft, bevor es dann aber unweigerlich zu sich zurückkehrt. Damit wird sinnfällig, dass die Identität des Subjekts – repräsentiert durch die Tonika – Veränderungen standhält. Auch musikalische Themen sind nicht nur an ihrer tonalen Geschlossenheit und melodisch-rhythmischen Prägnanz zu erkennen, sondern sie werden als solche dadurch bestätigt, dass sie wiederkehren. Erst durch ihre Wiederkehr erweisen sie sich als Träger von Identität. Entsprechend sind die musikalischen Formen, die die Epoche entwickelt hat, fast durchgängig und in erster Linie davon bestimmt, dass und wie Themen wiederkehren – wie in der Reprise des Sonatensatzes – oder doch als Organisatoren des musikalischen Geschehens präsent bleiben, wie in der Variation. Dass wir überhaupt von musikalischen Formen sprechen und so dem zeitlich Verlaufenden eine quasi-simultane Einheit zusprechen, setzt bereits voraus, dass wir aus dem Fluss der Zeit heraustreten und ihn gewissermaßen von oben überblicken, also eine Subjektperspektive außerhalb der Zeit einnehmen. Die Formen haben als Typen darüber hinaus eine eigene Identität; jeder musikalisch gebildete Zeitgenosse wusste, was ein Scherzo war, an welcher Stelle einer Sonate man es erwarten konnte und welchen Verlauf es typischerweise nehmen würde. Es gibt also auch ein Form-Subjekt.

Gegen Ende des 18. Jahrhunderts kommt in der Musikästhetik in Abgrenzung zum Barock die Forderung nach Einheit in der Mannigfaltigkeit auf. Die formale Geschlossenheit eines Musikstücks – auch ein Element von Identität und somit eine Ausformung des Subjektgedankens – ist immer größeren inneren Gegensätzen abzuringen. Darin liegt nach Auffassung der Zeitgenossen auch eine moralische Forderung: Einheit in der Mannigfaltigkeit, Konstanz gegenüber der Vielfalt affektiver Zustände, ist ein Charaktermerkmal, nicht nur ein ästhetisches Postulat. Mit Charakter wird jetzt nicht mehr nur ein bestimmter Affekt oder Typus bezeichnet, sondern erstmals auch die Vorstellung einer aus der Integration von widersprüchlichen Affekten erwachsenden und ihnen gegenüber resistenten Struktur (vgl. Dahlhaus 1987, S. 170f.), wie sie für den psychoanalytischen Charakterbegriff noch heute konstitutiv ist. Unser Charakterbegriff hat Wurzeln in der Beethovenzeit.

2. Das musikalische Subjekt Beethoven

Die Leitfrage nach dem Subjekt in der Musik hat bei Beethoven eine besondere geschichtliche Gestalt: Sie muss sich auf die volle Spannung dieses Begriffs zwischen einer transzendental-metaphysischen Instanz und einem privaten, in sich widersprüchlichen seelischen Selbst einlassen. Nur so ist es zu verstehen, dass Beethovens Musik zugleich als Inbegriff individuell-emotionaler Expressivität wie auch als Darstellung philosophischer Erkenntnis gelten kann (vgl. z.B. Adorno 1993, S. 32; Gülke 2000, S. 105). Wenn wir seine Musik verstehen wollen, müssen wir daher versuchen, uns in einen Horizont zu versetzen, in dem dies zusammenfallen kann. Diese Spannung ist aber nicht oder jedenfalls nicht nur Beethovens persönliche Angelegenheit; sie ist der Epoche eigen, in der er lebte. Das muss man in Erinnerung rufen, weil wir zu leichtfertig geneigt sein könnten, seine Musik einseitig als Ausdruck seiner individuellen Persönlichkeit aufzufassen. Dass wir überhaupt auf die Idee kommen können, das zu tun, verdanken wir musikalischen Möglichkeiten, die er selbst entwickelt und exploriert hat – aber auch dies nicht als Privatsache, sondern als Reaktion auf Strömungen seiner Zeit. Das musikalische Subjekt Beethoven darf nicht einfach mit dem biografischen Subjekt identifiziert werden. Erlaubt sei aber, sein Gesamtwerk gewissermaßen als einen musikalischen Prozess, nämlich als Entfaltungsprozess des musikalischen Subjekts Beethoven zu betrachten.

Bis kurz vor der Wende zum 19. Jahrhundert hat in Beethovens Musik das von Haydn und Mozart übernommene klassische Idiom noch fast uneingeschränkt Gültigkeit. Aber Beethoven lädt es energetisch auf; die Motorik ist impulsiver, willkürlicher und muskulöser; die Kontraste sind schroffer, die Oberfläche rauer; es gibt provozierende Neuheiten wie etwa den Beginn der *Ersten Symphonie* mit einer Dissonanz. Bei der Behandlung der musikalischen Form ist auch in den frühen Sonaten schon eine Tendenz erkennbar, die statische Eindeutigkeit der Zuordnung von Formteilen aufzulösen und die Durchführung aufzuwerten, also dramatisch-Prozesshaftes zu betonen. Die Welt des frühen Beethoven ist eine überwiegend expansiv-vitale Welt, in die jedoch Sätze wie das Largo der *D-Dur-Klaviersonate op. 10,3* oder die Adagio-Einleitung zum Finale des *B-Dur-Streichquartetts op. 18,6* wie melancholische Keile hineingetrieben sind. Beethoven bedient sich zur Darstellung des melancholischen Affekts dabei der traditionellen lexikalischen Mittel, er findet aber – vor allem in der Klaviersonate – zugleich neue Mittel, Vereinzelung und Bewegungsstillstand musikalisch darzustellen. Und zu der empfindsamen Melancholie des 18. Jahrhunderts tritt eine grüblerisch-intellektuelle, »saturnische« Qualität (vgl. Dahlhaus 1987, S. 164).

Zu Beginn des 19. Jahrhunderts ist Beethoven, trotz äußeren Erfolgs, unzufrieden mit seinen bisherigen Arbeiten und sucht, wie er sagt, einen neuen Weg. In der *Klaviersonate d-moll op. 31,2* lässt sich, ebenso wie in einer Reihe weiterer Stücke, nicht mehr ohne weiteres identifizieren, was das Kopfthema des ersten Satzes ist. Wie das Thema wird auch das tonale Zentrum nicht mehr unmittelbar und eindeutig präsentiert, und auch was die formale Struktur betrifft, bleibt dem Hörer unklar, ob das zu Anfang im Largo erklingende Motiv des aufsteigenden Dreiklangs nebst Allegro-Fortsetzung noch eine Einleitung oder schon der Hauptgedanke der Exposition ist. Die Musik scheint geradezu darzustellen, wie das, was Thema werden soll, zu Anfang noch gesucht wird, sie kommt gewissermaßen aus dem Nebel. Was dann dem Gestus nach als Thema erscheint, erweist sich im Weiteren als modulierende Überleitung zum Seitenthema und wird in der Reprise nicht wiederholt, nachdem es allerdings die Durchführung beherrscht hat. Im Sinne der These, dass Tonalität, Thematik und Formtypus Repräsentanten des Subjekts in der Musik sind, ist hier ein Punkt erreicht, an dem das Subjekt nicht mehr von Beginn an gegeben ist, sondern allmählich »auftaucht«, sich im Verlauf ergibt oder sogar überhaupt latent – wenn auch eindeutig als Bezugspunkt wirksam – bleibt.

Im Kopfsatz der *Eroica* tritt erst in der Coda die endgültige Gestalt des Themas zutage. Die Coda wird auf diese Weise zum Höhepunkt des Satzes und zum Schlusspunkt der Entwicklung; der ganze Satz läuft darauf hin. Auch Exposition und Reprise, ja auch die Coda selbst, haben daher Entwicklungs- und Durchführungscharakter, und in diesem Sinne ist hier die Form des Sonatensatzes völlig neu interpretiert. Aber auch wenn die Coda-Version des Themas nach Gestus und formaler Position als die endgültige Gestalt daherkommt, kann sie nicht beanspruchen, das eigentliche Thema zu sein. Indem das Thema unterschiedliche Gestalten annimmt, hat der Begriff des »Themas« vielmehr selbst eine neue Bedeutung angenommen. Er bezeichnet jetzt nicht mehr eine bestimmte Tonfolge an der Oberfläche, sondern eine in der Tiefe liegende, gleichsam abstrakte Struktur, die die an der Oberfläche auftauchenden Gestalten als unterschiedliche Realisierungen hervorbringt und sich durch sie hindurch sukzessive entfaltet (vgl. Dahlhaus 1987, S. 214f.).

Spätestens von jetzt an sind Beethovens Werke auch in dem Sinne »Individuen«, dass sie nicht mehr einfach Exemplare einer bestehenden Gattung sind. Beethoven exploriert vielmehr die Möglichkeiten, die sich aus den Gattungs- und Formprinzipien ergeben, interpretiert diese neu und erweitert sie damit. Die musikalische Entwicklung ist an einen Punkt gekommen, an dem thematische und formale Strukturen derart eng aufeinander bezogen sind, dass jedes »Thema« seine eigene »Form« hervorbringt; es stellt »Probleme«, deren »Lösung« jeweils ganz neu gefunden werden muss. Die Form ist nicht mehr gegeben und muss ausgefüllt werden, sondern sie entsteht. Sie ist in emphatischem Sinne Prozess. Ihre Einheit muss erzielt werden. Die Kräfte, die die Musik und die thematische Entwicklung antreiben, haben aber einen Grad der Dynamik und Divergenz erreicht, der jede Einheit sprengen und zerstören könnte. An dieser Stelle kommt die Kategorie des Willens ins Spiel: Will man formale Geschlossenheit und Einheit erreichen, will man die Kräfte unter eine Idee zwingen, will man ein Subjekt schaffen, das »Charakter« hat, dann müssen die Kräfte »bewältigt« werden. Das Subjekt kann sich nicht mehr voraussetzen, es muss sich fortwährend neu konstituieren und behaupten, es ist Resultat einer Anstrengung des Willens, angetrieben von einem ethischen Postulat. »Bewältigung« und »Gewalt« sind in unserer Sprache Worte aus gemeinsamer Wurzel. Romain Rolland (1930) hat deshalb von Beethovens »heroischem Stil« gesprochen.

Aber Beethoven ist auch beim heroischen Stil nicht stehen geblieben. Etwa ab 1807 beginnt das Lyrische gegenüber dem Heroischen mehr und mehr in den Vordergrund zu treten. In den Kopfsätzen finden sich jetzt häufiger gemäßigte Tempi, und die Themen sind liedhaft und kantabel. Was bisher die Seitenthemen kennzeichnete, greift gewissermaßen auf die Gesamtsätze über. Themen dieser Art stehen mehr für sich selbst, als dass sie auf Künftiges verweisen. Sie enthalten weniger dialektische Spannung, weniger Latenz und weniger motivischen Impetus und bieten sich daher weniger an für eine prozesshafte, dynamisch-dramatische Entfaltung. Die Form wird nicht mehr mit der Logik motivischer Arbeit aus Gegensätzen und gegen Widerstände hervorgetrieben; sie entwickelt sich eher rhapsodisch-fortspinnend und offen. Als Beispiel hierfür kann etwa das sog. *Erzherzog-Trio op. 97* von 1811 gelten; Gülke hat gezeigt, wie hier weniger die

Notwendigkeit der Entwicklung als vielmehr die »Notwendigkeit, einen Weg zurückzulegen«, abgehandelt wird (Gülke 2000, S. 119). Aber Beethoven ist kein Romantiker, auch wenn er hier einen Ton findet, an den Schubert und Mendelssohn anschließen. Kehrseite der Kantabilität ist ein gesteigerter Abstraktionsgrad motivischer Bezüge, die sich netzartig zwischen Haupt- und Nebenthemen sowie zunehmend auch über die verschiedenen Sätze einer Sonate erstrecken und so eine zwar fühlbare, aber kaum beim Hören im Einzelnen nachvollziehbare Matrix von Einheit bilden.

Aber auch hiermit hat sich Beethoven nicht zufrieden gegeben. Es finden sich dann Stücke wie die *Achte Symphonie* von 1812 und ihr Finale, in dem den früheren symphonischen Idealen geradezu, wie Louis Spohr es ausdrückte, die Zunge herausgestreckt wird (vgl. Geck 2005, S. 107). Hier gibt es keine heroische Lösung und keinen Sieg der Idee mehr. Auch Ironie wäre ein zu freundliches Wort für die desillusionierte Grimmigkeit des Witzes der *Achten Symphonie*. Beethoven geht auf Abstand zu den Formen, die er selbst entwickelt hat. Danach vollendet er zwölf Jahre lang keine Symphonie mehr.

Das Beethovensche Subjekt, so viele und so großartige und so herzergreifend schöne Sätze es auch aus sich heraustreibt, findet nur schwer zur Ruhe. 1815 beschäftigt sich Beethoven mit Plänen zu einer Bacchus-Oper. Kein zufälliges »Sujet«: Schon bei Platon verkörpern Apollon und Dionysos (Bacchus) die beiden Pole, aus denen Musik und auch alles andere hervorgeht; Apollon steht für Struktur, Beharren, Ordnung und Einheit, während Dionysos Bewegung, Kontinuum und die Kräfte repräsentiert, die Neues hervorbringen, die aber auch ins Chaos stürzen können. In das Skizzenbuch mit ersten Ideen für diese Oper, die über dieses Stadium nicht hinauskam, notiert Beethoven: »Dissonanzen vielleicht in der ganzen Oper nicht aufgelöst oder ganz anders da sich in diesen wüsten Zeiten unsere verfeinerte Musik nicht denken lässt« (zit.n. Rexroth 1979, S. 28). Hier kündigt sich »Dionysisches« mit einer Vehemenz an, die alles, was bisher Identität und Halt zu gewährleisten schien, zu zertrümmern imstande ist. In dieser Zeit geht Beethovens Produktivität, gemessen an vollendeten Werken, stark zurück. Das kann Gründe haben, die uns verborgen bleiben; aber bemerkenswert ist doch, dass das Werk, das aus dieser Zeit des relativen Schweigens auf einmal aufragt wie ein gewaltiger Block und sie zugleich beendet, eins der sperrigsten, schwierigsten, radikalsten und rücksichtslosesten ist, die er je geschaffen hat, die sogenannte *Hammerklaviersonate* (*op. 106*), vollendet 1818.

Danach ist, auch wenn es noch Werke konventionelleren Zuschnitts gibt, eigentlich nichts mehr wie vorher. Was man mit dem Begriff des Spätstils umfasst, ist eine nicht sehr große Anzahl von Werken, die nicht mehr, wie bis 1812, das, was auch die Zeitgenossen ästhetisch beschäftigte, in paradigmatischer

Form formulieren. Vielmehr hat man hier den Eindruck, dass Beethoven ganz eigene Rätsel lösen muss, mit denen er seiner Zeit weit voraus ist. In diesem Sinne sind die späten Werke radikal persönlich, es umgibt sie eine Aura der Vereinsamung, auch wenn die *Neunte Symphonie* zu Millionen sprechen will.

Kompositionstechnisch ist diese letzte Phase von Beethovens Schaffen davon geprägt, dass die Abstraktion im Herstellen motivischer Bezüge weiter vorangetrieben wird und ein Extrem erreicht, das auch in der Musik des 20. Jahrhunderts kaum überschritten wird (vgl. Dahlhaus 1987, S. 269). Dies führt unter anderem an den Rand der Auflösung der Tonalität. Zugleich aber exploriert Beethoven intensiver als je zuvor traditionelle kontrapunktische Techniken und greift kirchentonale Modi auf. Eigenartigerweise stehen sich vorausweisende und archaisierende Elemente dabei nicht kontrastierend gegenüber, sondern sie erscheinen ungetrennt als Aspekte ein und desselben Vorgangs, einer gewonnenen Distanz gegenüber der musikalischen Gegenwart, so dass man den Eindruck bekommen kann, hier auf einem Gipfel zu stehen, von dem aus die gesamte Geschichte des musikalischen Subjektivismus von Monteverdi bis Schönberg überblickt wird. Das Beethovensche Subjekt hat sich in gewisser Weise aus der Musik herausgehoben, es konstituiert sich nicht mehr, indem es ihre Formen hervorbringt und formale Probleme bewältigt, sondern es steht jenseits der Formen, Konventionen und Verfahren; es sucht in ihnen keinen Halt und keine Verankerung mehr, es »fährt durch sie hindurch«, wie es Adorno genannt hat, und »lässt sie als Trümmer stehen« (vgl. Adorno 1993, S. 183). Das nihilistische Moment, das sich schon in der *Achten Symphonie* ankündigt, ist beim späten Beethoven stets präsent. In der Einleitung zum Finale der *Neunten Symphonie* gewinnt das Nihilistische geradezu programmatische Qualität, wenn die vorangegangenen drei Sätze zitiert werden, um sie zu negieren. Zugleich ist dieses Finale ein ebenso ergreifender wie scheiternder Versuch, das, was da einbricht, in einer neuen Form, einer neuen Subjektivität noch einmal positiv zu bändigen.

Die Hinwendung zur menschlichen Stimme, die wir vor allem mit der *Neunten Symphonie* verbinden, geschieht allerdings nicht nur dort. Sie ist Ausdruck eines weiteren allgemeinen Zuges im Spätwerk, der sich nicht mehr immanent im Sinne einer kompositionstechnischen Fortentwicklung begründen lässt, nämlich einer Tendenz zu extremer Expressivität. Diese hat nichts von Effektsuche. Vielmehr spürt man hier mehr denn je einen Menschen, der mit allen Mitteln, die ihm zur Verfügung stehen – und Beethovens musikalische Mittel sind an Kraft und Subtilität wahrlich unübertroffen –, gegen die Barriere anrennt, die ihn von den Mitmenschen trennt (vgl. Kerman 1979, S. 194). In der *Cavatina* des *B-Dur-Streichquartetts op. 130* von 1825, insbesondere in dem kurzen Mittelteil, der in der ersten Geige mit der Spielanweisung »beklemmt« versehen ist, kann man hören, wie aus dem metaphysisch verankerten oder sich heroisch behauptenden Subjekt ein einsames und verängstigtes Ich geworden ist, das geradezu darum fleht, das Du zu erreichen, ohne das es nicht existieren kann.

3. Negation und Gewalt

Die Anerkennung des Du nicht nur als eines libidinösen Objekts, sondern als Bedingung des Ich bedeutet in der Konsequenz die endgültige Überschreitung und Auflösung des metaphysischen Horizonts, in den sich der Mensch mit dem Subjektbegriff versetzt hatte. Das Du, dessen sich die Omnipotenzillusion des Ich zu bemächtigen sucht, indem sie es zum Objekt macht, ist in Wirklichkeit deren Voraussetzung und ihr letztlich immer entzogen. Es enthält als Möglichkeit immer eine Negation, die sich in keiner Dialektik mehr aufheben lässt. Diese existenzielle Bedrohtheit, deren Abwehr der Subjektbegriff diente, ist nun nicht mehr abweisbar.

In der *Hammerklaviersonate* hat Beethoven versucht, nicht nur diese Vernichtungsdrohung selbst, sondern auch die instinktiv-elementare Gewalt, die darauf reagiert und das Subjekt zu restituieren versucht, mit musikalischen Mitteln Gestalt werden zu lassen. Zwar kehrt die *Hammerklaviersonate* in mancher Hinsicht zur klassischen Geschlossenheit der Form zurück, die besser geeignet ist, Gegensätze und Spannungen zum Austrag zu bringen, als die offen-rhapsodischen und zyklischen Formen, mit denen Beethoven in den Jahren zuvor experimentiert hatte (vgl. Rosen 1997, S. 404). Aber das ist kein rückwärts gewandter Schritt. Denn die Aussage und zugleich die Wahrheit der *Hammerklaviersonate* ist, dass diese Form nur noch mit geradezu nackter Gewalt zum Abschluss kommt. Der Versuch der *Neunten Symphonie*, das Du im »Seid umschlungen, Millionen« noch einmal aufzuheben, verfängt dagegen nicht mehr. Danach spricht Beethoven in den Streichquartetten, denen seine letzten drei Jahre fast ausschließlich gewidmet sind, nur noch zu wenigen.

Um die Signaturen von Negation und Gewalt in der Musik fassen zu können, bedarf es hiervon eines Begriffs, der nicht in erster Linie konkrete Aktionen oder ihre physischen Folgen, sondern vor allem das in den Blick nimmt, was Negation und Gewalt bedeuten kann, also die psychologische Dimension. Ein solcher Begriff lässt sich gewinnen aus dem Konzept des »impingement« von Winnicott. Er beschreibt Negation und Gewalt in der prototypischen Situation der Abhängigkeit des Ich vom Du, der frühen Mutter-Kind-Beziehung:

> »Wenn alles gut geht, kann das kleine Kind (infant) nicht wissen, was ihm zur Verfügung gestellt und wovor es bewahrt wird. Nur wenn es nicht gut geht, merkt das

> Kind, nicht dass die Mutter versagt hat, sondern die Folgen, welcher Art auch immer, dieses Versagens (failure); das heißt, das Kind merkt, dass es auf eine Einwirkung (impingement) reagieren muss. Wenn die mütterliche Fürsorge hinreicht, wird im Kind eine Kontinuität des Seins aufgebaut, die die Basis für Ich-Stärke ist; Folge des Versagens mütterlicher Fürsorge ist dagegen jedes Mal, dass die Kontinuität des Seins unterbrochen wird von Reagierenmüssen auf die Folgen dieses Versagens, wodurch das Ich geschwächt wird. Derartige Unterbrechungen stellen eine Vernichtung (annihilation) dar und sind offensichtlich mit Schmerz von psychotischer Qualität und Intensität verbunden. Im Extremfall existiert das Kind ausschließlich auf der Basis einer Kontinuität von Reaktionen auf Einwirkungen und von Wiederherstellungen (recoveries) nach solchen Reaktionen« (Winnicott 1960, S. 594; Übersetzung J.P.).

Gewaltsam kann demnach eine Einwirkung heißen, wenn sie die Kontinuität des Seins unterbricht und zu einer Reaktion zwingt. Winnicott kennzeichnet eine solche Einwirkung als Vernichtung; denn sie schafft, wenn auch vielleicht nur momentan, eine Situation, in der die kontinuierliche Funktion des Ichs unterbrochen ist, also eine psychotische Situation. Der Grenzfall der auch biologischen Vernichtung ist hier eingeschlossen; denn was die Bedrohtheit der Funktion des Ich betrifft, besteht kein Unterschied zwischen Tod und Psychose. Bemerkenswert ist, dass Winnicott hier weniger ein konkretes Handeln der Mutter vor Augen hat, wie wir zunächst vielleicht erwarten würden, wenn von gewaltsamer Einwirkung die Rede ist, als vielmehr das Versagen, also das Fehlen oder Verfehlen der mütterlichen Funktion.

Winnicotts Beschreibung lässt sich unmittelbar auf Problem und Geschichte des Subjekts übertragen, wenn man das Wort »Ich« durch »Subjekt« ersetzt. Dessen fiktive apriorische Gegebenheit entspricht dem Erleben des Ich, das von keinem Gewordensein und von keinem Nichtgewesensein weiß; in dem Moment, wo das Ich beginnt, da zu sein, ist es für alles, was es weiß, immer schon da gewesen. Das Subjekt-Konzept dient aber auch dem Abwehrbedürfnis des Ich, das den ständig drohenden Kollaps seiner Identität und Kontinuität und das Bewusstwerden seiner durchgängigen Bedingtheit und existenziellen Abhängigkeit fürchtet wie den Tod.

Diese Definition von Gewalt aus der Opferperspektive ist um die Täterperspektive zu ergänzen. Gewaltsames Verhalten reagiert zumindest in der Regel auf eine gefühlte oder reale Bedrohung des Ich (Mitchell 1993; Fonagy et al. 1993). Klinisch ist uns beispielsweise vertraut, dass scheinbar unmotivierte Gewaltausbrüche dazu dienen können, einen drohenden funktionellen Kollaps oder Kohärenzverlust des Ich abzuwehren.

Von hier aus besteht eine innere Verbindung zwischen Gewalt und Negation.

Der Terminus »Negation«, wie ich ihn hier verwende, umfasst zwei unterschiedliche Sachverhalte, die ich als »Verneinung« und als »Vernichtung« bezeichne. Verneinung ist eine logische Operation, in der das, was verneint wird, denkmöglich bleibt, ja sogar in seiner Denkmöglichkeit bekräftigt sein kann. Das Ich, die subjektive Struktur, bleibt von der Verneinung unberührt. Vernichtung setzt dagegen die Voraussetzungen von Logik außer Kraft, denn sie setzt das Ich außer Funktion. Ein großer Teil der Arbeit des Ich besteht darin, Vernichtung in Verneinung zu transformieren. Es kann kaum Zweifel geben, dass für Beethoven das Komponieren eine solche Funktion erfüllte.

Vernichtung und Verneinung stellen daher auch keine einfache Dichotomie dar. Ob eine Negation vernichtend oder verneinend wirkt, hängt vom fluktuierenden Funktionszustand des Ich ab. Die unterschiedlichen Signaturen, die sich hier ergeben, und die unter anderem in Beethovens Musik zu finden sind, entsprechen den unterschiedlichen kreativen und kompromissbildenden Lösungsversuchen, die das Ich finden muss.

Der hier vorgelegten Interpretation zufolge sah sich der späte Beethoven der Aufgabe gegenüber, Negation musikalisch darzustellen. Von ihrem Ursprung im Primärprozess und ihrem Wesen als »urteilslose Logik« (Adorno 1993, S. 32; vgl. auch Adorno 1963, S. 13) her ist Musik nicht a priori in der Lage, Verneinung darzustellen; sie muss zuvor sprachähnliche bzw. subjektive Strukturen entwickelt haben. In der *Neunten Symphonie* wählt Beethoven, um Verneinung auszudrücken, tatsächlich den Übertritt in die verbale Sprache, deren Struktur Verneinung als Möglichkeit enthält; ich vermute von daher, dass es nicht so sehr der Übergang zur menschlichen Stimme als vielmehr der zur Sprache ist, der in der *Neunten Symphonie* den Einsatz von Sängern motiviert. Aber auch die Sprache kann nur Verneinung ausdrücken. Vernichtung kann auch sie nicht ausdrücken, sie kann nur auf sie verweisen; denn Vernichtung zerstört auch die Logik der Sprache. Sie ist das Undenkbare schlechthin.

4. Signaturen von Negation und Gewalt in der *Hammerklaviersonate*

Die *Hammerklaviersonate* ist wesentlich länger als jede andere Beethovensche Klaviersonate; sie dauert ungefähr 50 Minuten. Es kann hier keine umfassende Analyse oder Interpretation vorgelegt werden. Gezeigt werden soll lediglich an ausgewählten Details, in welchen Formen sich in ihr Negation des Subjekts vermittelt, bezogen auf die drei musikalischen Repräsentanten der Subjektivität: Tonalität, Thematik und Formtypus. Ferner sollen die Ausdrucksformen von

Gewalt aufgezeigt werden, die sich in der *Hammerklaviersonate* finden. Dies ist ein isolierter Aspekt; es wäre ein Missverständnis, wenn der Eindruck entstünde, die *Hammerklaviersonate* sei mit den Kategorien »Negation« und »Gewalt« auch nur annähernd umfassend charakterisiert. Jede einseitige Deutung Beethovenscher Musik wird rasch und sicher korrigiert, wenn man sie unvoreingenommen hört.

Zunächst ein Wort zu der Sonate als Ganzer, das bereits auf Gewalt und Negation Bezug nimmt. Wir nehmen heute vielleicht etwas zu naiv an, der Adressat einer Komposition sei der Hörer. Aber zu Beethovens Zeit gab es noch keine Pianisten, die Konzerte gaben. Seine Sonaten wurden nur im kleinen Kreis gespielt, und wer sie hören wollte, musste sie in aller Regel selbst spielen. Erster Adressat ist also der Spieler. Beethoven wusste, dass zu seiner Zeit niemand die *Hammerklaviersonate* würde spielen können; an den Verleger Artaria schreibt er: »Da haben Sie eine Sonate, die den Pianisten zu schaffen machen wird, die man in fünfzig Jahren spielen wird« (zit.n. Uhde 1986, Band III, S. 384f.). Czerny schreibt ihm in ein Konversationsheft, eine Dame der Wiener Gesellschaft habe sich beklagt, sie übe seit Monaten, könne aber den Anfang der *Hammerklaviersonate* immer noch nicht spielen (zit. bei Rosen 1997, S. 404). Bis heute wagen nicht viele Pianisten, die Sonate auf dem Podium zu spielen. Einer von ihnen, Rudolf Serkin, hat geäußert: »Wenn danach noch etwas von einem übrig ist, hat man sie überhaupt nicht gespielt!« (persönliche Überlieferung). Zur ästhetischen Realität der *Hammerklaviersonate* gehört also diese äußerste Anstrengung, ja Überforderung, die auch einen Meister wie Serkin an den Rand der Vernichtung führt.

Die Sonate ist klassisch viersätzig. Aber in Abweichung vom klassischen Schema hat der langsame Satz, ein Adagio, mit dem Scherzo die Plätze gewechselt und kommt an dritter Stelle. Diese Disposition hat die Hammerklaviersonate u.a. mit der *Neunten Symphonie* gemeinsam. Die Gewichte werden dadurch erheblich verschoben. Das Scherzo rückt als kurzer Nachgedanke an die Seite des Kopfsatzes. Dadurch wird der langsame Satz eigenständiger als separater Pol des Geschehens empfunden, was in beiden Werken dazu führt, dass das Finale zwar noch als Abschluss, aber nicht mehr als Ziel des Gesamtprozesses erscheint wie in früheren Werken. Setzt man hinzu, dass in der *Hammerklaviersonate* der langsame Satz nahezu die Hälfte der Gesamtdauer – mehr als 20 Minuten – für sich beansprucht und dass er in einer sehr eigenen Tonart steht – fis-moll gegenüber dem B-Dur der Ecksätze –, dann ist die Behauptung nicht abwegig, dass sich hier eine Gegenwelt auftut, eine Negation der beiden Anfangssätze, die das Finale nicht mehr integrieren kann; es kann nur versuchen, sie seinerseits zu verneinen.

Abb.: Beethoven Sonate op. 106, 2. Satz Coda (ab Takt 160)

Die Negation des tonalen Subjektes tritt am deutlichsten hervor in der Coda des zweiten Satzes (Takt 160ff., s. Abbildung). Er trägt die Überschrift »Scherzo – Assai vivace« und steht wie die ganze Sonate in B-Dur. Aber das erweist sich als trügerische Äußerlichkeit. Zwar beginnt und endet der Satz in B-Dur, wie sich das gehört. Aber am Beginn der Coda, nachdem B-Dur bereits im Forte wieder erreicht und durch Kadenz bestätigt ist, erscheint auf einmal der Ton »H«. Man könnte dies als neapolitanische Sekunde, also als erniedrigte II. Stufe hören; aber Beethoven schreibt nicht »Ces«, wie es dann korrekt wäre, sondern »H«, also eine Negation des Grundtons. »H« ist »B« mit einem Auflösungszeichen. Die Negation kommt leise daher, die Reaktion darauf ist laut. Zweimal werden »B« (Forte) und »H« (Piano) gegeneinander gesetzt, dann erscheint, wo man wieder »B« (Forte) erwarten würde, stattdessen »Ais« (Piano). Den dynamischen Wechsel kann man unmittelbar hören, den enharmonischen Wechsel (von »B« zu »Ais«) nur aus dem funktionalen Zusammenhang mit dem Folgenden erschließen. Er ist bedeutsam und belegt zugleich, dass vorher »H« statt des enharmonisch identischen »Ces« keine Nachlässigkeit im Schreiben ist, sondern dass Beethoven sehr genau notiert. Der enharmonische Schritt von »B« zu »Ais« kann nur bedeuten, dass »B« gewissermaßen nachgibt und unter die h-moll-Identität gezwungen wird. Dieses Nachgeben der Tonart-Identität, das durch die dann folgende h-moll-Version des Kopfmotivs bekräftigt wird, geht mit einem Moment intensiver Angst einher; der musikalische Fluss kann sich danach zunächst nicht fortsetzen. Beethoven schreibt, genau kalkulierend, »un poco ritardando« vor. Die »Reaktion« im Winnicottschen Sinn ist manifest gewaltsam, der Satz prügelt sich mit einem fast klonischen Presto-Ausbruch förmlich nach B-Dur zurück, um dort mit einer Floskel zu enden, der man die Verharmlosung des Geschehenen anhört. Es wird so getan, als sei die »Kontinuität des Seins« nicht unterbrochen worden.

Das oszillierende Nebeneinander von B-Dur und h-moll an dieser Stelle lässt sich mit keiner herkömmlichen harmonischen Operation mehr erklären, es ist keine Rückung, schon gar keine Modulation. Man kommt nicht umhin, festzustellen, dass diese Takte in zwei einander negierenden Tonarten zugleich stehen. Beethoven sprengt damit den Rahmen der herkömmlichen Tonalität und lässt ihn zugleich stehen; das gilt latent für die ganze Sonate, aber hier kommt es zutage.

B-Dur ist im Beethovenschen Werk eine häufige Tonart mit breitem Affektspektrum. Ebenso wie die Nachbartonarten hat es meist eine diesseitige, bestätigende Färbung, weniger heroisch als die Eroica-Tonart Es-Dur, wenn auch weniger naturhaft als die Pastoraltonart F-Dur. Man ist versucht zu sagen: »B« wie Beethoven; es scheint jedenfalls eine Tonart, die sich gut eignet, das persönliche Subjekt zu repräsentieren. Wie Es-Dur ist B-Dur eine ausgesprochene Blechbläsertonart; das befreiende Trompetensignal im *Fidelio* steht natürlich in B-Dur. Dieser positive Charakter wird in der *Hammerklaviersonate* unterstrichen von dem Text, den das Kopfthema des ersten Satzes ursprünglich vertonen sollte: »Vivat vivat Rudolphus« – gemeint ist Erzherzog Rudolph von Habsburg, Neffe Josephs II. und jahrelang Freund, Schüler und Förderer Beethovens, dem eine imposante Reihe der wichtigsten Werke gewidmet ist, so auch die *Hammerklaviersonate*.

Ganz anders h-moll, eine vom Grundton her unmittelbar benachbarte, im System des Quintenzirkels aber weit entfernte und im Beethovenschen Werk seltene Tonart. In ein Skizzenbuch von 1816 schreibt Beethoven die Bemerkung »h-moll schwarze Tonart« (Uhde 1986, Bd. III S. 391). Man könnte auch sagen: h-moll ist der Schatten, die Kehrseite von B-Dur. Die vielleicht bedeutendste Referenz für h-moll in Beethovens Werk ist das »Agnus Dei« aus der *Missa Solemnis* mit der Textzeile »Miserere nobis«.

Die Negation von B-Dur durch h-moll ist, wie zuerst Erwin Ratz gezeigt hat (Ratz 1973), ein die Struktur der gesamten Sonate bestimmender Grundgedanke. Ein zweites strukturbestimmendes Element ist das Motiv der fallenden Terz. Beide Elemente stehen im Zusammenhang: Man kann den Quintenzirkel »abwärts« mit fallenden Quinten immer weiter durchmessen, man kann aber auch die Quinte in zwei Terzen teilen und in Terzen abwärts schreiten. Dem

Quintenzirkel folgt man dabei nur, wenn man große und kleine Terzen regelmäßig abwechseln lässt. Tut man das nicht, kann man »auf Abwege geraten« und etwa von »F« aus statt mit kleiner und großer Terz nach »B« mit zwei kleinen Terzen nach »H« gelangen. Beethoven exploriert, indem er etwa in der Durchführung des ersten (vgl. Rosen 1997, S. 409f.) wie auch des dritten Satzes (Uhde 1986, Bd. III S. 432) eine schier endlose Folge von fallenden Terzschritten aneinanderreiht, ein Prinzip, das gegenüber dem Kosmos des Quintenzirkels eine zersetzende Kraft hat. Die Terzverwandtschaft unterminiert die Quintverwandtschaft. Unter anderem führt dies in der *Hammerklaviersonate* zu einer durchgängigen Ambivalenz zwischen Dur und moll (der Ton »D« ist von »B« aus Dur-, von »H« aus moll-Terz) und weiter zu einer Ambivalenz auch zwischen großer und kleiner Sekunde und großer und kleiner Sexte.

In der Exposition des ersten Satzes, Allegro, wird zunächst B-Dur höchst energisch als Tonart im Gemüt des Hörers verankert, bevor in Takt 37 die Terz von B-dur, also »D«, für einen Moment isoliert und sofort zum Drehpunkt wird, von dem aus die Tonart des Seitenthemas, G-Dur, erreicht wird. Für ein Seitenthema ist das eine ganz unübliche Tonart – das Erwartete wäre die Dominante F-Dur –, auch hier setzt sich Terzverwandtschaft an die Stelle der Quintverwandtschaft. Die obere Terz des G-Dur-Dreiklangs (»H«-»D«) ist mit der unteren Terz des h-moll-Dreiklangs identisch, G-Dur scheint also der h-moll-Gegenwelt zuzugehören. Andererseits lässt Beethoven in den Seitensatz immer wieder zur B-Skala gehörige Töne einwirken, was besonders in der Schlussgruppe des Seitensatzes (Takt 100f.) zu eigenartig changierenden Hell-Dunkel-Wirkungen führt. Da in der Brechung durch G-Dur »H« als die helle, »B« als die dunkle Farbe wahrgenommen wird, ergibt sich dabei eine Umkehr wie bei einem fotografischen Negativ.

Gegen Ende der Durchführung des ersten Satzes (Takt 201ff.) erscheint die eben beschriebene Schlussgruppe mit den changierenden Dur-Moll-Wechseln erneut, diesmal in H-Dur, das mittels einer jähen Rückung aus D-Dur erreicht wird. Diese Dur-Variante des »schwarzen« h-moll erscheint wie ein Entrücktwerden in ein unwirkliches Licht, wie ein Blick in ein Jenseits. Aber die Entrücktheit wird schon bald durch einen Marcato-Impetus unterbrochen (Takt 213 mit Auftakt), der in halsbrecherischer Modulation in kurzer Zeit ins Diesseits der Reprise (Takt 227) zurückführt. Das ist ohne Zweifel Unterbrechung von Kontinuität, ein gewaltsamer Vorgang, allerdings von einer Art, die man bei Beethoven häufig und auch schon im Frühwerk finden kann. Die so erreichte Reprise in B-Dur wirkt aber nicht wie ein Resultat. Dagegen sprechen sowohl der galoppierende Bass-Rhythmus, mit dem das Thema jetzt unterlegt ist, wie auch der anschließende verdunkelnde Übergang von B-Dur nach Ges-Dur in einem verlängerten Nachsatz, in dessen weiterem Verlauf dunkle Nebentöne und Lautstärke zunächst zunehmen. Dann jedoch kommt der Satz nach einem langgestreckten ritardando und diminuendo überraschend auf einer pianissimo-Fermate zum Stehen, und aus diesem Moment gestauter Stille heraus entlädt sich (Takt 267) eine fortissimo-Eruption des Themenkopfes in der Gegentonart h-moll. Erneute Fermate; darauf völlig konventionelle, fast belanglose Rückmodulation nach B-Dur, wo anschließend regelrecht das zweite Thema erscheint. Der Rest der Reprise ist ohne Überraschungen. Wie wenn nichts gewesen wäre. In der Coda (ab Takt 350) mehren sich allerdings wieder die dunklen Nebentöne, vor allem »Ces« und »Ges«.

Was geschieht hier? Der gesamte Prozess lässt sich interpretieren als ein Übereinander zweier Geschehensebenen: Eine manifeste klassische B-Dur-Sonatenstruktur (»B« wie Bewusstsein) und ein h-moll-Untergrund, der zeitweise latent (unbewusst) bleibt, über weite Strecken aber, wie wir psychoanalytisch sagen würden, psychodynamisch wirksam wird und Kompromissbildungen erzwingt; die h-moll-Stelle in der Reprise entspricht einem vulkanischen Ausbruch dieses Untergrundes. Hier ist, indem der Resultatcharakter der Reprise dementiert wird, zugleich die Form durchbrochen, auch das Form-Subjekt also negiert.

Ein weiterer zerstörender Angriff auf die Form findet sich im zweiten Satz, dem Scherzo, das jetzt nochmals in seiner Gänze betrachtet werden soll. Die Scherzo-Form ist eigentlich dreiteilig: Scherzo – Trio – Scherzo da capo. So ist es im Prinzip auch hier. Aber das Trio, in dem weder melodisch noch rhythmisch noch harmonisch viel passiert, baut gerade deswegen eine untergründige Spannung auf. Etwas fehlt: Es gibt keine Dominante und deshalb keinen kadenzierenden Schluss. Harmonisch bewegt sich das Trio nur zwischen b-moll und der Paralleltonart Des-Dur, wird also ausschließlich von der Terzverwandtschaft bestimmt. Darin und in der ziellos-rollenden amorphen Bewegung der Achteltriolen wie auch der dagegen gesetzten ebenso strukturarmen Auf- und Ab-Dreiklangbrechung der Melodie könnte das Subjekt sich verlieren. Es folgt deshalb unmittelbar eine Art zweites Trio (ab Takt 81), das nur eine Funktion hat, nämlich die motorische Gerichtetheit wieder zu etablieren und die Dominante F-Dur zu erreichen – und zwar mit Gewalt. Gewalt in Form von Begradigung des Metrums (Zweiviertel- statt Dreivierteltakt), Tempo- und Motoriksteigerung, Steigerung der Lautstärke und maximaler Ausweitung des Tonraums, bis schließlich der F-Dur-Dreiklang durch alle verfügbaren Oktaven von oben bis unten gebrochen wird, welche dann in einer rasenden Prestissimo-Skala wieder von ganz unten bis ganz oben durchfahren werden. Alles, was einmal von Form oder Charakter her Scherzo oder Trio gewesen sein mag, ist damit buchstäblich zerfetzt, zuschanden geritten. Wie soll man von hier aus zu einem Da capo kommen? Beethoven kümmert sich nicht um eine Überleitung. Er schüttelt sich wie ein nasser Hund (Takt 112/113) – und dann kommt, wieder als sei nichts geschehen, der Wiedereinsatz des Scherzos, diesmal mit der fast schon ironischen Anweisung »dolce« versehen. Die anschließende Coda, die wir bereits betrachtet haben, wiederholt die gleiche Abfolge von Gewalt als Reaktion auf eine strukturelle Bedrohung der Identität mit anderen, dichteren Mitteln.

Der nun folgende langsame Satz – »Adagio sostenuto. Appassionato e con molto sentimento« – bleibt hier unbesprochen und gewissermaßen als riesige Leerstelle präsentiert. Dies scheint seiner extremen Gegenweltlichkeit durchaus angemessen; sie scheint jenseits der Kämpfe zu stehen, die das Subjekt führen muss, um sich zu behaupten. Es ist ein schier nicht enden wollender Klagegesang, vielleicht das Äußerste an »Trauer und Melancholie«, das Beethoven formuliert hat. Einer psychoanalytischen Betrachtungsweise wäre die innere Beziehung von Melancholie und Gewalt allerdings keineswegs fremd.

Die langsame Einleitung des Finales mit der Zitierung vorausgegangener Sätze hat die *Hammerklaviersonate* ebenfalls mit der *Neunten Symphonie* gemeinsam. Langsame Finaleinleitungen gibt es vereinzelt schon in früheren Werken; in der *Klaviersonate op. 101*, die der *Hammerklaviersonate* unmittelbar vorausgeht, wird in einer solchen Finaleinleitung auch das Kopfthema des ersten Satzes aufgenommen. Aber dort ist es nicht so sehr ein Zitat als vielmehr ein Element einer zyklischen Form, ein echtes Wiederkehren, das aufgegriffen wird und unmittelbar ins Finale einführt. Hier jedoch handelt es sich um Zitieren, also um einen sprachlichen Modus. Bereits diese Form des Zitierens enthält eine Negation, eine Distanzierung: Das Zitierte wird nicht in den Prozess einbezogen. In der *Neunten Symphonie* wird dies noch dazu sprachlich explizit gemacht (»O Freunde, nicht diese Töne!«). In der *Hammerklaviersonate* sind die Signale sehr viel subtiler. Es wird nicht direkt zitiert, sondern es handelt sich um indirekte Anspielungen. Nicht alle drei Sätze werden so evoziert; zunächst erinnert etwas an das Adagio, dann etwas an die Coda des ersten Satzes, später an dessen zweites Thema, aber alles nur sehr vage und von sehr ferne, wie überhaupt kosmische Ferne, ja Verlorenheit, aus dem Adagio herrührend, dieses Largo charakterisiert. Die Episoden brechen jeweils ab, ohne unterbrochen zu werden, das gibt einen Eindruck von Inkohärenz, und der Raum zwischen den Episoden wird durchzogen – »gefüllt« kann man das nicht nennen – von einer Figur, die das Anfangsmotiv der Sonate – Bass vor Akkord im Diskant – umkehrt, d.h. rückgängig macht. Auch ein Negationszeichen.

Der Aufgang des Fugenthemas aus diesem Largo, das Beenden der Inkohärenz, vielleicht die stärkste kadenzierende Schlussbildung in der ganzen Sonate, ist ein höchst dramatischer Moment. Man könnte meinen, jetzt sei die negierende Gegenwelt endgültig besiegt, jetzt komme eine streng gezügelte klassische Form, die alles zusammenfasst und beendet. Eigenartig ist aber schon hier, dass das Fugenthema mit einer klassischen Schlussformel beginnt – Triller auf der Dominante, Tonika auf der Zählzeit eins –, um dann in einer Figur weiterzulaufen, die kein eigentliches Ende hat. Dieses Fugenthema wird in der Folge nicht ein einziges Mal vollständig wiederholt. Die ganze Fuge wirkt nicht wie eine Lösung; sie kann in ihrer Rastlosigkeit und ihrem extrem schnellen Tempo eher mit einem Austoben aller Energien verglichen werden. Trotz aller staunenswerten kontrapunktischen Details mutet sie an wie eine Destruktion des barocken Fugentypus, schon allein von der Klangentwicklung her gewaltsam, manchmal nahe am Geräusch, wie ein sadistischer Angriff auf Hörer und Spieler.

So wird etwa die Augmentation des Themas (Takt 96ff.) nicht, wie in Bachschen Fugen, zum Ausdruck einer andächtigen Streckung des Zeitverlaufs in Richtung Ewigkeit, sondern zu einem erbarmungslosen Stampfen, das über alles hinweggeht, was sich ihm in den Weg stellen könnte. Und der Krebs, d.h. der rückläufige Gang des Themas in den Takten 153ff. stellt nicht, wie etwa in einem Bachschen Ricercar, ein Element des Kosmos dar, das diesen bestätigt, sondern eine Verneinung und Rückgängigmachung. Darauf verweist schon, dass diese Stelle in dem uns nun schon bekannten h-moll steht. Rückgängig und kraftlos gemacht wird im Krebsgang aber auch der beschließende Charakter des Themenkopfes sowie der rhythmische Charakter der (hier vorausgehenden) Folgefigur, der in der Ausgangsfassung immerhin auftaktisch-vorwärtstreibend war, in der Krebsfassung dagegen wie angehalten wirkt. Hier kann also von einer Negation des thematischen Subjekts gesprochen werden. Die Stelle klingt auch vom Kontrapunkt her eigentümlich leer (vgl. Uhde a.a.O., S. 454).

In den Takten 250ff. scheint die Stimmung von Raserei und Fugengewalt auf einmal unterbrochen. Das neue Motiv, das jetzt fugiert wird, bildet gerade durch seinen »objektiven«, einem barocken Fugenthema entsprechenden Charakter einen Kontrast zur Umgebung. Es gilt vielen Kommentatoren als Bezug auf die *Missa Solemnis*, am ehesten wohl auf das »Benedictus«, wo ihm die Worte »in nomine Domini« unterlegt sind. Wie ist das zu interpretieren? Wie ein Anruf, ein Bitten um Gnade und um Befreiung aus dem Strudel von Gewalt und Gegengewalt? Aber er wird hier nicht erhört. Das Motiv gerät im Bass selbst in das Stampfen hinein und zerreißt das über ihm erklingende Fugenkopfthema in Bruchstücke.

Es überrascht dann nicht, dass auch das Ende der Fuge – und damit der ganzen Sonate – nur durch einen Gewaltakt erreicht wird. Es ist kein Abschluss, sondern der Entschluss, jetzt zu einem Ende zu kommen. Nachdem zuvor, wie Uhde schreibt (a.a.O., S. 462), die Endform des Themas »von der Dunkelheit eingesogen« wurde (Takte 369ff.), scheinen in den »poco adagio«-Takten 381–384 die letzten Energien verbraucht zu sein. Aber dann rafft sich die Bewegung mit Willenskraft nochmals auf, und das B-Dur-Ende wird mit sechsmaliger, chromatisch aufsteigender, schon fast penetranter Wiederholung der Schlussfigur des Fugenkopfes förmlich erzwungen.

Die Signaturen von Negation und Gewalt in der *Hammerklaviersonate* erweisen sich als so zahlreich und durchgängig, dass kein Zweifel bestehen kann, dass es sich hier um ein zentrales Element der »poetischen Idee« des Werkes handeln muss. Zugleich sind sie sehr vielgestaltig und vielschichtig. Beethoven löst nicht nur das Problem der musikalischen Repräsentation von Vernichtung und Verneinung auf vielfältige Weise, er erweist sich auch als ungemein subtiler Psychologe in der Darstellung der Aufeinanderfolge von Vernichtungsdrohung und gewaltsamer Reaktion. Wir können das mittels moderner psychoanalytischer Konzeptionen heute begrifflich ein Stück weit einholen, müssen aber eingestehen, dass uns Beethoven nicht nur zeitlich sondern auch in der Differenzierung, wie sie nur der musikalischen Sprache möglich ist, weit voraus ist.

Literatur

Adorno, Theodor W. (1963): Fragment über Musik und Sprache. In: Ders.: Quasi una Fantasia. Frankfurt am Main (Suhrkamp).

Adorno, Theodor W. (1993): Beethoven. Philosophie der Musik. Frankfurt am Main (Suhrkamp).

Dahlhaus, Carl (1987): Ludwig van Beethoven und seine Zeit. Laaber (Laaber-Verlag).

Fonagy, Peter; Moran, George S. & Target, Mary (1993): Aggression and the Psychological Self (1). Int. J Psycho-Anal. 74, 471–485.

Geck, Martin (1989): Die Taten der Verehrer. In: Geck, Martin; Schleuning, Peter (Hg.): »Geschrieben auf Bonaparte«. Beethovens Eroica: Revolution, Reaktion, Rezeption. Hamburg (Rowohlt).

Geck, Martin (2005): Ludwig van Beethoven. Hamburg (Rowohlt).

Gülke, Peter (2000): Kantabilität und thematische Abhandlung. Ein Beethovensches Problem und seine Lösungen in den Jahren 1806/1808. In: Ders.: »… immer das Ganze vor Augen«. Studien zu Beethoven. Stuttgart und Weimar (Metzler); Kassel (Bärenreiter).

Kerman, Joseph (1966): The Beethoven Quartets. New York (Knopf). (Hier zitiert: New York und London 1979 (Norton Paperback).

Mitchell, Stephen A. (1993): Aggression and the Endangered Self. Psa. Q. 62, 351–382.

Picht, Georg (1985): Kants Religionsphilosophie. Stuttgart (Klett-Cotta).

Picht, Johannes (2005): Raum, Zeit und Psychischer Apparat. Psychoanalyse im Widerspruch 33, 103–115.

Ratz, Erwin (1973): Einführung in die Musikalische Formenlehre. Wien (Universal Edition).

Rexroth, Dieter (1979): Einführung und Analyse zu Ludwig van Beethovens Neunter Symphonie. Mainz (B. Schott's Söhne/Piper).

Rolland, Romain (1930): Beethovens Meisterjahre. Von der Eroica bis zur Appassionata. Leipzig (Insel).

Rosen, Charles (1997): The Classical Style. Haydn, Mozart, Beethoven. New York/London (Norton).

Uhde, Jürgen (1986): Beethovens Klaviermusik. Stuttgart (Reclam).

Winnicott, Donald W. (1960): The Theory of the Parent-Infant Relationship. Int. J. Psycho-Anal. 41, 585–595.

»Können Tränen meiner Wangen nichts erlangen ...« Formen der Identifikation beim Hören von Bachs Matthäus-Passion

Mathias Hirsch

Hans Werner Henze (1983) schreibt:

> »Die Musik Johann Sebastian Bachs hat schon in ihrer Zeit, und dann in besonderem Maße seit ihrer eigentlichen Entdeckung durch die Romantik, auf die menschliche Seele, besonders auf die Seele der Deutschen, eine Wirkung ausgeübt, die immer noch zu wachsen scheint und in immer neuen Formen und Lesarten sich manifestiert ... Mit einem Realismus sondergleichen ist da eine schmucklose Universalsprache entstanden, und es werden mit ihrer Hilfe und Vermittlung menschliche Gefühle und Zustände dargestellt, in denen sich – erst heute können wir es so sehen und reflektieren – nicht mehr allein die traditionelle christlich-bürgerliche Hörerschaft als Gemeinde erkennt, sondern gerade der moderne, einsam-zweifelnde Mensch, dem der Glaube abhanden gekommen ist, der keinen festen Halt in der Gesellschaft weiß, und der die größte Zeit seines Lebens sozusagen ›ohne den Segen der Kirche‹ zu verbringen hat« (Henze 1983, S. 51).

Die 1727 uraufgeführte Matthäus-Passion Johann Sebastian Bachs ist eines der bedeutendsten Werke der Musikgeschichte; Albert Schweitzer (1908, S. 590) ist überzeugt, dass sie ein »Wunderwerk« ist. Der Text besteht aus drei Teilen: das Matthäus-Evangelium, spätbarocke Dichtung kontemplativer oder dramatischer Art sowie mehrere protestantische Choräle der Gemeinde der Gläubigen; in den Arien, Chören und frei gestalteten Rezitativen kommen entweder an der Passionsgeschichte handelnd beteiligte Personen zu »Wort«, oder es werden begleitende Betrachtungen angestellt durch fiktive Anhänger Jesu Christi und auch die »gläubige Seele«. Diese Vielfalt der Personen lädt zu verschiedenartigen Identifikationen ein, z.B. des Mitleidens, der Schuldanerkennung, des Treuebekenntnisses (Jesus nicht zu verlassen), des Selbst-Verlassen-Seins. Ich denke,

Tränen aufgrund der einen oder anderen Identifikation kann auch der »nachchristliche« (Blumenberg 1988, S. 223) Hörer weinen, weil die Passion allgemeine Dimensionen des menschlichen Lebens und der Beziehungen in ihm in metaphorischer Weise dramatisiert, insbesondere Schicksale der Eltern-Kind-Beziehung, Objektverlust und Trauerprozess; Schuld, Reue, Vergebung; Versöhnung und Wiedervereinigung; schließlich Anerkennung des eigenen Todes.

1. Die Musik

Für Blumenberg (1988, S. 45) ist es wichtig, dass die Musik, also die Vertonung, den Text nach Jahrhunderten der exegetischen Zergliederung wieder zum Ritus macht, der keine theologischen Fragen mehr zulässt; die Passion ist von »theologischer Großzügigkeit«. Die Musik begleitet und illustriert den Text, gibt ihm Nachdruck und Farbigkeit. Die Dynamik der Dichtung spiegelt sich in Struktur und Dynamik der musikalischen Begleitung wider, sie ist die »musikalische Realisierung des Textes« (Haesler 1993, S. 380). Musikerfahrung geht aber weit über solche Begleitfunktion hinaus. Es wurden der Musik präverbale, körpernahe Eigenschaften bzw. Funktionen in dem Sinne nachgewiesen, dass sie die frühe, vorsprachliche, vorsymbolische Beziehung zum Primärobjekt, der Mutter also, repräsentiert. Racker (1951) bereits traut der Musik nicht nur zu, »das gute Objekt wiederzuerlangen, sondern [sie] repräsentiert auch das gute Objekt selbst« (zit.n. Leikert 2001). Imre Hermann (1970), Klausmeier (1986), Maiello (1999), Leikert (2003) und Oberhoff (2005), um nur einige zu nennen, sehen Musik als verbindendes Medium in vorgeburtlicher Zeit zwischen Fötus und Mutter. Musik ist auf der Stufe der präsentativen Symbole angesiedelt, ist ein »unvollendetes Symbol« (Langer 1965; zit.n. Weimer 1991, S. 224), so dass sich eine direkte Verbindung zum präverbalen Objektbeziehungsniveau denken lässt. Leikert (2001, S. 54) bezieht Musik unmittelbar auf erlebte Körperspannungen. Ich möchte ergänzen, nicht nur Spannungen, sondern auch verschmelzende Glücksgefühle, die unter Umständen besonders auch beim gemeinsamen Musizieren mit anderen wiederbelebt werden können. Auch denke ich, dass Musik ein »linking object« (Volkan 1972), eine übergangsobjektartige Verbindung auch zu wichtigen Bezugspersonen sein kann, z.B. Verluste wichtiger Objekte mildern und überwinden helfen kann.

Der Gedanke, dass Musik die beruhigende Funktion einer Mutter haben kann, scheint naheliegend. Wir alle haben gelernt, Emotionen und Gefühle zu beherrschen, wenn nicht zu unterdrücken; eigentlich ist das sinnvoll und wir leben besser damit. Ist der Schmerz eines Kindes aber wegen eines Verlusts, sind Angst und Wut aufgrund traumatischer Verletzungen zu groß, als dass sie ertragen werden könnten, werden sie abgespalten und in einem nicht zugänglichen Körper-Gedächtnis abgelagert; die Tränen werden nicht geweint, die geweint werden müssten. Das ist dementsprechend eine Funktion jeder Psychotherapie, die Zeugenschaft und das haltende Verstehen, das holding (vgl. Hirsch 2004). Das darüber hinaus gehende containing hat die Aufgabe, die unerträglichen psycho-somatischen, überwältigenden, angsterregenden Zustände dadurch zu mildern, dass die Mutter-Person sie erkennt, in sich aufnimmt und »verdaut«, also modifiziert, dem Kind zurück kommuniziert, es zugleich in seiner Angst bestätigt, es aber durch die Mitteilung der relativen Harmlosigkeit des Angsterregenden beruhigt. Nun erst ist das Kleinkind in der Lage, die seinem Zustand adäquaten Gefühle zu entwickeln, da sie nun auszuhalten sind. Ist der Gedanke nicht nahe liegend, dass auch bestimmte Musik solche Container-Funktion haben kann: Wenn sie das »gute Objekt« sein kann, dann ist sie anwesend; und wenn sie in verträglicher Milderung diejenigen Affekte ausdrückt, die der Text und der Hörer nicht aushalten können, ist sie vielleicht ein Vorbild, dem der Hörer nachzueifern Mut findet und so Zugang zu den eigenen verschütteten Affekten bekommt. Adorno beschreibt drastisch den Zugang der Musik zum Körper:

> »Vor Schuberts Musik stürzt die Träne aus dem Auge, ohne erst die Seele zu befragen: So unbildlich und real fällt sie in uns ein. Wir weinen, ohne zu wissen warum; weil wir so noch nicht sind, wie jene Musik es verspricht, und im unbenannten Glück, dass sie nur so zu sein braucht, dessen uns zu versichern, dass wir einmal so sein werden« (Adorno 1928, S. 36).

Die Musik scheint uns so die Paradiessehnsucht zu erfüllen, auf die Adorno offenbar anspielt, die prä-traumatische Seligkeit wiederherzustellen, auf die Ferenczi (1933) anspielt. Überhaupt die Winterreise, nach meiner Erfahrung ist es das Werk, das neben der Matthäus-Passion am ehesten in der Identifikation mit menschlichen Grenzdimensionen wie Einsamkeit und Tod zu Tränen rühren kann.

Kann die Musik eine solche Wirkung entfalten, am Kognitivum und der Ratio vorbei, die sie nicht fragt, wird sie nicht bloße Textbegleiterin bleiben, bei der Winterreise nicht, bei der Matthäus-Passion nicht und auch in anderen Beispielen nicht. In Bezug auf Schubert schreibt Haesler (1993, S. 380): »Die Musik verleugnet ihre Bezogenheit auf den Text zwar nicht, transzendiert den Text allerdings musikalisch in völlig andere Dimensionen der Ausdrücklichkeit, die mit der Sprache allein nicht zu erreichen und zu vermitteln sind«. In Worten ist schwer wiederzugeben, wie musikalische Mittel, die keinesfalls nur Tonmalerei bleiben, überhaupt wirken. Man kann die Mittel beschreiben, z.B. welche Bedeutung Rhythmen haben, melodische Führungen, harmonische Wendungen, Dur-Moll-Verwandlungen, aber ihre Beschreibung erklärt nicht ihre Wirkung. Für die Matthäus-Passion, wie überhaupt für das geistliche Werk Bachs, hat Schweitzer (1908) eine Vielzahl von musikalischen Figuren identifiziert, z.B. ein Schmerz-Motiv, das dem *Passus duriusculus* (dem harten Gang) der Barockmusik entspricht, eines des »edlen Schmerzes« (S. 591) gar in der Begleitung des großen Choralchores, der den ersten Teil beschließt. Fallende, niedersinkende Motive können die Grablegung begleiten; auch die Aufforderung des Volks, Jesus könne doch vom Kreuz herabsteigen, wenn er den Tempel Gottes zerbrechen und in drei Tagen wieder errichten könne ... Schwere Schritte, schwebende Schritte (S. 594), Seufzermotiv (gebundene Achtel- oder Sechzehntelnoten), auch ein Schreckensmotiv, besonders, wenn es um die affektive Interpretation der Berichte über Naturgewalten geht. Blitze und Donner sollen den falschen Verräter, das mörderische Blut, zertrümmern und verschlingen nach der Gefangennahme Jesu [Nr. 26]; auch das Erdbeben nach Jesu Tod [Nr. 63a]. Im Zusammenhang mit meinem Thema »das Weinen« sind Schweitzers Funde dazu interessant: »Ergreifendes Schluchzen« (S. 597) in den Arien »Buß und Reu« und »Blute nur, du liebes Herz«, hier begleitet Bach die »Tropfen meiner Zähren« mit Stakkato-Sechzehnteln; eine Wellenbewegung zeichnet Tränenfluten im Arioso »Wiewohl mein Herz in Tränen schwimmt«. Eine eigene kleine Idee betrifft den Schluss-Chor »Wir setzen uns ...«: Mir scheint es, als ob der erste Takt dieses Motivs ein langes Ein-, der zweite ein ebensolches Ausatmen bedeutet (Abb. 1); das entspräche der trauernden Erleichterung (»Aufatmen«; Blumenberg 1988, S. 246).

Eine Bestätigung meines Gedankens erhielt ich in der Diskussion mit E. Altenmüller (persönl. Mitteilung Lindau April 2006), in der die Entsprechung dieses Motivs in der Sarabande der Solo-Flötensonate Bachs (BWV 1013) deutlich wurde (Abb. 2). Es handelt sich um einen Sarabandentyp, dessen erster Takt wie ein einziger Auftakt verstanden werden kann obgleich in einer Flötensonate auch dieser natürlich kein konkretes Einatmen sein kann, als ein Spannungsaufbau wie mit einem Einatmen, und im zweiten Takt als ein Spannungsabfall mit einem Ausatmen.

Auch in der »Kreuzstabkantate« (BWV 56) findet sich zu den Worten »Ich will den Kreuzstab gerne tragen« dieselbe Figur in der Bass-Stimme (Abb. 3), und man kann vermuten, dass der gläubige Christ und auch Bach selbst (s.u.) den Entschluss, Christus das Kreuz abzunehmen, mit einem Seufzer verbinden.

Beschreibe ich ein solches kompositorisches Vorgehen, gerate ich in Gefahr, allzu banal und trivial zu vermitteln, was mir doch als bedeutsames, heftigen Affekt hervorrufendes musikalisches Mittel in lebendiger Hör-Erinnerung präsent ist. Ich denke, dass auch konventionelle Zeichen, mit denen die Barockmusik Affekte sozusagen routinemäßig nachahmte, bei Bach nicht nur Affekte ausdrücken und illustrieren, sondern sie im Hörer hervorrufen, wie es das bloße Wort nicht kann. Ebenso gilt es für die ad hoc gefundenen illustrierenden Wendungen, die die eigentlich schlichte Untermalung der Worte »und alsbald krähete der Hahn« nach Petri Verleumdung Tränen hervorrufen, weil in ihnen wohl die ganze entsetzliche Erkenntnis Petri enthalten ist, Jesus verraten zu haben, zusammen mit der Erinnerung an die Voraussage Jesu, er werde ihn verraten. Erzeugt Bach Stimmungen, Schweitzer nennt »Am Abend, da es kühle ward«, verbunden mit dem »stillen Frieden des herniedersinkenden Dämmerns«, und »Mache dich, mein Herze, rein«, in welcher Arie eine »überschwengliche und doch wieder ruhig heitere Freude« (Schweitzer 1908, S. 596) ausgedrückt wird, so bleibt es Schweitzer ein Rätsel: »Immer wieder fragt man sich, was denn an diesen Tönen ist, dass sie das Geheimnisvolle und Unaussprechliche der heiligen Stimmung, die uns bei dem Gedanken an die Kreuzabnahme überkommt, so wiederzugeben vermögen« (ebd., S. 596).

Den Text begleitende musikalische Figuren werden meist konkordant sein, dem Inhalt des Textes entsprechen. Der Heiland fällt vor seinem Vater nieder wird mit einem fallenden Motiv begleitet, die Grablegung ebenso, das Krähen des Hahns wird dezent imitiert, es gibt viele Beispiele dieser Art. Die erschütternde Frage Jesu: »Eli, Eli, lama asabthani« steht in b-Moll, die Übersetzung: »Mein Gott, mein Gott, warum hast du mich verlassen«, gar in es-Moll, und auch der musikalische Laie erkennt bzw. fühlt die durch die entlegenen Tonarten ausgedrückte hoffnungslos herabgestimmte Verzweiflung des Gekreuzigten. Weimer (1991) bemerkt, dass die Trauertonart e-Moll Teil eins und zwei Drittel des zweiten Teils der Passion beherrscht, während die »Todesschatten«-Tonart c-Moll das letzte Drittel bestimmt. Das wird beim Hörer eine Spannung erzeugen, ob und wie der »Todesschatten« denn zum Schluss aufgelöst, womöglich in einen Trost verwandelt wird.

Oder die musikalische Figur verhält sich zum Text diskordant, enthält etwas Gegensätzliches und drückt es als erweiterte Mitteilung gleichzeitig aus. Als Jesus Petrus vorhersagt, er werde ihn, ehe der Hahn krähen wird, dreimal verraten, ist Petrus überzeugt, er werde das nicht tun: »Und wenn ich mit Dir sterben müsste«! Die Tonart aber ist c-Moll, die düstere, todesverbundene (Weimer 1991, S. 230), steht also im Gegensatz zu Petri bewusster Überzeugung. Der Eingangschor: »Kommt, ihr Töchter, helft mir klagen« ist von ernster, bedrückter Stimmung, die das Passionsgeschehen, die Klage darüber, enthält, aber der erste Dreiklang bis zur oberen Oktave signalisiert den Ruhm Christi; durch die umfassende Oktave wird seine Allmacht jenseits des Worttextes mitgeteilt (Poos 1985, zit.n. Weimer 1991, S. 230f.).

Stimmung und atmosphärischer Gehalt eines Musikstücks sind schwer mit Worten zu beschreiben. Vielleicht kann man aber auch umgekehrt sagen, dass der Text, z.B. der der Matthäus-Passion oder der Winterreise, helfen kann, in Worte zu fassen, was die Musik ausdrückt, da sie ja parallel gehen.

Der Schlusschor der Matthäus-Passion »Wir setzen uns mit Tränen nieder« scheint mir in subtiler Weise eine mehrfache Botschaft zu vermitteln: Der Text spricht einerseits von Tränen der Trauer, andererseits enthält er den Wunsch, der Verstorbene möge sanft ruhen. Obwohl die »Todesschatten«-Tonart c-Moll durchgehend an Tod und Verlust mahnt, vermittelt die Musik eine ungemein tröstliche, eine fast heitere Stimmung. Der Text: »Höchst vergnügt schlummern da die Augen [des Sünders] ein«, nachdem durch den Tod Jesu das »ängstliche Gewissen« beruhigt worden ist, jedenfalls entsteht eine entspannte Atmosphäre. Blumenberg (1988, S. 36) schreibt dazu dann doch:

> »Jene Tränen, mit denen Bach seine gläubige Gemeinde sich über Jesu Grabesruh niedersetzen lässt, sind ... die einer ›Erleichterung‹, wie sie nur aus dem Missverhältnis der Reaktion und Resonanz auf das eben Durchschrittene kommt. Vor diesem Gott kann zwar kein ›Recht erworben‹ werden, erleichtert zu sein – kein Recht, das ist aber das Bedeutungsäquivalent von ›Gnade‹«.

Und aus der Doppeldeutigkeit des Abschlusschores von Tod und Erlösung, Schuld und Gnade entlässt uns Bachs Musik auch nicht ganz: der Hörer muss einen endlosen dissonanten Vorhalt der Flöten aushalten, bevor dieser in den

Schlussakkord aufgelöst wird, und auch der ist kein befreiendes Dur, sondern bleibt in c-Moll – das gänzlich befreiende Dur findet sich erst im Osteroratorium (Wolff 2000).

2. Das Weinen

Viele Tränen werden von den handelnden und den betrachtenden Personen der Matthäus-Passion selbst geweint, und die Tränen entstammen zwei Affektbereichen: einmal der Trauer und dann der Reue aufgrund anerkannter eigener Schuld. Diese beiden Bereiche sind zentrale Motive der Matthäus-Passion, deren traditionelles Verständnis Platen (1991, S. 66) kurz umreißt:

> »Der Unschuld des Gottessohnes steht die Schuld des Menschen gegenüber. Der Heiland ist aus Liebe bereit, die Strafe, die der Mensch für seine Sünden zu gewärtigen hat, auf sich zu nehmen. Die Sühne ist die Passion, das Leiden, der Tod am Kreuz. Durch diesen Wechsel der Verantwortlichkeit wird der Mensch frei von den Banden seiner Sünden. Die Freude über seine Erlösung ist aber zugleich durchsetzt mit Trauer über die Leiden des Erlösers.«

Tränen der Reue finden sich oft in einer Alt-Arie, denn »[die Alt-Stimme] verkörpert in der Matthäus-Passion in der Regel die Stimme des mitfühlenden Christenmenschen, der sich vollständig mit dem Geschehen identifiziert« (Platen 1991, S. 175). Zum Beispiel: »Buß und Reu/ knirscht das Sündenherz entzwei« (Nr. 6). Oder (Nr. 52): »Können Tränen meiner Wangen/ nichts erlangen ...«

Das Krähen des Hahns erinnert Petrus an die Vorhersage Christi, er würde ihn dreimal verleugnen. Das war von Petrus wohl gründlich verdrängt worden, und sowohl die lautmalerische Wiedergabe des Hahnenschreis als auch das wahrhaft schmerzenreiche Melisma zu den Worten »Und ging heraus und weinete bitterlich« (Nr. 38c) lassen den Hörer sich leicht vorstellen, dass es Tränen der Reue über den Verrat, der Anerkennung von Schuld und auch Tränen der Scham sind. Auch die Alt-Stimme (Nr. 39) vergießt Tränen der Reue: »Erbarme dich,/ mein Gott, um meiner Zähren willen./ Schaue hier,/ Herz und Auge weint vor dir/ bitterlich«.

Und nach der Grablegung sind die Tränen wieder mit Sünde und Reue verbunden (Nr. 67):

»O selige Gebeine,/ seht, wie ich euch mit Buß und Reu beweine,/ dass euch mein Fall in solche Not gebracht«. Die Tränen der Reue überwiegen in der Matthäus-Passion weitaus im Vergleich zu denen der Trauer. In einem Motiv-

Accompagnato (Nr. 12) ist die Trauer nicht so übermäßig, die Freude über die Erlösung überwiegt: »Wiewohl mein Herz in Tränen schwimmt, … so macht mich doch sein Testament erfreut …«

Im Folgenden soll es um das Weinen des Hörers gehen. Das Weinen als affektive Reaktion auf das dramatische Geschehen beruht auf verschiedenen Formen der Identifikation – mit der zentralen Figur Jesu, den anderen Protagonisten, mit der Schuld, Mensch zu sein, mit den schuldhaft Handelnden, mit den Trauernden. Es werden darüber hinaus Tränen der Erleichterung nach dem Abfall der Spannung fließen, Tränen des Glücks oder der Rührung nach einer Vergebung oder Versöhnung, also der Wiedervereinigung mit dem liebenden Objekt, und schließlich wird man an das Ende des eigenen Lebens erinnert.

3. Christus als Primärobjekt

Der Gedanke, Christus könnte für die Gläubigen ein mütterliches Objekt wie die Mutter für einen Säugling sein, scheint vielleicht etwas abseits der Denkgewohnheiten zu liegen. Aber es gibt viele Hinweise auf dieses Phantasiegebilde in der Matthäus-Passion zum Beispiel der Choral (Nr. 15): »Dein Mund hat mich gelabet/ mit Milch und süßer Kost …«

Und die Mutter-Kind-Gleichung wird auch auf Jesus und Judas bezogen: »Blute nur, du liebes Herz!/ Ach! ein Kind, das du erzogen,/ das an deiner Brust gesogen, droht den Pfleger zu ermorden …« (Nr. 8)

Weimer schrieb dazu: »Diese, für heutige Ohren überraschende, Entsprechung ›Jesus = Säuglingsmutter‹ gehört zum verbreiteten Inventar der Predigttradition des frühen 18. Jahrhunderts« (Weimer 1991, S. 227). Es heißt in zeitgenössischen Predigten:

> »Gleich wie eine fromme Mutter, die ihr Kindlein säuget, wann das Kindlein kranck wird, selbst einen bitteren Trunck einnimmt, auff dass … dem Kindlein also geholffen werde, weil es für sich selbst den bittern Tranck nicht kan einnehmen. Also unser Herr Jesus Christus, der uns mit großen Schmertzen neu geboren hat, und uns tröstet, wie eine Mutter ihr Kindlein tröstet …« (ebd., S. 227)

Noch ein anderes Beispiel:
»Mein Bräutigam erhöret diß/ erkennet meine Lüste/ er spricht: komm her/ komm trinck/ komm iss/ und gibt mir beide Brüste«.

Eine alte mythologische Tradition setzt ebenso Jesus mit einer Mutter gleich: Die antike Fabel von der Pelikan-Mutter, die ihre Jungen rettet, indem sie sich die Brust aufhackt und sie mit dem eigenen Blute nährt – auch Jesu Blut kam aus einer Wunde seiner Brust (vgl. Hirsch 1997, S. 208f.). Ist Jesus die primäre Mutter, kann sein Tod als ein Resultat einer objektzerstörenden Fantasie des Säuglings aufgefasst werden, wie Weimer (1991) das tut, der den Protagonisten dieser Dynamik in Judas sieht:

> »Und das verschuldet die (in Judas verkörperte) höllische Gier, des die ›blaue Neidesmilch‹ verschlingenden Kindes. Dessen primäre Vitalität ... zerstört das innere Bild der Mutter... Die virtuelle Gemeinde hat den eigenen Neid und die eigene Gier als etwas Böses in die Mutter/Jesus hineinverlegt, was nun zu deren Vernichtung führt« (S. 228).

Weimer folgt hier ganz offenbar den Vorstellungen Melanie Kleins von den todestriebbedingten Aggressionen des Säuglings gegen die Mutterbrust. Dass aber Judas potenziell für alle Sünder, also auch für den Hörer, steht, geht aus der aufgeregten Frage aller elf anderen Jünger hervor: »Herr, bin ich's, bin ich's ...« (Nr. 9 e), elfmal stellt der Chor diese Frage, dreimal im Sopran, dreimal im Alt, dreimal im Tenor; im Bass aber nur zweimal, denn Judas wird durch eine Bass-Stimme repräsentiert (Platen 1991, S. 139). Die Strafe für die todeswunschartige Aggression des Kindes folgt auf dem Fuße, in der *Matthäus-Passion* bebildert durch die ungeheuer dramatische Höllenfahrt im Chor (Nr. 27b): »Sind Blitze, sind Donner in Wolken verschwunden?« Dem Hörer, der sich mit diesem Sünder identifiziert, müssen entsetzliche Schauer über den Rücken laufen bei dem Gedanken: »Was hab' ich da angerichtet«, wie ein Kind, das die Folgen seiner großen Wut auf die Eltern nicht absehen konnte.

Mir ist eine überraschende Parallele zu der dramatischen musikalischen Darstellung paranoider Angst aufgefallen: Mozarts *Don Giovanni* schildert das zerstörerische und selbstzerstörerische Schicksal einer narzisstisch gestörten Persönlichkeit, dessen orale Gier mit einer immensen Aggression gegen eine – wohl ursprünglich traumatisch versagende – Mutter gepaart ist (vgl. Hirsch 1989, S. 150–158; Oberhoff 2004, S. 204). Don Giovanni zerstört und verlässt die Frauen, bevor er entsprechend seiner paranoiden Befürchtung selbst zerstört wird – Judas verrät Jesus, bevor er von ihm verlassen wird. Und Judas wird Jesus geliebt haben, so geliebt, wie Blumenberg (1988) überzeugend darstellt, dass er die Beziehung zu der frommen Frau, die nach neueren Quellen (apokryphes Philippus-Evangelium) Maria Magdalena und Jesu Lebensgefährtin war und Jesus mit dem teuren Wasser Gutes tun wollte, vor Eifersucht nicht ertragen konnte.

Auch bei *Don Giovanni* erzeugt die Musik ein unheimliches Schaudern im Hörer, nicht so dramatisch bewegt wie in Bachs Vertonung der apokalyptischen Gewalten, aber nicht weniger eindringlich-bedrohlich:

> »Der Akkord der frühkindlich-paranoiden Vernichtungsangst schiebt sich vor das *Don Giovanni*, der schaurigen Anrede des Komturs. Wir kennen diese markerschütternde Klanggestalt bereits aus der Ouvertüre sowie aus der Szene der Ankunft des Komturs. Und auch das unwirkliche, schaurig-dämonische Weben der Streicher, das sich jeweils an die Akkorde der paranoiden Vergeltungs- und Vernichtungsangst anschloss, ist wieder präsent. Die Musik übernimmt hier gleichsam eine Erinnerungsfunktion und stellt bereits eine treffsichere Verbindung zur traumatischen lebensgeschichtlichen Ursprungssituation her, während das Bewusstsein noch völlig ahnungslos den fremden Gast [den Komtur, der ihn vernichten wird] willkommen heißt« (Oberhoff 2004, S. 95).

Ist es ein Zufall, dass in beiden Szenen, die durch gerade einmal 60 Jahre getrennt sind, durchgehend bewegte Sechzehntel ein Gefühl von Gebannt-Sein und Nicht-loslassen-Können erzeugt? Und wie Judas bleibt Don Giovanni in der paranoiden Position: »So bringt Don Giovanni sein psychisches Defizit in einer Art Selbstdiagnose in dieser Szene selbst auf den Punkt, indem er feststellt: ›Nicht kenn' ich Buß und Reue‹« (ebd., S. 96). Don Giovanni endet im Schlund der Hölle, Judas durch Selbstmord, denn sein späterer Versuch, die Häscher von Jesu Unschuld zu überzeugen, fruchtet nichts.

Petri bitterliche Tränen dagegen bedeuten Schuldanerkennung und echte Reue, er erreicht anders als Judas die depressive Position, die eine Voraussetzung für Beziehung, den anderen als getrennt sehen und akzeptieren können, für Besorgnis für den anderen (Winnicott 1963) ist und für die Anerkennung eigener Schuld bzw. Verantwortung. Sie ist auch die Bedingung für eine Objektrestitution, für Versöhnung, d.h. für das Weiterbestehen der Beziehung, die so die destruktive Wut überlebt. Deshalb ist das Bekenntnis eigener Schuld in der *Matthäus-Passion* so häufig, denn die Gemeinde oder die gläubigen Seelen wissen, dass sie nur damit in den Genuss der Erlösung kommen, die ja immerhin den Preis des unschuldigen Opfers gekostet hat. Die aufgeregte Frage der Jünger: »Herr, bin ich's« (der dich verrät), die ja die Möglichkeit enthält, dass jeder zum Verräter werden kann, wird mit dem Choral beantwortet: »Ich bin's, ich sollte büßen ...« (Nr. 10) oder: »Du bist ja nicht ein Sünder wie wir und unsere Kinder ...« (Nr. 37); auch: »Ich verleugne nicht die Schuld ...« (Nr. 40).

Dieser letztere Choral folgt auf Petri Tränen und bekräftigt sein Schuldanerkenntnis, mit dem die reuigen Sünder sich identifizieren, die über ihr So-Sein weinen werden wie Petrus und auch der mit ihm identifizierte Hörer – alle werden ihre persönliche Schuld meinen.

Übrigens ist der zentrale Gedanke der Arbeit Weimers (1991), dass die *Matthäus-Passion* simultan zwei Stränge wiedergibt: Der Text handelt von der

Objektzerstörung, während die Musik gleichzeitig die Restitution des Objekts und auch die Wiederherstellung des Subjekts enthält.

Viel bewusstseinsnäher als die Identifikation des Hörers mit Judas scheint mir die Identifikation mit Jesus als dem buchstäblich von Gott und der Welt verlassenen, geopferten Kind. Schon der Eingangschor: »Kommt, ihr Töchter ...« wird von Wolff (2000, S. 325) so verstanden: »Tochter Zion ruft die Gläubigen zum Mitleiden auf«. Diese Aufforderung steht in Moll; der Choral, den Bach noch über alle komplizierte doppelchörige Polyphonie legt, und der auch heute noch oft von Knaben oder Kindern, jedenfalls Unschuldigen, gesungen wird, nämlich »O Lamm Gottes unschuldig« steht in Dur. Ist man trotz der Gewaltigkeit des Chores noch gefasst, fließen spätestens die Tränen beim Einsetzen des Chorals in der Identifikation mit dem unschuldigen Opfer, das letztlich jedes Kind, jeder Mensch in gewisser Weise mehr oder weniger einmal gewesen ist.

Nicht nur Jesus ist verlassen, auch ist der Hörer von ihm verlassen; der Text spricht später vom durch Jesus, durch die Kreuzigung verlassenen Kind, das im kleinen verängstigten Küken gesehen wird, nicht aber ohne vorher die Arme Jesu am Kreuz, des selbst Verlassenen, in Arme zu verwandeln, die die Kinder schützen:

> »Sehet, Jesus hat die Hand,/ uns zu fassen, ausgespannt, kommt! – Wohin? – in Jesu Armen/ sucht Erlösung, nehmt Erbarmen ...
> in Jesu Armen [ganze Note, Extensio].
> lebet, sterbet [ein Bogen mit Sechzehntelnoten abwärts: Grablegung, Katábasis/ Descensus],
> ruhet [halbe Note] hier,
> ihr verlass'nen Küchlein ihr [Paare von Sechzehntelnoten, die wie verwirrte Küken herumirren]
> bleibet [ganze Note] – wo? – in Jesu Armen«. (Nr. 60)

Hier findet sich ein glänzendes Beispiel, wie Bach allein mit den variierenden Notenwerten die für den von der gerade geschehenen Kreuzigung noch erschütterten Hörer kaum begreifbare Gedankensprünge musikalisch unterlegt. Der

Text klingt erst einmal wie eine traumhafte, fast psychotische Realitätsverkennung: Jesus ist doch gerade ans Kreuz genagelt, die Arme sind zwar ausgebreitet, aber fixiert und nicht geeignet, verlassene Kinder zu umfangen. Denn Jesus war doch bisher und ist immer noch verlassen, deshalb kamen doch die Beteuerungen aus der Gemeinde: »Ich will bei meinem Jesu wachen ...« (Nr. 20) oder: »Ich will hier bei dir stehen; ...Von dir will ich nicht gehen, ... als denn will ich dich fassen/ in meinen Arm und Schoß« (Nr. 17).

Die gläubige Seele also will dem bedrängten oder verlassenen Jesus beispringen; das entspräche einer Rollenumkehrdynamik, wie wir sehen werden, die aufgrund der Identifikation nicht mehr zwischen verlassender und verlassener Mutter, nicht zwischen verlassenem Kind und einem Kind, das der Mutter helfen soll und will, unterscheiden kann. Jetzt aber hat Jesus am Kreuz die Arme ausgespannt, das wird natürlich eine Metapher sein für die Erlösung des Gläubigen durch die Kreuzigung; andererseits wird das Bild der »verlassenen Küchlein« verwendet: Das Kind ist verlassen von der Jesus-Mutter, gleichzeitig aber ist das die Bedingung für die Erlösung auf einer anderen Ebene.

Auf der Handlungsebene aber ist Jesus selbst entsetzlich verlassen: »Mein Gott, mein Gott, warum hast du mich verlassen ...« (Nr. 61a), und das unterstreicht Bach auf der musikalischen Ebene: Während sonst die Jesus-Worte immer mit einer dreistimmigen, die Zahl drei symbolisiert die göttliche Natur, Streicher-Begleitung versehen sind, fällt diese hier weg als Zeichen, dass er die Verbindung zu Gott verloren hat, nur noch Mensch ist (Kümmerling 1985, S. 123). Der von Bach ausgesuchte und gleich auf den Tod Jesu folgende Choral unterstreicht die Identität von Christus und Zuhörer, indem Jesu Tod direkt mit dem eigenen verbunden wird: »Wenn ich einmal soll scheiden,/ so scheide nicht von mir ...« (Nr. 62).

Angesichts des Todes Jesu, der erst einmal für das Kind im Hörer ein Verlassen-Werden durch eine Mutter-Figur bedeutet, sind zwei Formen der Identifikation neben der Identifikation mit den Jüngern, besonders mit Petrus und Judas, zu unterscheiden.

Die Identifikation mit einem empörten, Ich-starken Kind, das sich selbstbewusst-aggressiv gegen das Verlassen-Werden wehrt; diese Form ist in dem ganzen Zusammenhang eigentlich nicht denkbar:

Die Identifikation mit dem Aggressor (Ferenczi 1933; Hirsch 1996, 1997): der Aggressor wäre für Jesus Gott, der sein Leben fordert, für die Gemeinde Jesus, der sie verlässt. Diese Identifikation ist eine unterwerfende, die dem Täter Recht gibt und seine Schuld übernimmt, die in eigenes Schuldgefühl verwandelt wird. Ein Kind würde denken: »Die Mutter verlässt mich, weil ich nicht gut war und schuldig bin«. Jesus muss am Kreuz sterben, weil der Mensch sündig ist. Von Jesu Schuld allerdings ist nicht die Rede, und der Mensch ist im Grunde unschuldig-schuldig.

Die zweite Form der Identifikation ist die mit dem verlassenen Kind Jesus, das das gleiche Schicksal hat: Verlassen und geopfert werden, obwohl es primär unschuldig ist. In dieser Identifikation ist der Hörer schon zu Tränen erschüttert, als Jesus nach seiner Gefangennahme alleingelassen wird: »Da verließen ihn alle Jünger und flohen« (Nr. 28).

Ich denke, die meisten Tränen des Hörers fließen in der Identifikation mit dem Vater-Verlassenen; neben dem Schmerz werden sie heimlich Wut und Auflehnung enthalten. Es geht hier nicht wie zuvor um das schuldige Kind, sondern um die Schuld der Eltern an ihren Kindern, und wenn das Wort Schuld zu hart klingen sollte, dann eben milder: Verantwortung. In der Identifikation mit dem verlassenen Jesus erleben wir ihn als Kind, das vom Vater verlassen wurde, unschuldig geopfert wurde. Man kann die Geschichten des Alten Testaments und auch des Neuen mythologisch verstehen, als Metaphern für bestimmte Bereiche der conditio humana: Alle sind wir Kinder von Eltern, alle Menschen sind im Grunde hilflos der Natur gegenüber, die uns entlassen hat aus dem instinktgesteuerten Eingebettet-Sein, und uns damit in gewissem Sinne allein gelassen hat (Vertreibung aus dem Paradies), uns einer Natur gegenübergestellt hat, die wir zerstören müssen, um unser Leben aufzubauen, das Zusammenleben mit anderen Menschen selbst gestalten müssen und uns damit schuldig machen müssen; und das in Kenntnis des Todes, den wir nie wirklich werden begreifen können. Deshalb versuche ich das Passions-Geschehen als Metapher für einen Ausweg aus der nie endenden Schuld des Menschen zu begreifen, aber auch als eine Aussicht auf Minderung unserer Schuld durch ihre Anerkennung mit dem Affekt der Reue, der Schuld unseren Kindern gegenüber, auch eine Möglichkeit, uns mit unseren – schuldigen – Eltern zu versöhnen. Die *Matthäus-Passion* fordert verschiedene Identifikationen auf verschiedenen Ebenen heraus, so dass sie eine Art vorbewussten Erkenntnisgewinn, wenn nicht eine Katharsis bewirkt, gerade auch für den »nachchristlichen« Hörer, den »Ungläubigen« (Blumenberg 1988, S. 246), geht es doch um allgemein kindliche und menschliche Lebensbedingungen: Verlassens-Angst, Schuld, Aggression, Trauer, Versöhnung, Konfrontation mit dem Tod.

Eine Folge der Identifikation mit dem Aggressor ist die sozusagen freudige Annahme der Delegation von Elternfunktionen durch das Kind, das in einer Rollenumkehr für die Eltern sorgen soll und es dann auch will, nicht zuletzt um dadurch beizutragen, dass sie wieder bessere Eltern werden. Das aber wird das Kind nie erreichen, und in der Identifikation mit dieser Aufgabe wird es wegen seines Versagens an ihr weitere Schuldgefühle entwickeln.

Der verlassene, geopferte Jesus ist die leidende Mutter für das Kind, die gläubige Seele. Das Kind will etwas tun, als könnte es das wirklich, um das Leid der Mutter zu mildern, es opfert sich. »Ach, könnte meine Liebe dir,/ mein Heil, dein Zittern und dein Zagen/ vermindern oder helfen tragen,/ wie gerne blieb ich hier« (Nr. 19).

Wenn die Jünger schlafen, folgt die Beteuerung des Gläubigen auf dem Fuße: »Ich will bei meinem Jesu wachen …« (Nr. 20), übrigens mit einem Quartsprung nach oben beginnend, den Schweitzer (1908, S. 598) als Weckruf versteht. Kindlich zuversichtlich in vergleichsweise munterem G-Dur verspricht das Kind, was es ja doch nicht halten kann. Und der Chor versucht sich zu beruhigen: »So schlafen unsere Sünden ein …«, die Schuld des Kindes, die es durch Rollenumkehr wieder gutmachen will. Überhaupt fällt auf, wie oft die Gemeinde, der Sünder, Jesu beispringen will: »Gerne will ich mich bequemen, Kreuz und Becher anzunehmen, trink ich doch dem Heiland nach« (Nr. 23), also Jesu etwas abnehmen, was er doch zu bewältigen hat. Eine ähnliche Willensbekundung findet sich auch im Choral Nr. 17: »Ich will hier bei dir stehen …«

»Ich will dir mein Herze schenken« (Nr. 13) ist ein weiteres Versprechen der gläubigen Seele, die Jesus beistehen will; die Besonderheit ist, dass »das Herz des dankbaren Christen als liebevoll angebotene Heimstatt für den von der Welt abgewiesenen Heiland« (Platen 1991, S. 142) in der geistlichen Dichtung der Zeit verstanden wird. Und zwar sind das wiederum Stellen, an denen der Gläubige beteuert, die Nachfolge Christi anzutreten: »Gerne will ich mich bequemen/ Kreuz und Becher anzunehmen …« (Nr. 23) und »Komm, süßes Kreuz so will ich sagen, mein Jesu, gib es immer her«. (Nr. 57). Übrigens hat der Musikwissenschaftler Kümmerling (1985, S. 115) mitgeteilt, dass Bach sich mit dem Kreuzstab-Tragenden identifiziert habe, denn er habe in der Kreuzstabkantate die anagrammatisch vertauschten Buchstaben seines Namens – HCBA – in Form von Noten in der Bass-Stimme unter die Textstelle »Ich will …« gesetzt. Und weiter heißt es, »dass Bach sich mit eben diesem Anagrámmaton ›HCBA‹ an mehreren Stellen in die [Matthäus-] Passion Christi einbezieht«. (ebd.)

Nach der Geißelungsszene erhält das Herz noch eine andere Bedeutung: die des Opfers:

»Können Tränen meiner Wangen/ nichts erlangen,/ o, so nehmt mein Herz hinein«. Das bedeutet, wenn die Tränen die Folterer nicht aufhalten können, soll es das sich opfernde Herz erreichen.

Das Herz also »als ein(em) Raum, in dem Jesus wohnen oder ruhen soll« (Platen 1991, S. 68), wird dann folgerichtig als »liebevolle Opfergabe« bezeichnet, offenbar in der Identifikation mit dem geopferten Jesus: »Trink ich doch dem Heiland nach …« (Nr. 23). Die Identifikation mit der Opferbereitschaft des »Kindes«, die ich als Rollenumkehr verstehe, lädt den Hörer zum Mit-Trauern angesichts der Tragik ein, die in der Unauflösbarkeit des Konflikts zwischen gutem Willen und der Unfähigkeit, ihn zu realisieren, liegt. Jesus ist empört und traurig, dass die Jünger schlafen und ihn im Stich lassen; aber überfordert er sie nicht wie sorgenvolle Eltern die Kinder, die mit Recht ein durchschnittlich sorgloses Leben erwarten? Die Jünger hatten ja keine Ahnung von Tod und Kreuzigung, sie erwarteten einen triumphalen Empfang in Jerusalem. Und wäre Petrus ein Kind, oder wie ein Kind, wäre es dann nicht zuviel verlangt, wenn er sein Versprechen hielte, dem Herrn bis in den Tod zu folgen? Aber das kindliche Erschrecken, wenn Petrus aus der Unbewusstheit erwacht und realisieren muss, dass er sein Versprechen nicht halten konnte, ruft »bittere« Tränen der Reue und der Scham hervor, weil er mit der Rollenumkehrforderung identifiziert ist.

Interessant ist, dass offenbar die Grenze zwischen der gläubigen Seele, die dem geopferten Jesus zur Seite springen will, und dem erlösenden Christus selbst recht dünn ist, die Grenze also zwischen Mutter und Kind. Im Choralsatz Nr. 17 heißt es: »Wenn dein Herz wird erblassen/ im letzten Todesstoß,/ als denn will ich dich fassen/ in meinen Arm und Schoß«. D.h. das »Kind« will die leidende »Mutter« in den Arm nehmen; gegen Ende der Passion jedoch sollen »die verlassenen Küchlein« wiederum in Jesu Armen Erlösung finden (Nr. 60). Und gleich darauf wieder ein Wechsel der mütterlichen Rolle, gleich nach dem Tod Jesu: »Wenn ich einmal soll scheiden, so scheide nicht von mir …« (Nr. 62).

Die Vertauschbarkeit der Rollen findet ebenso in Nr. 57 statt: »Komm, süßes Kreuz, so will ich sagen,/ mein Jesu, gib es immer her./ Wird mir mein Leiden einst zu schwer,/ so hilfst du mir es selber tragen«.

Die Grenzen zwischen Leidendem und Heilendem, Opfer und Retter, Unschuldigem und Schuldigem, Mutter und Kind sind schwach, die Rollen wechseln. Schließlich ist Jesus auch ein Opfer nicht nur des Vater-Willens, sondern muss sich unterwerfend mit einer Aufgabe identifizieren, die nicht eigentlich die seine ist, sondern die des Vaters, der sie selbst nicht bewältigen kann. Jesus schwankt zwischen der Rolle des Opferlamms und der des Hirten der Schafe.

Ein weiteres Moment, Tränen beim Hören der *Matthäus-Passion* zu weinen, ist die Anerkennung des eigenen Todes. Wenn Heinrich Heine (1829, S. 245) halb ernsthaft, halb spöttisch sagt: »Nur der verwandte Schmerz entlockt uns die Träne, und jeder weint eigentlich für sich selbst«, meint er sicher, dass jeder in dem Menschen oder dem Ereignis, den oder das er beweint, sich selbst identifikatorisch erlebt. So wird man in der Passion auf das Ende des eigenen Lebens hingewiesen, und sich dem Gesetz des Lebens, das ein Ende haben muss, fügen müssen. Mit Christus blickt der Hörer in den Abgrund der Hölle, des Hades kann man auch sagen, und ich finde den Zusammenhang mit dem Orpheus-Mythos nicht zu künstlich hergestellt, handelt doch auch dieser von der Auflehnung gegen den Tod, die sich in einem (Trauer-) Prozess in seine Anerkennung wandelt (vgl. Haas 1990). Anerkennung des Todes, soweit das überhaupt mit den beschränkten kognitiven Mitteln des Menschen zu erreichen ist, bedeutet für mich die Anerkennung des Lebens. Indem man sein Ende begreift, akzeptiert man auch das nicht mehr veränderbare Leben, seinen Anfang auch, der ja ein Ende des intrauterinen Paradieses war, und ebenso den Verlust des »Primärobjekts«, überhaupt die im Lebenslauf notwendigen Trennungen. Leikert (2001) bezieht sich auf die Akzeptierung des Verlusts, die durch die Musik erleichtert oder überhaupt erst möglich wird: Die Hadesfahrt des Musikerlebens lässt sich als eine doppelte Bewegung begreifen:

> »Zunächst suggeriert die Musik, wieder den Zugang zum verlorenen Objekt zu eröffnen und ergreift uns in unserer Körperlichkeit, wie weder Sprache noch Bild es vermögen. Dann aber ermöglicht sie es, den Verlust des primären Objekts zu erleben und zu ertragen. In der Musikerfahrung rücken diese Momente zuweilen in eins. In einer plötzlichen Ergriffenheit ist es, als spüre man die unverbrüchliche Nähe des Verlorenen, in die Evidenz des Wiederfindens mischt sich jedoch der Schmerz des sicheren Verlusts« (S. 59).

An anderer Stelle heißt es: Musik »kann ... auch das primäre Objekt aufrufen, um es als verlorenes zu beweinen; erst dadurch begütigt sie den Trauernden« (ebd., S. 59). Ich denke, man kann eine derartige Funktion der Musik auch auf den Verlust des Lebens und damit seinen ebenso unbegreiflichen Anfang beziehen – die Musik Bachs hält dem Hörer sowohl seinen Tod vor Augen, als sie ihm auch eine Art Trost, ein Sinngefühl gibt, jedenfalls für einen Moment das Gefühl, in eine höhere Ordnung eingebettet und nicht allein zu sein: »Der zum Weinen Entlassene zweifelt an diesem Tode nicht. Mehr braucht er nicht, um angesichts des seinen getröstet zu sein« (Blumenberg 1988, S. 236). Was Haesler (1993, S. 396) über Schuberts *Winterreise* schreibt, unterstreicht und bestätigt, was ich in Bezug auf die *Matthäus-Passion* empfunden habe:

> »Mit einer unendlich verzweiflungsvollen, Hoffnungslosigkeit benennenden und damit zutiefst erschütternden und in der tiefsten, verzweifelten Erschütterung auch tröstend werdenden Musik, mit seiner Kunst und durch seine Kunst, hält er so die einzig uns mögliche Antwort auf diese Verzweiflung bereit, nämlich, den Tod ... als eine Wirklichkeit unseres Lebens anzuerkennen und in unser Leben hineinzunehmen«.

Darin wird der Trost liegen; aber wie die Musik, die flüchtig ist in der Zeit, hält er nicht lange vor, und so wird man sich ein Ritual schaffen, in dem man sich jedes Frühjahr in den Abgrund dieser Passions-Musik Johann Sebastian Bachs – und wieder hinaus – begibt.

Literatur

Adorno, Theodor W. (1928): Schubert. In: Musikalische Schriften. Moments musicaux, 18–36. Frankfurt/M. (Suhrkamp).

Blumenberg, Hans (1988): Matthäus-Passion. Frankfurt/M. (Suhrkamp).

Ferenczi, Sándor (1933): Sprachverwirrung zwischen den Erwachsenen und dem Kind. Bausteine zur Psychoanalyse III. Bern, Stuttgart, Wien (Huber), 2. Aufl. 1964, 511–525.

Haas, Eberhard T. (1990): Orpheus und Eurydike. Vom Ursprungsmythos des Trauerprozesses. Jb. d. Psa. 26, 230–252.

Haesler, Ludwig (1993): Franz Schuberts Winterreise: Zur Dynamik der psychoanalytischen Entwicklung und ihrer musikalischen Realisierung. In: Gutwinski-Jeggle, J. & Rotmann, J. M. (Hg.): »Die klugen Sinne pflegend«. Tübingen (edition diskord), S. 379–397.

Heine, Heinrich (1829): Die Bäder von Lucca. Heines Werke in fünf Bänden. Berlin, Weimar (Aufbau-Verlag) 1976.

Henze, Hans Werner (1983): Diese Musik vergibt uns armen Teufeln. Dankrede zur Verleihung des Bach-Preises der Stadt Hamburg 1983. Die Zeit Nr. 44, 28.10.1983.

Hermann, Imre (1970): Perversion und Hörwelt. Psyche – Z. Psychoanal. 24, 827–840.

Hirsch, Mathias (1989): Mütter und Söhne – Formen von Männlichkeit im Licht der Mutter-Sohn-Beziehung. In: Pflüger, P. M. (Hg.): Der Mann im Umbruch. Patriarchat am Ende? Freiburg i. Br. (Walter), S. 145-173.

Hirsch, Mathias (1996): Zwei Arten der Identifikation mit dem Aggressor – nach Ferenczi und nach Anna Freud. Praxis Kinderpsychol. Kinderpsychiat. 45, 198–205.

Hirsch, Mathias (1997): Schuld und Schuldgefühl – Zur Psychoanalyse von Trauma und Introjekt. Göttingen (V&R).

Hirsch, Mathias (2004): Psychoanalytische Traumatologie – Das Trauma in der Familie – Psychoanalytische Theorie und Therapie schwerer Persönlichkeitsstörungen. Stuttgart (Schattauer).

Klausmeier, Ruth-Gisela (1986): Der Mythos von Orpheus – Versuch einer psychoanalytischen Interpretation. Jb. d. Psa. 18, 177–194.

Kümmerling, Harald (1985): Seht! – Wohin? – Sehet! – Was? Passio Domini Nostri Jesu Christi secundum J. S. Bach. Fusa 18, 144–148.

Langer, Susanne (1965): Philosophie auf neuem Wege. Das Symbol im Denken, im Ritus und in der Kunst. Frankfurt/M. (Suhrkamp) 1984.

Leikert, Sebastian (2001): Der Orpheusmythos und die Symbolisierung des primären Verlustes – genetische und linguistische Aspekte der Musikerfahrung. Psyche – Z. Psychoanal. 55, 1287–1306.

Leikert, Sebastian (2003): Die Stimme als Geliebte – zur Transformation früher Beziehungsengramme in Musik. In: Oberhoff, B. (Hg.): Die Musik als Geliebte – Die Musik als Selbstobjekt. Gießen (Psychosozial-Verlag), S. 63–79.

Maiello, Suzanne (1999): Das Klangobjekt. Über den pränatalen Ursprung auditiver Gedächtnisspuren. Psyche – Z. Psychoanal. 53, 137–157.

Oberhoff, Bernd (2004): Wolfgang Amadeus Mozart – Don Giovanni. Ein psychoanalytischer Opernführer. Gießen (Psychosozial-Verlag).

Oberhoff, Bernd (2005): Die fötalen Wurzeln der Musik. In: Oberhoff, B. (Hg.): Die seelischen Wurzeln der Musik – Psychoanalytische Erkundungen. Gießen (Psychosozial-Verlag), S. 41–63.

Platen, Emil (1991): Johann Sebastian Bach. Die Matthäus-Passion. Kassel (Bärenreiter) 3. Aufl. 1999.

Poos, Heinrich (1985): Bachs Theologia crucis in nuce und die Matthäus-Passion. Fusa 18, 148–164.

Racker, Heinrich (1951): Ein Beitrag zur Psychoanalyse der Musik. In: Oberhoff, B. (Hg.): Psychoanalyse und Musik. Eine Bestandsaufnahme. Gießen (Psychosozial-Verlag) 2002., S. 127–156.
Schweitzer, Albert (1908): Johann Sebastian Bach. Leipzig (Breitkopf u. Härtel) 1947.
Volkan, Vamik D. (1972): The linking objects of pathological mourners. Arch. Gen. Psychiat. 27, 215–221.
Weimer, Martin (1991): »Wir setzen uns mit Tränen nieder …« Die Zerstörung des Objekts und die Wiederherstellung des Subjekts – pastoralpschologische Gedanken zur Matthäus-Passion von J.S. Bach. Wege zum Menschen 43, 222–238.
Winnicott, Donald W. (1963): Die Fähigkeit zur Besorgnis (concern). In: Winnicott, D. W. (1965): Reifungsprozesse und fördernde Umwelt. München (Kindler) 1974, S. 93–105.
Wolff, Christoph (2000): Johann Sebastian Bach. Frankfurt/M. (Fischer).

Die Subjektivierung des Urkonflikts in der Passion und der bürgerlichen Oper – Die kinetische Semantik und ihre Inszenierung

Sebastian Leikert

Einleitung

Die Frage, wie das Musik-Text-Verhältnis zu denken sei, hat Kontroversen auf den Plan gerufen. Nahe liegend ist das Bild, die Musik als eine Vertonung des Textes anzusehen. Die Funktion der Musik würde sich dann in einer emotional wirksamen Ausdeutung des Textes erschöpfen. Im Bereich der Psychoanalyse hat etwa Haesler diese Position vertreten und von einer musikalischen »Realisierung« des Textes gesprochen (Haesler 1993, S. 380). In diesem Beitrag möchte ich eine andere Position formulieren, nämlich die, dass der Text die Musik interpretiert.

Diese Position finden wir etwa bei Dolar formuliert, wenn er schreibt: »In der Oper begibt sich die Musik in ein selbstreflexives Verhältnis – sie führt ihre eigene Repräsentation auf« (Dolar 2001, S. 20). Er greift damit einen Gedankengang von Kierkegaard auf, den dieser in seinem Essay über das Sinnlich-Geniale – so bezeichnet Kierkegaard die Musik – entfaltet. Hier beschäftigt sich Kierkegaard mit Mozarts *Don Juan*, in welchem er die Vollendung der Oper erblickt. Das Gelingen einer Oper leitet Kierkegaard daraus ab, dass Musik und Inhalt in ein Verhältnis der Entsprechung zueinander treten.

> »... ein Werk aber nur bleibt, von dem man sagen kann, seine Idee sei absolut musikalisch, dergestalt dass die Musik nicht als Begleitung hinzutritt, sondern sich in der Offenbarung der Idee zugleich ihr eigenes Wesen offenbart« (Kierkegaard, 1843, S. 70).

Die Qualität einer Oper sucht der Philosoph »in nichts anderem ... als in dem absoluten Verhältnis zwischen Idee, Form, Stoff und Medium« (ebd., S. 87).

Die Musik steht in dieser Auffassung am Ursprung des dramatischen Geschehens: prima la musica also.

Diese Auffassung beruht auf einem Perspektivwechsel. Es wird nicht mehr nach den Einzelheiten der Musik gefragt, sondern nach ihrem Wesen. Auf der Ebene der Einzelidee ist Musik Vertonung: dem Opernkomponist wird ein Libretto vorgelegt, und er erfindet die Musik dazu. Tritt man jedoch zurück und fragt, welche Stoffe, welche Szenarien überhaupt vertont werden, welche Opern im Repertoire bleiben und uns beeindrucken, so lässt sich durch viele Einkleidungen hindurch ein dramatischer Kern erkennen, der sich wiederholt. Und dieser dramatische Kern, so meine These, korrespondiert mit der Struktur der Musik. Er repräsentiert ihr inneres Drama, die Musik führt sich hier, wie Dolar sagt, selbst auf.

In der Struktur der Musik, in ihrer formalen Beschaffenheit, liegt ein Thema oder Konflikt beschlossen, der uns ergreift und für den wir einen Ausdruck suchen, um ihn stets erneut zu bewältigen. Für diesen Grundkonflikt sucht die Musik, dort, wo sie zu Sprache in Verbindung tritt, eine Entsprechung in einem darstellbaren szenischen Stoff. Die Oper oder die Passion verstehe ich damit als eine Interpretation des Urkonflikts der Musik. Damit ist zunächst aber zu fragen, was die Musik überhaupt ist.

Musik ist bedeutsam. Für die besondere Form der Bedeutungsbildung der Musik möchte ich einen neuen Begriff vorschlagen, nämlich den der *kinetischen Semantik*. Dieser Begriff charakterisiert zugleich die Musik und die früheste Form der Erfahrungsbildung. Damit kann der Gedankengang in drei Abschnitte gegliedert werden.

Zunächst soll das Wesen der Musik mit dem Begriff der kinetischen Semantik bestimmt werden. Ich werde diesen Begriff aus Konzepten von Tustin, Ogden und Stern ableiten und deutlich machen, wo sich meine Überlegungen von den genannten Autoren unterscheiden.

Dann soll der Zusammenhang zwischen der kinetischen Semantik und dem Orpheusmythos dargestellt werden. Die innere Spannung der Musik wurde vom mythischen Denken des antiken Griechenland im Orpheusmythos dargestellt. Der Sänger Orpheus versinnbildlicht den Urkonflikt, der in der Musik beschlossen ist.

Schließlich wird das Thema des Orpheusmythos, das ich als eigenständiges Thema neben den beiden anderen Themen des Narziss- und des Ödipusmythos sehe, die Verbindung zur Passion und zur Oper gebracht. Es wird in diesem dritten Abschnitt darum gehen, zu zeigen, wo inhaltliche Parallelen zu erkennen sind und dann darzustellen, welche Unterschiede hier zu erkennen sind. Hier wird es mir um das gehen, was ich als Subjektivierung bezeichne, also um die Frage, wie das Subjekt den Urkonflikt abwehrt oder annimmt. Es geht also um die eher archaische oder humane Form, in welcher der Konflikt verarbeitet wird.

1. Die kinetische Semantik

1.1. Der Gegenwartsmoment nach Daniel Stern

Wenn wir uns der Sprache der Musik zuwenden, finden wir eine Sprachlichkeit oder Semantik, also eine Art, Bedeutung zu organisieren. Die Semantik der Musik entwächst dem zeitlichen Strom des erlebten Augenblicks. Um diese Semantik zu beschreiben brauchen wir andere Parameter als diejenigen, die Freud oder auch Lacan zur Analyse sprachlicher Strukturen entwickelt haben.

Wenn wir uns der Musik zuwenden, so können wir zunächst erkennen, dass es sich um ein System handelt, dessen Elemente sich aus kleinen zeitlichen Einheiten zu einer zeitlichen Gestalt zusammensetzen. Mit Daniel Stern finden wir einen psychoanalytischen Forscher, der genau hier ansetzt. In seinen klassischen Säuglingsbeobachtungen beschreibt er Einheiten von Erleben und Verhalten, und er zeigt, dass sich Mutter und Säugling in kleinsten zeitlichen Einheiten aufeinander abstimmen. Eine Widerspiegelung dessen hat Bernd Oberhoff in diesem Band in den Madrigalen des Frühbarock wiederentdeckt (Oberhoff 2007). Stern (1985) hat zur Beschreibung dieser Interaktion den Begriff der »Vitalitätsaffekte« vorgeschlagen, der weithin akzeptiert ist. Stern bringt darin auf den Begriff, dass die emotionale Kommunikation stets einer bestimmten zeitlichen Form von Anschwellen, Höhepunkt und Verklingen folgt.

In seinem neuen Buch überträgt Stern (2005) dieses Konzept auf das Erwachsenenleben und zeigt, dass sich Bewusstsein und Erleben in zeitlichen Einheiten von durchschnittlich drei Sekunden organisieren, die einen ähnlichen zeitlichen Verlauf haben. Dies bezeichnet er als den »Gegenwartsmoment«. Aus den verschiedenen Sinneseindrücken – aus Wahrnehmungen, Gedanken und Emotionen wird in solchen kleinsten Einheiten des Erlebens eine zeitliche Gestalt synthetisiert, die eben jenen Verlauf von Beginn, Höhepunkt und Ausklang hat. Ein erstes Moment, das wir mit Stern festhalten können, ist der Umstand, dass die Gestalt des Erlebens *transmodal* ist, also verschiedene Sinneskanäle und Gedächtnissysteme umfasst. Die zeitliche Gestalt des »Vitalitätsaffekts« ist eine Legierung aus unterschiedlichen Bereichen.

Stern macht deutlich, dass die drei Sekunden, die nach seinen Forschungen der »Gegenwartsmoment« durchschnittlich dauert, mit den natürlichen Einheiten der Sprache, der Bewegung, vor allem aber auch der Musik korrespondieren.

> »Der Gegenwartsmoment ... schreitet die mentale Bühne langsam ab und nimmt sich etliche Sekunden Zeit, um sich zu entfalten. Aber während der Gegenwartsmoment über die Bühne schreitet, vollzieht sich ein gelebtes emotionales Drama,

dessen Exposition wie eine verklingende musikalische Phrase eine zeitliche Gestalt hinterlässt« (Stern 2005, S. 23).

Auf den Zusammenhang von Musik und den »Vitalitätsaffekten« hat Haesler (2002) hingewiesen. Bezüglich des Zusammenhangs von Musik und »Vitalitätsaffekten« geht Stern sogar davon aus, dass sich in der Musik das symbolische Geschehen, also das reale Erklingen von Noten, perfekt mit dem Erleben, also mit den »Vitalitätsaffekten« synchronisiert.

> »Manche Denker haben die Ansicht vertreten, dass die Gestalt der musikalischen Phrase erst evident wird, wenn die Phrase selbst verklungen ist und vom Hörer innerlich rekapituliert wird. Wenn das zuträfe, würden wir nie irgendetwas hören« (ebd., S. 48).

Auf diesen Punkt der Getrenntheit oder Einheit zwischen Erleben und Symbol werden wir noch zurückkommen.

Die beiden Aspekte der kinetischen Semantik, die wir mit Stern erkennen, sind die transmodale Ausrichtung des Erlebens und der rasche Aufbau von Bedeutung in der primären sinnlichen Organisation des Erlebens.

1.2. Das autistische Objekt nach Francis Tustin

Die Stärke von Stern ist es, seine Konzepte auf der Höhe von Philosophie und empirischer Forschung zu entwickeln, leider ist die Verbindung zur psychoanalytischen Diskussion oft nicht sehr eng. Wenn wir hier nach Autoren Ausschau halten, so stoßen wir auf Francis Tustin, deren Überlegungen zum autistischen Objekt von Interessen sind. Tustin (1989) beschreibt zunächst eine Phase der

> »*Autosensualität* ... Auf dieser frühen Stufe bereitet die Erfahrung mit körperzentrierten ›Empfindungsobjekten‹ und einer Mutter, die als ein solches zum eigenen Körper gehöriges ›Empfindungsobjekt‹ betrachtet wird, das Kind auf seine späteren Beziehungen zu ›Nicht-Selbst-Objekten‹ vor, die es als unabhängig vom eigenen Körper erfährt und denen sich anzupassen es lernen muss« (S. 15).

Tustin beschreibt also einen Zustand der körperlich sinnlichen Verbundenheit mit dem mütterlichen Objekt, bei dem noch keine Getrenntheit erlebt wird. Grundlegend ist also die Bezogenheit auf »Empfindungsobjekte« und nicht das Getrennt-Sein.

Autismus entsteht nun, wenn zu einem Zeitpunkt, zu dem noch kein hinreichend integriertes Selbst vorhanden ist, »ein quälendes Bewusstsein des ›Nicht-Selbst‹« einbricht (S. 15). Das Kleinkind sucht jetzt nach einer Möglichkeit, sich durch selbst ausgelöste Empfindungen (Schaukeln, ein hartes Objekt festhalten) in seinem Erleben Halt zu geben. Tustin beschreibt mit dem »autistischen Objekt« eine Form der Objektbildung, die von bisherigen psychoanalytischen Konzepten abweicht.

Beim autistischen Objekt geht die Bedeutung des Objekts nicht von einer Fantasie über eine Beziehung zu ihm aus, sondern von dem unmittelbar verspürten Eindruck, den ein konkreter Gegenstand in der Sinneswelt hinterlässt. Tustin spricht deshalb auch von »Empfindungsobjekten« (S. 15). Wesentlich ist nicht das Objekt selbst oder die ihm zugeordnete symbolische Bedeutung, sondern die von ihm ausgelöste sensorische Veränderung. Charakteristisch für ein autistisches Kind ist etwa das starre Festhalten eines Modellautos, wobei es nicht um die Vorstellung geht, mit dem Auto fahren zu können. Entscheidend im »autosensuellen« Modus (Tustin 2005) ist das Gefühl der Härte und Schärfe, das durch das Festhalten des Autos ausgelöst wird und das dem autistischen Subjekt die Empfindung von Rückhalt und Dauerhaftigkeit vermittelt. In der Sprache Sterns ausgedrückt dient das »autistische Objekt« also dazu, eine Kette von »Gegenwartsmomenten« zu gestalten, die um immer wiederkehrende Sinneseindrücke zentriert und damit absolut berechenbar ist. Diese Kette von selbst erzeugten Sinneseindrücken versperrt die Begegnung mit dem anderen und den Zugang zu kulturell geteilten sprachlichen Symbolen.

Mit Tustin kann man also hinzufügen, dass die kinetische Semantik nicht durch Fantasien strukturiert ist, sondern aus der inneren Organisation der Elemente des sinnlichen Erlebens eine bedeutsame Ordnung aufbaut.

1.3. Die autistisch-berührende Position nach Thomas Ogden

Es ist Ogdens Leistung, diesem sinnlich dominierten Bereich einen systematischen Ort in der psychoanalytischen Theorie gegeben zu haben. Ogden beschreibt die menschliche Erfahrung als »das Resultat eines dialektischen Zusammenspiels dreier unterschiedlicher erfahrungsbildender Modi ... des depressiven, des paranoid-schizoiden und des autistisch-berührenden« (Ogden 1995, S. 9). Unter der autistisch-berührenden Position versteht er, in Weiterentwicklung der Gedanken von Tustin, einen »sensorisch dominierten Modus, bei dem sich ein Selbstgefühl in seinen allerersten Anfängen durch den Rhythmus der Sinneswahrnehmungen bildet, insbesondere durch Sinneseindrücke der Hautoberfläche« (ebd., S. 31). Er beschreibt charakteristische Formen der Identifizierung, Abwehr und Angst, die sich in spezifischer Weise von späteren Formen unterscheiden. Vor allem aber betont Ogden, dass diese Modalität der Erfahrungsbildung primär, aber nicht primitiv ist, sondern, insbesondere in künstlerischen Ausdruckformen, eine lebenslange Entwicklung und Kultivierung erfährt. So ist Ogden (2004) fasziniert von der klanglichen Subtilität der Sprache des Gedichts. Überhaupt nähern sich Ogdens Gedanken in der letzten Zeit musikalischen Parametern an (vgl. Leikert in diesem Band).

1.4. Die kinetische Semantik – Ein Konzept für eine frühe Form der Sprachlichkeit

Wenn ich nun den Begriff der kinetischen Semantik vorschlage, verstehe ich dies als einen Versuch, eine frühe, archaische Form oder Sprache des Erlebens auf den Begriff zu bringen. Im Bereich des Archaischen organisiert sich das Erleben in kleinen aktuell sich vollziehenden Atemzügen des Erlebens.

Ich spreche deshalb von einer Sprache, da das Erleben immer etwas anderes, ein Objekt, einen Gegenstand oder eben einen musikalischen Klang braucht um sich zu strukturieren. Die Musik steht der kinetischen Semantik als Kunstform nahe, da sie sich ebenfalls in Zeitgestalten organisiert und in sich selbst Bewegung, also Kinetik ist.

Was zeichnet die kinetische Semantik aus?

1. Zunächst entsteht die kinetische Semantik aus dem Rhythmus des Zusammenspiels von Wahrnehmung und Erleben. Sie ist sinnlich strukturiert und integriert unterschiedliche Quellen der Sinneswahrnehmung. Insbesondere aber werden Stimme und Körpererleben synchronisiert (Buchholz 2006).
2. Dies bedeutet, dass die kinetische Semantik sich stets in der Aktualität entfaltet. Sie ist eine Organisation der erlebten Zeitlichkeit und strukturiert den Zeitablauf vor allem durch zeitliche Gestalten mit einer charakteristischen Kontur.

Die kinetische Semantik ist jedoch auch strukturbildend. Die charakteristische Kontur etwa der mütterlichen Stimme ist in einem autonomen Gedächtnis, dem prozeduralen oder impliziten Gedächtnis niedergelegt, auch für Musik entwickelt man ein Gedächtnis. Dieses Gedächtnis kann jedoch nicht durch eine Vorstellung oder ein Wort aktiviert werden, sondern nur durch eine aktualisierte Zeitgestalt. Das Festklammern des Modellautos etwa, von dem Tustin spricht, repräsentiert das Gedächtnis an den Zusammenbruch der Mutterbeziehung und seine Verarbeitung durch das Sich-Klammern an ein »autistisches Objekt«. Das Struktur gewordene Ereignis ist aber eben nicht durch eine Beziehungs-Fantasie oder eine sprachliche Erinnerung zugänglich, sondern durch eben diese Zeitgestalt, die immer wieder aus der Verbindung mit dem Modellauto und den von ihm ausgelösten Empfindungen entsteht.

Der letzte Punkt betrifft das Verhältnis zum Objekt. Wie bereits gesagt, braucht das Erleben in der kinetischen Semantik oder, nach dem Begriff von Ogden, in der autistisch-berührenden Position, etwas Äußeres, ein Objekt. Aber dieses Objekt wird eben nicht in seiner Getrenntheit wahrgenommen, es ist, mit dem Begriff von Tustin, ein »Empfindungsobjekt«. Das Objekt wird von der Gestalt des Erlebens ganz und gar vereinnahmt, es verschwindet in der Legierung des »Gegenwartsmoments«.

Wir verstehen jetzt: die ständig verschwimmende Grenzen zwischen Selbst und Objekt oder zwischen Musik und Erleben hängt damit zusammen, dass innerhalb der kinetischen Semantik noch keine stabilen Symbole gebildet wurden, die dem Objekt seine Eigenständigkeit sichern. Insbesondere die Musik spielt virtuos mit der Möglichkeit der Verschmelzung, aber auch mit dem Sich-Abheben von der Verschmelzung.

2. Die kinetische Semantik und der Orpheusmythos

Betrachten wir nun den Zusammenhang der kinetischen und der lexikalischen Semantik. Wir folgen der These, dass in der Struktur der kinetischen Semantik bzw. der Struktur der Musik ein Drama zu erkennen ist, dass sich in den szenischen Stoff projiziert, den wir in der Oper, der Passion oder zunächst im Mythos wiederfinden können. Es geht jetzt um diesen Umschlag von der *Form* in den *Inhalt*, von der *Struktur* der Musik in die *Inhaltlichkeit* des Mythos, speziell des Orpheusmythos.

Der Gegenwartsmoment, also die archaische noch nicht von der Sprache bestimmte unmittelbare Form, die das Erleben annimmt, ist, so haben wir mit Stern erkannt, eine Legierung verschiedener Wahrnehmungen zu einer Gestalt. Dabei wird das Objekt gleichsam ins Erleben eingeschmolzen. Die »Mutter, … (wird) als ein solches zum eigenen Körper gehöriges ›Empfindungsobjekt‹ betrachtet« (Tustin 1989, S. 15).

Nun ist die Mutter aber keineswegs ein folgsamer Trabant des Erlebens des Säuglings, sondern hat durchaus ihre eigenen Umlaufbahnen. Beispielsweise unterhält sie in Liebe und Konflikt eine Beziehung zu ihrem Partner. Wir erkennen das Drama des Orpheus: Eurydike stirbt. Doch halt, sie stirbt eigentlich gar nicht, sondern wird erst durch ihre Abwesenheit überhaupt bemerkt. Eurydike hat im Mythos keine erkennbare Gestalt. Der Mythos erfindet gerade einmal eine Todesursache für Eurydike, nämlich ein Schlangenbiss, der sich anlässlich der sexuellen Nachstellung durch einen anderen Mann ereignet. Durch einen anderen Mann, in welchem man durchaus den von der Mutter begehrten Vater erkennen kann. Ansonsten ist die Rolle der Eurydike stumm.

Eurydike erscheint als Objekt erst durch ihre Abwesenheit, vorher wurde sie in der Tat als ein zum eigenen Körper gehörendes »Empfindungsobjekt« wahrgenommen, bzw. in die Gestalt des Erlebens eingeschmolzen.

Das Drama des Orpheus entfaltet sich nun aus dem Versuch, das Verlorene wiederzuerlangen. Das Mittel der Suche ist bekannt, es ist die Musik, mit der Orpheus den Hades zu bezwingen versucht. Mit Stern können wir jetzt genau den Mechanismus angeben, der die Musik dazu disponiert, diese Suche nach dem Verlorenen zu tragen. Die Parallele der Musik zur zeitlichen Form des Gegenwartsmoments und ihre Möglichkeit, sich ihm vollkommen anzuschmiegen disponiert sie zu dieser Aufgabe.

An anderer Stelle habe ich von der mimetischen, also nachahmenden Symbolisierung der Musik gesprochen (Leikert 2005) und herausgearbeitet, dass die Musik die erlebten inneren Spannungen nachahmt. Inzwischen möchte ich zwei Aspekte hinzufügen, nämlich zunächst, dass das Erleben überhaupt und nicht nur das Erleben der inneren Spannung eine musikanaloge Form hat. Dies ist der Gesichtspunkt, den ich von Stern übernehme.

Daneben scheint mir die Stimme von besonderer Bedeutung zu sein. Die Stimme ist ja die erste Form, in der der noch ungeborene Mensch dem Objekt begegnet, auch wenn er das Objekt Stimme noch nicht als von sich getrenntes Objekt wahrnehmen kann. Selbst über eine Stimme zu verfügen und sich mit dieser Stimme auf die Suche nach dem Verlorenen aufzumachen, beinhaltet also bereits eine Introjektion der Stimme, eine Introjektion des Verlorenen. In diesem Sinne stimme ich Haas zu, der im Orpheusmythos das Grundparadigma des Trauerprozesses sieht (Haas 1990).

Die Musik verstehe ich also nicht als urwüchsigen Ausdruck des archaischen Erlebens, sondern als kunstvolles Mittel, sich dem archaischen Erleben anzunähern und dabei die Zügel in der Hand zu behalten. Der Orpheusmythos zeigt nicht das Archaische, sondern den Versuch, das Archaische mit den Mitteln des Archaischen, also mit Hilfe der kinetischen Semantik, zu beherrschen.

Orpheus ist ja kein schreiendes Baby, das froh sein kann, wenn die Mutter sich herbeilässt, ihn zu beruhigen. Orpheus ist eine machtvolle Figur, ein Künstler, der es versteht, mit seiner Kunst als einziger Sterblicher neben Odysseus Einlass in den Hades zu finden. Er ist der Sterbliche, dem etwas Unmögliches gelingt, nämlich die Begegnung mit dem verlorenen Objekt und die Freigabe des verlorenen Objekts.

Dieses Verlieren, Wiederfinden und Wiederverlieren des Objekts vollzieht sich in der Musik durch die Ritualisierung der Zeit. Durch die Berechenbarkeit der musikalischen Wiederholung wird ein tranceartiger Zustand der zunehmenden Synchronisierung von musikalischer Gestalt und Erlebensgestalt möglich. Insbesondere das transmodale Element der kinetischen Semantik spielt hier eine Rolle. Durch die ritualisierenden Elemente der Musik – den Rhythmus, die Wiederholungen des Themas etc. – können die unterschiedlichen Elemente der kinetischen Semantik sich zunehmend koordinieren. Stimme und Körperlichkeit – archaisches Objekt und archaisches Selbst – werden immer kongruenter. Es resultiert das Empfinden, die Lücke zum Objekt schließen zu können: Das Empfindungsobjekt kehrt aus der Verlorenheit zurück und wird wieder Teil des eigenen Körperschemas.

Die von der Musik ausgehende Verführung in dieser Richtung ist offenbar so groß, dass es zuweilen zu einem Kollaps des theoretischen Denkens über die Musik kommt. Wenn Haesler z.B. ausführt, die musikalisch dynamischen Elemente und die Charakteristika der präverbalen affektiven Modi der Kommunikation seien »isomorph« (Haesler 2002, S. 412), so gehe ich mit. Beides sind Gestalten in der Zeit, die sich durch Ritualisierung sehr weitgehend synchronisieren können. Wenn Haesler dann aber über sich hinauswächst und emphatisch behauptet, »affektive Semantik und musikalische Semantik ... [seien] letztlich miteinander identisch« (ebd., S. 413), so scheint mir, er sitze den Verlockungen der Sirene Musik auf, sein theoretisches Denken erleide Schiffbruch.

Nein, Eurydike lässt sich nicht festhalten und besitzen. Eurydike ist kein Name für das Verlorene, aber doch ein Name für das nur momentan Erreichbare einer Intensivierung und Entgrenzung des Erlebens. Diese Entgrenzung bedeutet aber keinesfalls eine Gleichschaltung von Musik und Erleben. Wäre die Musik identisch mit der Emotion, so wäre das Subjekt vollkommen ausgelöscht. Auch intensives Musikerleben ist keine Gleichschaltung. Fragt man drei Hörer, die ein Konzert genossen haben, so ist das resultierende Erleben keinesfalls identisch.

Der Orpheusmythos lebt aus der Dramatik von Verlieren, Wiederfinden, Wiederverlieren und Symbolisieren. Orpheus vermag es nicht, Eurydike aus dem Hades zu führen. Das mythische Denken ist sich der Getrenntheit zum Objekt bewusst. Es kommt zu einer Aufgabe des Verschmelzungswunsches – im Mythos nicht nur zum Verloren-Geben der Eurydike, sondern auch zum Tod des Orpheus selbst – und zu einem Symbolisieren dieses Verlustes. Die doppelte Realität der Musik kommt im mythischen Symbol der Lyra zum Ausdruck. Die Lyra ist, als Musikinstrument, einerseits Medium der Verwirklichung des Verschmelzungswunsches, die Lyra ist andererseits als Sternbild kaltes und unsterbliches Symbol des Verlustes.

3. Der Urkonflikt und seine Subjektivierung

Der letzte Punkt meiner Überlegungen betrifft die Frage der Subjektivierung des Urkonflikts in Passion und Oper. Das Drama des Orpheus bezeichne ich als den menschlichen Urkonflikt. Was ist damit gemeint?

Wir müssen ein abgegrenztes und kohärentes Selbst werden, das sich von anderen unterscheidet und sie teilweise zurückweist – dies ist das Thema des Narzissmythos. Wir kommen nur zu uns selbst, wenn wir die Verstrickung mit unseren Eltern und Voreltern klären – dies ist das Thema des Ödipusmythos. Vorgängig aber müssen wir uns aus der primären Fusion lösen und ertragen und symbolisieren, dass wir nicht in einer paradiesischen Fusion leben, sondern auf einem recht konfliktreichen Planeten – dies ist das Orpheusthema.

Wir hören nicht auf, die primäre Verbundenheit zu suchen. Immer erneut laufen wir Sturm gegen die Pforten des Hades, aber da ist nichts zu machen, wir sind Vertriebene, vertrieben in die Offenheit des Seins und das Abenteuer der subjektiven Erfahrung. Der Urkonflikt ist niemals bewältigt. Er insistiert und wird immer wieder durchlebt. In jeder neuen Bindung suchen wir die verlorene Einheit.

Es wäre auch falsch, diese Antinomie auflösen zu wollen. Den Urkonflikt in eine Richtung zu vereindeutigen, hieße, sich aufzugeben. Der Orpheusmythos ist eine Grundformel für das menschliche Begehren überhaupt, für die Suche nach dem Unmöglichen und dem Schaffen von Symbolen auf dem Weg, den das Begehren weist.

Der Bewegung des Orpheusmythos haftet etwas Utopisches und Regressives an: Der Wunsch, die verlorene fusionelle Einheit wiederzugewinnen, ist illusorisch und weist, durch die Form des Erlebens einer ungetrennten Einheit mit dem Objekt, in die Säuglingszeit, ja sogar in die vorgeburtliche Zeit zurück. Dies ist aber nur die eine Seite der Antinomie des Orpheus. Die Gesamtbewegung ist die einer Verbindung. Die Bewegung des Begehrens verbindet das Moment einer Ungetrenntheit – die eine permanente Realität des Erlebens in der kinetischen Semantik ist – mit den symbolischen Formen des Erlebens. In diesem Sinne ist sie eine progressive Bewegung von der Ungetrenntheit auf das Symbol zu. Aus dieser Spannung entsteht die kulturelle Produktion. Dies wird in der Musik besonders deutlich: Sie ist ja keineswegs ein Phänomen, das nur das Ewig-Gleiche der Regression abbildet, sondern gestaltet vielfältig und progressiv Gegenwart und Kulturentwicklung aus.

Kann die Musik als ein Bereich verstanden werden, der durch die innere Spannung des Begehrens gestaltet wird, so sind Religion und Liebe zwei weitere Bühnen für dieses Drama. Bereits im mythischen Denken Griechenlands wurde deutlich, dass der Urkonflikt nicht allein in der Musik seinen Ausdruck sucht, sondern sich auch auf ein szenisches, mythisches Geschehen projiziert. Ich hoffe die Ähnlichkeit zwischen der Musik und dem Orpheusthema deutlich gemacht zu haben. Was aber berechtigt mich zu der These, dieser Konflikt sei auch in der Passion und in der Oper am Werk? Beginnen wir mit der Passion.

Die Passionsgeschichte schildert das Schicksal eines Protagonisten, der sich in einem ausgezeichneten Bezug zu einem jenseitigen Objekt – zu Gott – befindet. Hatte Orpheus, der Sterbliche, Zugang zum Hades, dem Sitz der Götter der Unterwelt, so lebte Christus aus der Behauptung der Gottessohnschaft. Beide Figuren sehen sich in einem privilegierten Bezug zu einem hervorragenden Objekt, zur toten Geliebten bzw. zum jenseitigen Vater.

Das Sich-Verwurzeln in einer unmöglichen, jenseits weisenden Beziehung kennzeichnet beide ebenso wie der gewaltsame Tod, den beide Protagonisten erleiden. In beiden Fällen entsteht auch ein Symbol: Die Lyra bei Orpheus haben wir bereits erwähnt, in der Passion entsteht das Kreuzsymbol.

Gleichzeitig ist die Parallele natürlich nicht vollkommen. In der Passionsgeschichte sehen wir Christus in einer Doppelrolle als Handelnder und als Leidender. Christus handelt, er selbst bezeichnet sich als Gottes Sohn und ist damit der Urheber seiner Leidensgeschichte. Er ist aber nicht bloß aktiv, sondern – und dieser Aspekt steht sogar ganz im Vordergrund – auch leidend. Er selbst, Christus, geht verloren. Er selbst stirbt am Kreuz und wird damit zum verlorenen Objekt, dem zu folgen er den Christen auffordert.

Es geht hier auch nicht darum, differenziert auszuleuchten, welche Parallelen oder sogar historische Linien, die beiden Motive verbinden. Mir geht es darum zu zeigen, dass auch im Feld des Religiösen ein Verhältnis wieder zu finden ist, das für die Musik charakteristisch ist. Wenn die Musik die Passionsgeschichte so intensiv zur Wirkung zu bringen vermag, so gelingt ihr dies auch aufgrund einer geheimen Wesensverwandtschaft des Stoffes mit dem darstellenden Medium, mit der Musik.

Erinnern wir uns an den Grundvorgang des Musikalischen. Über die Ritualisierung des Zeitflusses durch Metrum und Melodie setzt sich der Hörer in eine Beziehung zum verlorenen Gott der Vorzeit: zum Objekt Stimme in seiner archaischen Gewalt. Dieser Gott ist verloren, da wir uns durch unsere gesamte Individuationsgeschichte aus der primären Fusion gelöst haben. Dieses verlorene Objekt als einen Gott zu bezeichnen, leitet sich aus der imperativen Macht her, welche die Stimme für das Erleben der Vorzeit hat. Nicht nötig auf den Umstand zu verweisen, dass der christliche Gott oft als Stimme in Erscheinung tritt. In der Religion geht es nun um das Wiederfinden, um die erneute Verbindung – die religio – mit dem fernen Gott. In der Passion spielt die Musik hierbei eine zentrale mediale Rolle. Der Musiker vermittelt die Beziehung zum vermissten Gott.

Analysiert man die Passion in einer spezifischen historischen Gestalt, wie es Hirsch in diesem Band am Beispiel der Matthäuspassion getan hat, so zeigt sich, wie die scheinbar eindeutige Erzählung in eine Vielzahl von Aspekten zerfällt. Es wird deutlich, wie angestrengt die Sprache versucht, Interpretationen und Bilder für das zugrunde liegende Geschehen zu finden.

Hirsch arbeitet heraus, wie die Passionsgeschichte in den hinzugefügten Texten des Chores die Beziehung zwischen dem Gläubigen und Christus durch die Mutter-Kind-Metapher ausdeutet: Er weist nach, dass die »Entsprechung ›Jesus = Säuglingsmutter‹«, in dieser Zeit durchaus gebräuchlich war. Aber auch die Identifizierung Jesu mit einem geopferten Kind wird aufgezeigt. Wirft man der Psychoanalyse gelegentlich vor, allzu oft das Stillpaar als Interpretationsmetapher anzulegen, so kann sie sich hier auf eine theologische Tradition berufen.

Vertieft man sich in das Kaleidoskop unterschiedlicher Aspekte und Identifikationen, die Hirsch zum Vorschein bringt, so gewinnt man den Eindruck einer wahrhaft inflationären Interpretationswut. Selbstverständlich kann man das verborgene Zentrum dieser Interpretationen in dem mythischen Geschehen des Christustodes verorten. In unserer Perspektive weisen wir jedoch auf den dramatischen Kern des Geschehens hin, der eine Parallele zum Orpheusthema und damit zur inneren Spannung der Musik hat. Hier wie dort wird das Scheitern eines reinen Bezuges inszeniert. Die Gottessohnschaft erweist sich als ebenso unvereinbar mit der Realität wie die reine Liebe des Orpheus zu seiner verlorenen Geliebten. Ebenso wenig dauerhaft wie die Verbindung von Orpheus und Eurydike sind die Bürgerrechte des Gottessohnes auf Erden.

Aber nicht nur in der Religion, sondern auch in der Liebe geht es um das Verlieren, Wiederfinden und Wiederverlieren des vermissten Bezuges. Wenn in Verdis Oper *La Traviata* der Kleinbürger Alfredo Violetta, eine überaus glamouröse Kurtisane der Pariser Halbwelt, erringt, so vollzieht sich ebenfalls ein Unerhörtes. Die Beziehung ist von der Aura des Unmöglichen umgeben. Auch diese Beziehung scheitert und wird, wie bei Orpheus, wie bei Christus, betrauert. An anderer Stelle habe ich die Verbindung des komplexen Stoffs der Traviata mit dem Orpheusthema eingehender dargestellt (Leikert 2005), so dass ich an dieser Stelle darauf verzichten kann, ins Einzelne zu gehen. Hier geht es nur um einen einzigen Punkt, nämlich den der Subjektivierung des Urkonflikts.

Unter dem Begriff der Subjektivierung verstehe ich den Grad der Annahme des Urkonflikts durch das Subjekt. So ist etwa deutlich, dass die höfische Barockoper den Stoff des Orpheus, den sie nicht müde wurde, auf die Opernbühne zu bringen, in charakteristischer Weise beschnitt. Es ging nicht um den Dreischritt Verlieren, Wiederfinden, Wiederverlieren, sondern bloß ums Verlieren und Wiederfinden. Dem Orpheusstoff wurde schlicht und ergreifend ein *happy end* verordnet, was seinem Wesen ja vollkommen widerspricht. Der tragische Mythos wurde damit zur Farce.

Das tragische Moment des Urkonflikts wurde zu dieser Zeit, so meine These, weniger auf die Opernbühne gebracht, als in der Passionsgeschichte dargestellt. Erst im 19. Jahrhundert, unter dem Einfluss der Aufklärung, war die bürgerliche Gesellschaft in der Lage, den Urkonflikt als ein Geschehen zwischen Menschen darzustellen. Die große Leistung Verdis besteht darin, alle Protagonisten mit Verständnis und Einfühlung zu schildern. Nicht nur Orpheus-Alfredo und Eurydike-Violetta, sondern auch Hades-Germont wird mit Verständnis und Menschlichkeit geschildert.

In den früheren Versionen beobachten wir in zweierlei Hinsicht eine Abwehr von Momenten des Konflikts. Im Orpheusmythos begleiten wir einen Sterblichen auf seinem Weg, aber einen Sterblichen, der mit einer fast omnipotenten Gabe ausgestattet ist: Sein Gesang vermag wilde Tiere zu bändigen, Steine zu bewegen und erlaubt ihm einen Zugang zum Reich der Götter. Die anderen Konfliktpartner sind ins Reich der Götter verwiesen oder, wie bei Eurydike, gänzlich ohne eigene Subjektivität – die Rolle der Eurydike ist im Mythos absolut stumm.

Auch in der Passionsgeschichte ist der Protagonist kein Mensch, sondern eben ein Gottessohn. Die Notwendigkeit des Scheiterns der primären Fusion erscheint zudem fast als ein Betriebsunfall: Wären die Juden ein bisschen toleranter, wäre Pilatus ein bisschen mutiger gewesen, die Geschichte hätte anders ausgehen können. Das Notwendige des Scheiterns erscheint als Bosheit und Gottlosigkeit der Menschen, es ist noch nicht subjektiviert, d.h. vom Subjekt angenommen.

Aber auch Verdi soll nicht idealisiert werden. Bei Verdi ist die Humanisierung des Urkonflikts fortgeschritten. Er erzählt das Drama als ein Geschehen unter Menschen, von denen keiner omnipotente, göttliche oder bestialische Züge trägt. Aber auch hier ist die Zerstörung des begehrten Bezuges letztlich externalisiert. Violetta ist, bereits bevor sie die Opernbühne betritt eine todkranke Frau, sie leidet unter Schwindsucht. Auch dies lässt die Fantasie offen, dass im Prinzip eine Beziehung möglich gewesen wäre, die das Unmögliche der primären Fusion lebt.

Es scheint, als sei der Urkonflikt übermächtig und unerträglich. Als sei es unmöglich, sich ihm ganz zu stellen. Kaum je ist eine Erzählung zu finden, bei der die Momente von Verlieren, Wiederfinden und Wiederverlieren als tragische Normalität ertragen und gestaltet werden. Ein Stoff der den Mäandern des Begehrens mit Gelassenheit begegnet, bei dem kein Schuldiger für das Verlieren benötigt wird, ist rar. In der Regel erscheint das Verlieren als Verhängnis, das Wiederfinden als das Verdienst des ethisch hoch stehenden Protagonisten und das Wiederverlieren als Schuld eines Dritten. Das ist zwar eine probate Aufteilung, die das Subjekt entlastet und zunächst von seiner Verantwortung für sein Begehren befreit. Letztlich aber schwächt dieses Narrativ das Subjekt.

Die Normalität ist tragisch. Wir können das Objekt des Begehrens nur momenthaft erreichen, aber nicht festhalten, nicht dingfest machen. Wir verlieren es immer wieder. Dies aber ist nicht unser Versagen, sondern liegt im merkurischen Wesen der kinetischen Semantik begründet. Ein erfüllender Gegenwartsmoment ist im Augenblick der Erfüllung bereits vorüber. Das Erleben ist vorübergehend.

Und hier unterscheidet sich die Musik von den Erzählmustern der Sprache. Vielleicht ist die Musik die große Trösterin, weil sie das Vorübergehen des Augenblicks so großartig zu gestalten weiß.

Die Musik ist die Kunst des Vorübergehens.

Literatur

Buchholz, Michael B. (2006): Embodyment und Musik. Psycho-Newsletter 47.

Dolar, Mladen (2001): Wenn die Musik der Liebe Nahrung ist … Mozart und die Philosophie der Oper. Wien (Turia und Kant).

Haas, Eberhard (1990): Orpheus und Eurydike. Vom Ursprungsmythos des Trauerprozesses. Jb. d. Psa. 26, 230–252.

Haesler, Ludwig (1993): Franz Schuberts *Winterreise*: Zur Dynamik der psychoanalytischen Entwicklung und ihrer musikalischen Realisierung. In: Oberhoff, B. (Hg.): Psychoanalyse und Musik – Eine Bestandsaufnahme. Gießen (Psychosozial-Verlag), S. 277 – 305.

Haesler, Ludwig (2002): Psychoanalyse und Musik. In: Oberhoff, B. (Hg.): Psychoanalyse und Musik – Eine Bestandsaufnahme. Gießen (Psychosozial-Verlag), S. 389 – 420.

Hirsch, Mathias (2007): »Können Zähren meiner Wangen nichts erlangen …« Formen der Identifikation beim Hören von Bachs Matthäus-Passion (in diesem Band).

Kierkegaard, Sören (1843): Entweder Oder. München (Deutscher Taschenbuch Verlag) 1988.

Leikert, Sebastian (2005): Die vergessene Kunst – Der Orpheusmythos und die Psychoanalyse der Musik. Gießen (Psychosozial-Verlag).

Oberhoff, Bernd (2007): Das mütterliche Klangsprechen im Madrigal des 16. Jahrhunderts (in diesem Band).

Ogden, Thomas H. (1995): Frühe Formen des Erlebens. Wien (Springer-Verlag).

Ogden, Thomas H. (2004): Gespräche im Zwischenreich des Träumens – Der analytische Dritte in Träumen, Dichtung und analytischer Literatur. Gießen (Psychosozial-Verlag).

Stern, Daniel N. (1985): Die Lebenserfahrung des Säuglings. Stuttgart (Klett-Cotta) 2003.

Stern, Daniel N. (2005): Der Gegenwartsmoment – Veränderungsprozesse in Psychoanalyse, Psychotherapie und Alltag. Frankfurt/M. (Brandes & Apsel).

Tustin, Francis (1989): Autistische Zustände bei Kindern. Stuttgart (Klett-Cotta).

Tustin, Francis (2005): Autistische Barrieren bei Neurotikern. Tübingen (edition diskord).

Richard Wagners »Tristan und Isolde« – eine psychoanalytische Annäherung

Peter Kutter

Einleitung: Musik und Psychoanalyse

Psychoanalyse und Musik sind seit Bernd Oberhoff (2002 a und b) nicht mehr zwei getrennte Bereiche (vgl. Kutter 2003). So viel können wir als gesichert festhalten: Musik hat viel mit Affekten zu tun, den kategorialen Affekten (Izard 1981) Freude (wie im Kinderlied, im Tanz), Trauer–Kummer–Gram–Schmerz (Trauermarsch), Überraschungs-Schreck (Sinfonie mit dem Paukenschlag), Zorn-Ekel (Elektra, Salome), Angst (Mahler-Sinfonien), Schuld- und Schamgefühle (Messen und Kirchenkantaten). Aber auch »Vitalitäts-Affekte« (Stern 1992, S. 83–93), wie sie sich in den Gegensatzpaaren Ruhe–Unruhe, Wachen–Schlafen, Hunger–Sattsein, anschwellend–abschwellend, explosiv–sich hinziehend zeigen, sind bedeutsam. Sie spielen in jedem zwischenmenschlichen Dialog eine wichtige Rolle, besonders in der Mutter-Kind-Beziehung und in der Liebe. Während wir musizieren (aktiv) und (passiv) Musik hören, schwingen immer Affekte mit, werden Stimmungen laut, werden Fantasien ebenso angeregt, regressive Zustände wiederbelebt, gegen die wir uns, einerseits, je nach Gehalt der Musik, wehren, denen wir uns andererseits hingeben. Mit den Affekten reagiert auch der Körper auf das musikalische Geschehen (Kutter 2001).

Gute und böse Introjekte im Sinne von Melanie Klein werden reaktiviert. Triebpsychologisch sind auch Lust und Unlust mehr oder weniger beteiligt, beim Singen, beim Berühren der Saiten der Gitarre, beim Blasen der Trompete, beim Schlagen der Trommel. Aggression kommt z.B. in Stravinskys *Sacre de Printemps*, im Beat oder Hard Rock ebenso unmittelbar zum Ausdruck wie Sexualität z.B. in Ravels *Bolero* oder in vielen Pop-Songs. Ich-psychologisch geht es um das Meistern der Anforderungen an Fingerfertigkeit, Technik, Einhalten des Rhythmus, um die »Kunst der Fuge«. Im Hinblick auf den Narzissmus können Grenzen überschritten oder gar aufgelöst werden, ästhetische Ideale werden allmächtig erreicht oder ohnmächtig nicht erreicht, Überich-Aspekte zeigen sich im Anerkennen der Realität, im Einhalten von Regeln, in Geduld und in der Fähigkeit zum Triebaufschub. In objekttheoretischer Sicht sehen wir das Zusammenspiel der Musiker, die unbewusste Interaktion zwischen Komponist, Interpret und Hörer, in vollkommener Affektabstimmung oder Nicht-Abstimmung (Stern 1992, S. 198–230), wiederum wie in der Mutter-Kind-Beziehung oder in der Liebe, besonders in Musik und Tanz. Nicht Worte, wie in der Literatur beherrschen die Szene, sondern Töne und Geräusche; non-verbale Kommunikation bzw. das weite Feld des vor-sprachlichen Bereichs. Hier hat Musik größere Ausdrucksmöglichkeiten als die Sprache: »Prima la musica, poi le parole«.

1. Tristan und Isolde: Das Drama

1. Akt

Isolde erzählt Brangäne ihr Leid um Tristan, der sie nach ihrer aufopfernden Pflege verlassen hat und nun wieder kommt; aber nicht, um Isolde als Liebhaber wiederzusehen, sondern um sie als Brautwerber König Marke zuzuführen. Sie erinnert sich, wie sie den als Tantris gestrandeten Tristan gesund pflegte, wie sie aber auch entdeckte, dass dieser Mann ihren geliebten Morold tötete, wie sie diesen Mord mit dem Tod Tristans rächen wollte, dies dann aber unterließ: »Mit dem hellen Schwert ich vor ihm stand ... er sah mir in die Augen ... das Schwert – ich ließ es fallen ... Er schwur mit tausend Eiden mir ewigen Dank und Treue«. Jetzt will sie sich an Tristan mit Gift aus der Mutter Zaubertruhe rächen: »Rache für Morold ... nun lass uns Sühne trinken«. Doch der Todestrank erweist sich wegen der dramatisch höchst eindrucksvollen folgenschweren Verwechslung als Liebestrank, gefolgt von einer ersten Liebesszene: »höchste Liebeslust«.

2. Akt

Nach der Liebesnacht droht Gefahr: Brangäne warnt, doch Isolde in ihrem Liebeswahn lässt die Fackel löschen. Zweite Liebesszene: »seligste Lust ... ewig dein ... Wunderreich der Nacht ... o, sink hernieder, Nacht der Liebe, gib Vergessen, dass ich lebe; nimm mich auf in deinen Schoß, löse von der Welt mich los«. Das Aufwachen aus dem Liebestraum wird gefürchtet wie die Nacht den Tag fürchtet. Dann lieber sterben: »so stürben wir, um ungetrennt, ewig einig … ohne Erwachen … in Liebe umfangen ganz uns selbst ergeben, der Liebe nur zu leben«. So werden sie von König Marke und seinem Gefolge entdeckt. Tristan und Isolde werden mit der Realität konfrontiert, aber verharren in ihrem Liebeswahn. Tristan wehrt sich immerhin gegen Melot, Markes Ratgeber, wird dabei aber verwundet.

3. Akt

Tristan, von seinem Freund Kurwenal gepflegt, kommt langsam zu sich, kann sich aber nicht erinnern: »Wo ich erwachte, weilte ich nicht; doch, wo ich weilte, das kann ich dir nicht sagen«. Er sehnt sich wieder nach Isolde. Fantasien über seine elternlose Kindheit tauchen auf: »Da er mich zeugte und starb, sie sterbend mich gebar«. Er verflucht den Liebestrank, glaubt, er hätte ihn selbst gebraut: »Aus Vaters Not und Mutterweh«. Als Isolde schließlich wirklich erscheint, reißt er sich den Verband von der Wunde – »mein Blut nur lustig fließe!« – und stirbt in ihren Armen. Isolde will ihm verzweifelt helfen und sinkt schließlich, wie es in Wagners Anweisung wörtlich heißt: »bewusstlos über Tristans Leiche zusammen«. Aber nicht genug: Tristans Freund Kurwenal tötet noch Melot, stirbt dann aber selber an den Folgen des Kampfes. Marke konfrontiert nun auch Isolde: »Warum, Isolde, mir das?«, diese verharrt aber in Liebeswahn und singt triumphierend ihre letzte große Arie mit dem verklärenden Schluss: »ertrinken, versinken, unbewusst – höchste Lust!«

2. Psychoanalytische Annäherungen

Richard Wagners Musikdramen sind voller sexueller Symbolik. Der manifesten Handlung liegen vielfach latente Inzest, Macht- und Todeswünsche zugrunde. Die personae dramatis sind als Projektionen innerer Zustände zu verstehen, man denke nur an Tannhäusers Liebesekstasen im *Venusberg*, an Kundrys Verführungskünste als Heilige und Dirne, als gute und böse Mutter in einer Person, an Parsifals Mutterbindung und Liebesqualen, an Wotans Machtspiele, an die Erlösungssehnsucht Lohengrins oder des fliegenden Holländers. Dabei drückt Wagners Musik die mit diesen Zuständen verbundenen Leidenschaften besser aus als die Sprache. Dabei reflektieren die sexuellen Themen in den Opern die sexuelle Problematik des Komponisten: Den Mutterkomplex, das Vaterdefizit, die ödipale Fixierung, der Wille zur Macht und die Erlösungssehnsucht durch eine Frau (Martin Burger 1983). In *Tristan und Isolde* finden sich typische (»ödipale«) Konflikte in Dreiecksbeziehungen, spezifische Traumatisierungsfolgen, Mutterbindungen sowie Ambivalenzkonflikte zwischen verschiedenen Triebregungen, die jetzt nacheinander psychoanalytisch gedeutet werden sollen.

2.1 Ödipale Rivalitäten

Psychoanalytisch bedeutsam ist Tristans Rivalität mit Morold, politische Gründe sind der Anlass, die bei Gottfried von Straßburg im Vordergrund stehen (Kühn 2003). Er siegt und wird dadurch zum Mörder, wenn auch selbst verwundet, ohne zu wissen, dass der Getötete – in Wagners Drama – der Geliebte der Isolde ist, derjenigen Isolde, die ihn später gesund pflegt und die er zu lieben beginnt. Wieder genesen, verlässt er Isolde, begeht dadurch einen Liebesverrat (Mertens 2005), um schließlich als Brautwerber bei Isolde wieder zu erscheinen. Nachdem Isolde Markes Frau wurde, schläft er mit ihr, rivalisiert damit ödipal mit Marke, bis er in flagranti entdeckt wird.

Isolde rettet Tristan das Leben, als er als Tantris schwer verwundet und krank bei Isolde Zuflucht findet. Isoldes beginnende Liebe schlägt in Hass und Rachewünsche um, als sie entdeckt, dass der von ihr Gepflegte ihren Geliebten Morold umgebracht hat (sie findet das Stück Schwert, das im Kopf Morolds steckte). Doch die Liebe behält bei beiden die Oberhand, durch den Liebestrank zum Liebeswahn gesteigert, fern jeder Realitätsprüfung, die böse Welt ist abgespalten, massive Symbiosewünsche beherrschen beide Protagonisten. »Sie verschmelzen in nächtlicher Liebe und projizieren alles Zerstörerische in den bösen Tag« (Lindner 2005, S. 76). Die Zuhörer und Zuschauer realisieren, »was es bedeutet, wenn zwei Menschen aus einem System herausfallen und in einem sehr, sehr langen Prozess miteinander verlöschen« (Oue 2005, S. 13). Doch die unvermeidliche Realität unterbricht mit Tagesanbruch die Liebesnacht: Marke erscheint, eine Vaterfigur, das Gesetz und die gesellschaftliche Regeln repräsentierend. Damit kehrt nach Liebessymbiose die äußere Realität zurück (Lindner 2005, S. 77). Der außen stehende Dritte erscheint auf der Bühne des Lebens. Die ödipale Auseinandersetzung steht an. Doch davor weichen beide in Liebe Verblendete aus. Todeswünsche gegenüber der geliebten Person und sich selbst gegenüber sind in Richard Wagners Handlung der tödliche Ausweg aus dem Dilemma. Bei Gottfried von Straßburg stirbt Tristan nicht, sondern führt siegreich mehrere Kriege, um gegen Ende schließlich eine neue Isolde zu treffen, die mit den weißen Händen; daher Isolde »Weißhand«, wird aber mit ihr nicht glücklich (Kühn 2003, S. 701) und stirbt.

2.2 Traumatisierungsfolgen

Über Tristan wissen wir durch Gottfried von Straßburg, dass sein Vater Riwalon nach der Zeugung im Kampf mit Morgan fiel und die Mutter Blanchefleur nach der Geburt starb. Bei Gottfried von Straßburg (ebd., S. 244) wird er zwar von Ersatzeltern – Marschall Don Rual und dessen Frau Floraite – gut aufgezogen, die Folgen der frühen Trennung von Mutter und Vater werden aber seine Entwicklung zu einer männlichen Geschlechtsidentität beeinträchtigt und zu einer unbewussten Vater- und Mutter-Sehnsucht geführt haben, zumal Tristan nach Gottfried von Straßburg mit 14 Jahren von Seeräubern entführt und an einer Küste ausgesetzt wird (ebd., S. 287). Mit 17 erfährt er, dass Rual nicht sein Vater ist und wird von ihm getrennt (ebd., S. 339). Die Liebe zu Isolde steht bei Richard Wagner im Zentrum der Handlung. Bei Gottfried von Straßburg ist es der Sieg über den Drachen, weswegen Isolde Tristan zugesprochen wird (ebd., S. 474). Folgen wir der Linie Richard Wagners, dann begehrt Tristan in Isolde ödipal die »gebundene Frau« (Mertens 2005). In der Interpretation Lindners (2005, S. 66) ging diese Sehnsucht nach einer Frau eine folgenschwere Verbindung mit dem Tod ein, weil seine Mutter ja gestorben war. Man denkt an das Konzept von der verinnerlichten toten Mutter (Green 2003).

Isolde hadert mit ihren Vorfahren (»entartetes Geschlecht!«), hasst ihre Mutter, weil sie ihr nicht ihre Macht über Meer und Wellen überließ. Lindner (2005, S. 67) spricht von »Enttäuschungshass« und »oralem Hass auf eine überwiegend versagende Mutter«. Sie reagiert auffallend heftig auf Tristans Liebesverrat; vermutlich, weil sie unbewusst in seinem Verrat den Verrat der Mutter wiedererlebte.

2.3 Mutterbindungen

Tristan findet in Isolde unbewusst die Mutter, die ihn wie eine Mutter ihr Kind gesund pflegt. In dieser Beziehung wäre somit Tristans unbewusste Mutterbindung wiederbelebt, die sich ja auch bei Wagner findet. Marke könnte für Tristan der Vater sein, über den er sein Vaterdefizit ausgleichen und zu einer gesunden realistischen Orientierung für die Belange der Welt gelangen könnte. Seine Mutterbindung ist aber stärker. In ihr ist auch Hass verborgen, denn er verlässt die als Mutter erlebte Isolde genau so, wie ihn die Mutter früh verlassen hatte. In der Vaterbeziehung spielte wahrscheinlich Angst vor der Macht des Ersatzvaters Marke eine wesentliche Rolle; aus Schuldgefühl wegen der ödipalen Wünsche und aus Kastrationsangst.

Isolde bemuttert Tristan so, wie sie gewünscht hätte, dass sie von ihrer

Mutter versorgt worden wäre (Identifizierung mit dem Aggressor). Nike Wagner (2002, S. 210) erweitert die psychoanalytische Deutung der Personen in der Ontogenese auf die Phylogenese der ganzen Menschheit: »Beim Ausgang aus der Höhle wird eine Schwelle zu einem anderen Sein und Bewusstsein überschritten«, das die Menschen »sehnsüchtig zurückstreben lässt in den dunklen Schutz der Höhle«. Solches Sehnen kann Musik besser ausdrücken als Sprache. »Langsam und schmachtend« lautet die erste Anweisung Wagners an die Musiker. Seine Musik scheint keinen Anfang und kein Ende zu haben. Der berühmte Tristan-Akkord bleibt ständig »in unaufgelöster Erwartung« (Nike Wagner 2002, S. 215) und löst sich erst ganz am Schluss in strahlendem H-Dur auf.

2.4 Ambivalenzkonflikte

In psychoanalytischer Sicht (dualistische Triebtheorie) enthält jede zwischenmenschliche Beziehung sowohl Hass als auch Liebe (Freud 1912). Nie ist nur ein Gefühl vorhanden, immer beide; meist herrscht eines vor, während das andere abgewehrt ist. Oft kommt es zu Kompromissen. Isolde liebt Tristan (»er sah mir in die Augen, das Schwert, ich ließ es fallen«), will aber gleichzeitig den Tod ihres Geliebten Morold an dessen Mörder rächen (»Nun lass uns Sühne trinken«). Liebe und mit Hass untermischte Rachewünsche ringen in ihr um die Vorherrschaft. Im zweiten Akt siegt die Liebe über den Hass. Ihre im dritten Akt letztlich für Tristan wie für sie selbst tödlich endende Liebe lässt sich mit Freuds (1920) letzter Theorie von Lebens- und Todestrieben gut verstehen: Mit Tristans Tod setzen sich die zerstörenden Kräfte gegenüber den die Liebe bewahrenden Regungen durch. Isolde registriert noch den latenten Vorwurf (»Trotziger Mann! Strafst du mich so«), dann verfällt sie in ihrer Schlussarie in einen Zustand, der sowohl Elemente des Liebeswahns (»Mild und leise, wie erlächelt … mild versöhnend aus ihm tönend, in mich dringet«) wie solche der Todessehnsucht (untertauchen, mich verhauchen, ertrinken, versinken). In den letzten Worten »unbewusst – höchste Lust« sind Liebe und Tod enthalten.

Tristan liebt Isolde, liegt aber im Konflikt mit seiner Sehnsucht nach einem Vater, dem er imponieren will: »Gehorsam einzig hielt mich in Bann … Sitte lehrt, wo ich gelebt … Tristans Ehre«. Im zweiten Akt triumphiert die Liebe. Im dritten Akt ist die Liebessehnsucht nach Isolde zwar ungebrochen (»Tristan der Held, in jubelnder Kraft«), in der Erinnerung an seine traumatisierende Herkunft schlägt die Liebe aber in Todessehnsucht um; auch weil ihm die gesunde Identifizierung mit einem starken Vater fehlt (eigener Vater tot, die Zuwendung des Ersatzvaters kann den Mangel offensichtlich nicht ersetzen, die Chance mit Marke kann er nicht nutzen): Sich selbst zerstörend reißt er sich den Verband von der Wunde, schwankt, taumelt, sinkt zu Boden und stirbt in Isoldes Armen. Damit ist er in den Mutterschoß zurückgekehrt; Freuds Nirwana.

Auch die vielfach als dramaturgischer Trick gedeutete tragische Verwechslung der beiden Fläschchen – das eine sollte bei Gottfried von Straßburg dem alternden Marke zu neuer Liebeskraft verhelfen und Isolde an Marke binden, bei Richard Wagner sorgt es für den Liebesrausch beider zentralen Figuren – ist durch die basale Ambivalenz zwischen Liebe und Destruktivität psychoanalytisch erklärt. Beide Elemente spielen eine Rolle, nur das Mischungsverhältnis ändert sich; im zweiten Akt dominiert die Liebe, im dritten die Zerstörung.

3. Schlusspointe

Der Verlauf der »Handlung« – so nennt Wagner sein Drama ausdrücklich – erinnert den Psychoanalytiker unweigerlich an den Verlauf einer Psychoanalyse. Auch dort geht es ja um Traumatisierungsfolgen, um ödipale Konflikte, präödipale Mutterbindungen, Konflikte zuwischen Liebe und Hass, Wunsch und Abwehr, Inzest- und Todeswünsche, Zerstörung und Wiedergutmachung. Das macht vielleicht die besondere Faszination dieser Oper für Psychoanalytiker aus. Hätte man Tristan seine Mutterbindung und Vatersehnsucht deuten können, hätte er Marke als Ersatzvater für sich nutzen und seine unbewusste Mutterbindung progressiv überwinden können, um wirklich zu sich zu kommen, statt immer tiefer regressiv der Todessehnsucht zu verfallen. Auch Isolde hätte man ihre Mutterübertragung auf Tristan deuten und sie vor ihrem Liebeswahn bewahren können. Dieser durch psychoanalytische Deutungen grundsätzlich mögliche heilende Gewinn für beide hätte uns aber um den Genuss der immer wieder neu faszinierenden Geschichte von Tristan und Isolde gebracht.

Literatur

Burger, Martin (1983): Musik ist wie ein Weib, das wirklich liebt. Der Mutterkomplex Richard Wagners. Psychologie heute, März 1983, S. 60–67.

Freud, Sigmund (1912): Zur Dynamik der Übertragung. G.W., VIII, Frankfurt/M. (S. Fischer), S. 263–274.

Freud, Sigmund (1920): Jenseits des Lustprinzips. G.W., XIII. Frankfurt/M. (S. Fischer), S. 1–69.

Green, André (2003): Die tote Mutter. Gießen (Psychosozial-Verlag).

Izard, Carroll E. (1981): Die Emotionen des Menschen. Weinheim (Beltz).

Kühn, Dieter (2003): Tristan und Isolde des Gottfried von Straßburg. Frankfurt/M. (S. Fischer).

Kutter, Peter (2002): Affekt und Körper, zwei neue Akzente der Psychoanalyse. Göttingen (Vandenhoeck & Ruprecht).

Kutter, Peter (2003): Sammelrezension von: Oberhoff, B. (Hg.): »Psychoanalyse und Musik« sowie »Das Unbewusste in der Musik«. psychosozial 26 (92), 126–128.

Lindner, Wulf-Volker (2005): Die Macht der Liebe und die Ohnmacht der Liebenden. Überlegungen eines Psychoanalytikers zu Richard Wagners Tristan und Isolde. Wagnerspectrum, H. 1, Tristan und Isolde, S. 63–79.

Oberhoff, Bernd (Hg.) (2002a): Das Unbewusste in der Musik. Gießen (Psychosozial-Verlag).

Oberhoff, Bernd (Hg.) (2002b): Psychoanalyse und Musik. Eine Bestandsaufnahme. Gießen (Psychosozial-Verlag).

Oue, Eiji (2005): Diskussionsbeitrag während der Mitgliederversammlung der Gesellschaft der Freunde von Bayreuth«. Jahresbericht.

Mertens, Volker (2005): Verborgene Traditionen in Wagners »Tristan«. Vortrag auf der Tagung der Arbeitsgemeinschaft »Psychoanalyse und Kultur« der DPG, Hamburg, 21.01.2005.

Stern, Daniel N. (1992): Die Lebenserfahrung des Säuglings. Stuttgart (Klett-Cotta).

Wagner, Nike (2002): »Dem Traum entgegen schwimmen«. Zum Problem der frühen Traumatisierung in Richard Wagners »Tristan und Isolde«. In: Helmut Kretz (Hg.): Lebendige Hygiene. 2000 plus. München (Eberhard-Verlag), S. 199–216.

Wenn in Märchen von Musik die Rede ist …

Rosemarie Tüpker

> »Musik ist eine göttliche Kunst, und ihre Ausübung gehört zu den Kulturtechniken, die den Menschen von den Göttern verliehen wurden. Viele Märchen erzählen von dieser übernatürlichen Herkunft der Musik und ihrer damit verbundenen magischen Kraft, die Zauber zu lösen und böse Mächte zu bannen vermag« (Petzoldt 1995, S. 159).

Ähnlich idealisierende Lobpreisungen finden wir häufig, wenn es um Musik, Mythen und Märchen geht. Musik habe dort noch eine wohltätige »Wirkung auf den Gemütszustand des Menschen«, die Fähigkeit »böse Mächte zu bannen und die helfenden herbeizurufen« (ebd.). Die beruhigenden und heilenden Kräfte der Musik scheinen durch die Märchen als *»immer schon bekannt«* belegt. Es scheint, als bürge die Alliteration Musik und Märchen für das Reservat einer vergangenen, und damit immer zugleich besseren, Welt. Der Psychologie fällt dann nur noch die Aufgabe zu, durch eine Analogisierung des historisch Früheren zum entwicklungspsychologisch »Frühen« zu zeigen, dass diese vergangene gute Welt auch in uns ist. Aber stimmt überhaupt die Voraussetzung? Zeigen die Märchen eine solche Musikerfahrung der Menschen aus der Zeit, in der die Märchen erzählt und dann aufgeschrieben wurden?

Ausgehend von den 29 Märchen der Zusammenstellung Petzoldts (1995) unter dem Titel »Musikmärchen« habe ich über einen längeren Zeitraum inzwischen über hundert europäische Volksmärchen untersucht, in denen Musik eine den Kriterien dieser Sammlung vergleichbare Rolle spielt. Dabei ging es mir zunächst nicht um die psychologische Ausdeutung *einzelner* Märchen, sondern darum, durch die Zusammenschau einer größeren Anzahl von Märchen ihrem immanenten Musikbegriff nachzuspüren. Also der Frage nachzugehen, welche psychologischen Erfahrungen mit Musik ihren Niederschlag in den europäischen Volksmärchen gefunden haben. Methodisch stand deshalb die Frage nach der Wiederkehr von Motiven, die Suche nach Entsprechungen wie nach unterscheidbaren Bedeutungen und Zusammenhängen im Vordergrund. Grundlage des Versuchs eines tiefenpsychologischen Verstehens der immanenten Konzepte von Musik sollte dabei die textanalytisch beschreibende Ebene bleiben, während die Untersuchung und Ausdeutung einzelner Märchen einer ausführlicheren Veröffentlichung vorbehalten bleiben soll, zu der dann weitere qualitative, intersubjektive Methoden zur Anwendung kommen.[1]

1. Die historische Perspektive

Märchen haben auch eine kulturhistorische Perspektive. Dabei spielt der Zeitpunkt, an dem die Märchenerzählung von der oralen Tradition in eine Verschriftlichung übergeht, eine entscheidende Rolle. So finden sich z.B. in den Zigeunermärchen, die teilweise erst in den 1970er Jahren aufgezeichnet wurden, so genannte »Modernismen«, die zeigen, dass durch die lebendige Erzähltradition auch Erfahrungen aus neuerer Zeit ihren Niederschlag in den Märchen finden, während die uns bekannten *Grimmschen Märchen* mit dem Zeitpunkt ihrer Aufzeichnung in der ersten Hälfte des 19. Jahrhunderts historisch keinen weiteren Veränderungen unterliegen. Die historische Perspektive ist dabei nicht so zu verstehen, dass später aufgezeichnete Märchen hauptsächlich Erfahrungen aus der Zeit ihrer letzten Fassung wiedergeben, sondern vielmehr, dass sie Erfahrungen bis zur Zeit ihrer Aufzeichnung widerspiegeln können, also auch sehr viel ältere Erfahrungen. Von der Gewichtung des Verhältnisses von Frühem und Aktuellem erscheinen sie am ehesten den Träumen vergleichbar.

Von dieser historischen Perspektive seien hier zwei Aspekte herausgegriffen: Die Frage danach, welche Instrumente »im Volk« bekannt waren sowie die Frage nach dem »Berufsbild« des Musikers. Letzteres kann uns zugleich Hinweise darauf geben, welche psychologische Bedeutung und Wertschätzung der Musik bei der übrigen Bevölkerung beigemessen wurde und welchen gesellschaftlichen Stellenwert die Musik hatte.

1.1 Musikinstrumente

Die in den Märchen vorkommenden Instrumente und die mit ihnen gespielte Musik lassen erkennen, dass und wie sehr die Musik, die wir üblicherweise mit

1 In Vorbereitung: Rosemarie Tüpker: Musik im Märchen, Psychosozial-Verlag 2007.

den musikalischen Epochen von Renaissance, Barock, Vorklassik und Klassik verbinden, eine Musik der Höfe und Paläste war, die »dem Volk« soziokulturell gar nicht zugänglich war.[2] Somit hat sie auch keinen Eingang in die Märchen als weitererzählte Lebenserfahrung gefunden. Das gleiche gilt seltsamerweise für die gesamte Kirchenmusik, die in den untersuchten Märchen bis auf ganz seltene Ausnahmen – und dies bei Märchen jüngeren Aufzeichnungsdatums – keine Erwähnung findet!

Neben dem Gesang, der in den untersuchten Märchen 32-mal erwähnt wird, sind Geigen oder Fideln mit 28 und Flöten mit 27 Nennungen die Instrumente, die mit großem Abstand am häufigsten Erwähnung finden. Das verweist auch darauf, dass die gespielte Musik sich auf die melodischen und melodisch-rhythmischen Parameter beschränkte. Dafür gibt es weitere Hinweise, auch wenn die Musik in ihrer Struktur nur äußerst selten näher beschrieben wird.

Der Gesang ist oft sehr eng mit dem sprachlichen Reim oder Sprache überhaupt verbunden. Hier begegnen wir einer Unabgegrenztheit von Musik und Sprache und analog von Musik und Tanz. In beiden Verbindungen ist diese so innig, dass sich Musik und Tanz – respektive Sprache – gar nicht als zwei Kategorien von einander abheben. Oft können wir gar nicht wissen, ob es sich um ein Lied im heutigen Sinne oder um ein Gedicht handelt oder ob eine Musik ohne den Tanz überhaupt vorkam. Vergleichbare Unabgehobenheiten oder Ungeschiedenheiten kennen wir auch aus der Musikethnologie. Sie machen darauf aufmerksam, dass »Musik« keine absolute Seinskategorie ist, sondern ein kulturelles Konstrukt, welches nicht immer schon in der uns heute selbstverständlich erscheinenden Gestalt existierte.

Beim Gesang fällt ein weiterer Überschneidungsbereich auf, da er nicht nur den Menschen zugeordnet wird. Vielmehr wird nicht nur der Vogelgesang (*Der Gesang des Phönix; Der Mönch und das Vöglein; Von dem Machandelboom)*[3] als musikalisches Ereignis wahrgenommen, sondern auch andere Tiere singen (*Kari Trästak; Leben und Tod der unvorsichtigen Maus).* Manchmal ist der Gesang die »Sprache der Tiere«, was auch heißt, dass die Tiere sich auf diese Weise dem Menschen gegenüber mit konkreten Mitteilungen äußern können. Bisweilen kommt der Gesang unbestimmt aus einer anderen Welt (z.B. *Der Gesang im*

2 Dies macht ganz nebenbei deutlich, dass die immer wieder einmal zu vernehmende Klage darüber, wie wenig Menschen heutzutage noch die sog. »E-Musik« hören, historisch jeglicher Grundlage entbehrt, da zu keiner früheren Zeit so viele Menschen Zugang (auch) zu dieser Musik hatten wie seit Erfindung der Tonträger und dass vermutlich auch die Zahl derer, die dies auch nutzen, noch nie so groß war.

3 Eine Liste aller untersuchten Märchen mit den Quellenhinweisen findet sich am Schluss des Aufsatzes.

Schloss). Es singen Feen oder Elfen (z.B. *Die Feen von Caragonan; Die Seejungfrau von Purt-le Murrey*) oder gar ein Baum (*Das singende klingende Bäumchen; Der Baum, der singt, der Vogel, der wahr spricht und das gelbe Wasser*) oder ein Kuchen *(Käferchen und der junge König).*

Von den Instrumenten finden wir als nächst häufigen den Dudelsack (9-mal) erwähnt, trotz einer gewissen regionalen Schwerpunktsetzung, aber nicht nur im irischen und schottischen Raum. Nicht immer ist das gemeinte Instrument ganz klar, so können mit der Benennung Pfeifen vermutlich das eine Mal eine Flötenart, das andere mal auch dudelsackähnliche Instrumente gemeint sein.

Obwohl gerade in den bekannteren Märchen Gesang, Geige und Flöte ein starkes Übergewicht haben, so dass darin auch eine gewisse Beschränkung der Musikerfahrung gesehen werden kann, überrascht dann bei einem größeren Überblick doch eine gewisse Vielfalt des Instrumentariums. Mehrmals zu finden sind: Gitarre (2) und Laute (3), Harfe (6), Horn (3), Trommel (5) und Trompete (3). Einmalig kommen die folgenden Instrumente vor: Bass, Drehorgel, Fagott, Glockenspiel, Gusli[4], Klarinette, Klavier, Maultrommel, Kantele, Orgel, Tamburin und Zimbel.

Im Übergang zum Märchenhaften auch des Instrumentariums gibt es manchmal auch Instrumente, die von selbst spielen (z.B. eine Laute in *Das Nachschnapselchen*) oder einen Spiegel, der Musik macht (*Der hässliche Prinz und die schöne Prinzessin).* Und dann gibt es da noch eine Ultraschallgeige, deren Töne man zwar nicht hört, die aber Gefängnismauern sprengt – und den eisernen Schlüpfer der begehrten Frau (*Berzebukk)* und ein ziemlich gruseliges »Blashorn« mit 100 echten (!) einzusetzenden Zungen, die zuvor den 100 abgeschlagenen Köpfen der besiegten »einhundertmännerstarken Kämpen« zu entnehmen sind (*Der eifersüchtige Schmied).*

Im Hinblick auf die Frage nach Wesen oder Bedeutung einzelner Instrumente versagen sich die Märchen den Erwartungen eines psychologischen Sinnzusammenhangs: Bei gleichen Motiven tauchen unterschiedliche Instrumente auf, bei gleichen Instrumenten verschiedene Motive. Eher gibt es Hinweise dafür, dass die Märchen eine gewisse Austauschbarkeit von Symbolen kennen, sowohl im Hinblick auf verschiedene Instrumente als auch darüber hinaus. Oft taucht ein (goldenes) Musikinstrument neben anderen wertvollen oder wundermächtigen Dingen auf. Neben dem bereits erwähnten Spiegel, der Musik machen kann, steht dann gleichbedeutend die Henne mit Küken aus purem Gold und eine goldene Spindel, neben der goldenen Harfe ein Beutel Gold und eine goldene Henne *(Hans Bohnenstange)*, neben dem goldenen Glockenspiel auch ein Armband und ein Kamm, wiederum alle aus Gold *(König Aschelen).*

4 Gusli ist ein altes russisches Zupfinstrument.

Oder es helfen nicht nur eine Trommel, die schlagkräftige Soldaten herbeirufen kann, sondern ebenso ein Tüchel, welches für einen stets mit guten Speisen gedeckten Tisch sorgt und eine Henne, die goldene Eier legt *(Von einem armen Häuselmann)*. Die Märchen setzten offensichtlich auf Doppeltes und Dreifaches, auf Wandelbarkeit und eine gewisse Austauschbarkeit, wenn es um die Absicherung des Glücks geht. Was in dem einen Märchen die Musik kann, kann in einem anderen auch ein Tier, ein Baum oder ein Ding.

1.2 Musik als Beruf – immer schon eine zwiespältige Geschichte

Viele Märchen geben auf dieser äußeren Erzählebene eine nur zu deutliche Auskunft über die sozial schlechte Stellung der Berufsmusiker, sowohl finanziell als auch im Sinne der Wertschätzung. Die Musiker ziehen durch die Lande, spielen auf der Kirmes, bei Tanzfesten und Hochzeiten. Bisweilen gefällt ihre Kunst im Königshaus, aber auch das ist eine unsichere Sache. Bisweilen ist der Musikerberuf gleichbedeutend mit der Armut des Helden oder der typische Beruf der Verkrüppelten und Ausgestoßenen. Musiker werden missachtet und haben Macht, und zwar böse: Sie lassen ihre Mitmenschen tanzen, bis sie tot umfallen. Psychologisch ist in diesem häufig vorkommenden Motiv die paranoide Wiederkehr des zuvor Projizierten nicht zu verkennen.

Hinsichtlich der Wertschätzung der angeblich »göttlichen Kunst« müssen wir ernüchternd feststellen, dass viele Märchen auch nicht anders klingen als die Mahnungen bürgerlicher Eltern, wenn eines der Kinder sich die Musik zum Beruf machen will: Musiker sind Zocker, Säufer und Betrüger. Eine kleine Auswahl:

In dem griechischen Märchen *Die Wetten des Flötenspielers* ist der Beruf des Musikers der Inbegriff der Faulheit, ergänzt durch die Kunst des Zockens: »Es war einmal ein Faulpelz, dessen Beruf war es, Flöte zu spielen. In seiner großen Faulheit spielte er sie auf der Nase liegend«. Faulheit und Spielsucht erweisen sich hier allerdings als eine durchaus lebenstüchtige Kombination: Durch Zocken gewinnt der Flötist sein zunächst verlorenes Vermögen zurück – geht nach Hause, schlägt seine Frau (die Vertreterin der Moral) tot, setzt sich zur Ruhe »und freut sich seines Lebens«.

Der blinde Dudelsackspieler Hugh wird vorgestellt mit der Charakterisierung:

> »Aber Musikanten sind immer durstig und der gute Hugh wurde nicht nüchtern, solang es etwas zu trinken gab und zu trinken gab es dazumal immer, in den guten Zeiten von Irland« *(O'Donoghues Dudelsack)*.

In dem rheinländischen Märchen mit dem schönen Titel *Die Wundergeige* täuscht der Geiger mit und an seiner Frau deren Mord und ihre wunderbare Wiedererweckung durch das Spiel auf seiner Geige vor. Dadurch kann er die »Wundergeige« gewinnbringend an seinen Nachbarn verkaufen. Der glaubt, nun endlich auf die Beherrschung seiner Wut verzichten zu können, schlägt seine Frau tot und versucht sie nun ebenfalls wieder zum Leben zu geigen. Aber lapidar heißt es: »je länger er geigte, desto weniger stand sie auf«.

Ist die Liebe zur Musik ein hohes Gut? Oder wird sie doch eher als unpraktisch angesehen? In dem Tiroler Märchen *Der Gesang im Schloss* können die drei armen Söhne eines armen Vaters sich – trotz der Warnung ihres steinreichen Arbeitgebers – dem Zauber des Gesangs aus dem Schloss nicht entziehen. Dadurch verlieren sie einer nach dem anderen ihre Arbeit und durch weitere Dummheit auch noch jeweils den zum Trost mitgegebenen Lohn. Der Reihe nach kehren sie arm wie zuvor zu ihrem armen Vater zurück. Hier scheint es allerdings etwas Besseres zu geben als Reichtum, denn diese sympathischen Anti-Helden fangen an, über ihre Dummheit und ihr Schicksal zu lachen – »und wenn sie zu lachen nicht aufgehört haben, lachen sie heute noch fort«.

Aber nicht immer sympathisiert das Märchen mit den Dummen, Faulen und Musikliebenden:

Hondidldo heißt der jüngste und dümmste von drei Bauernsöhnen, von denen sowieso »der eine dümmer als der andere« war. Er kann mit seiner Fidelmusik magische Kunststückchen vollbringen: nämlich größer und kleiner machen. Damit könnte man ja im Grunde weit kommen, und üblicherweise sind diese Jüngsten und Dümmsten in den Märchen ja durchaus erfolgreich und finden ihr Glück. Musik hilft dabei aber offensichtlich nicht. Hondidldo erweist sich als so dumm, dass er alles verliert, zum Schluss auch noch seine Fidel, worüber er aus Gram verstirbt. Keine »glücklich und zufrieden«-Wendung beschließt das Märchen, sondern eine ernüchternd banale Formel: »Die G'schicht ist aus. Dort lauft eine Maus. Hat ein rotes Rockerl an. Jetzt fängt ein anderer zu erzählen an«.

Zur Erzählebene des historischen »Außen« gehören sicherlich auch die durchgängig positivere Einschätzung der Musiker in den so genannten Zigeunermärchen und die Tatsache, dass die Musiker in den Märchen immer Männer sind. Auch wenn tiefenpsychologisch die Frage des Geschlechts der Protagonisten einer Märchenerzählung kritisch zu sehen ist, so spiegelt die Seltenheit, mit der von Frauen erzählt wird, die ein Instrument spielen, doch auch historische Gegebenheiten. Häufiger kommt es vor, dass Frauen singen, worin sich dann zumeist weibliche Eigenschaften wie Lieblichkeit, Gut-Sein und innere Schönheit widerspiegeln (z. B. *Rapunzel*; *Die singende Geige*; *Der Schäfer und die Schlange*). Dass noch am ehesten die Kombination von Singen und Harfe zu finden ist (*Der Königssohn in der Drehorgel*; *Der weiße Wolf*), bestätigt fast klischeehaft eine männlich-weibliche Zuordnung, ist doch die Harfe bis zum Beginn des 20. Jahrhunderts oft das einzige von Frauen gespielte Instrument in Orchestern. Nicht immer aber sind die Frauen gut und lieblich: In *Das Lied vom alten Hildebrand* singt eine Frau, während sie ihren Mann mit dem Pastor betrügt.

Eine geringere Subjekthaftigkeit von Frauen können wir möglicherweise in dem Motiv erkennen, dass sie zwar kein Instrument spielen, sich eher selbst in ein solches verwandeln können, wie wir es unter dem Motiv der Musik als Zeugin noch näher behandeln werden.

Hinsichtlich des ansonsten also eher männlich konnotierten Instrumentalspiels lassen sich einige wenige Ausnahmen finden: In dem deutschen Märchen *Die singende Besenbindertochter* finden wir die einzige Tochter eines armen Besenbinders, die »wunderschön singen und die Harfe spielen konnte«. Das weckt die Liebe des Fürsten, der sie – nachdem sie ihre Kunst im Wettstreit noch einmal bewiesen hat – letztendlich ehelicht, auch wenn dies nicht gern gesehen wird. Aber die Musik der Frau bekommt hier noch einmal eine weitere Bedeutung. In kriegerischen Zeiten folgt die Frau ihrem gefangenen Manne, spielt – nun aber als Pilger verkleidet – auf den Straßen, wird verleumdet, landet im Gefängnis und wird schließlich doch durch ihr Spiel und Lied wieder erkannt.

Eine deutlich erkennbare emanzipatorische Bedeutung lässt sich hingegen in dem jüdischen Märchen *Miriams Tamburin* erkennen, welches zugleich auch aufgrund der Einbeziehung einer alttestamentlichen Geschichte ein ungewöhnliches Märchen ist:

Das Tamburin-Spiel der biblischen Prophetin Miriam, welches der Rabbi und sein Sohn in dem Märchen von der Prophetin ausgeliehen bekommen, hat große Macht, es verzaubert Mensch und Tier, so wie es ehemals half, dass die Israeliten das Rote Meer durchqueren konnten. Auch hier hilft es durch seine »wunderbare zauberkräftige Musik in einem starken, gleichmäßigen Rhythmus«, die in der Erzählung deutlich als die Kraft der Prophetin erkennbar ist, mit der es gelingt, die bösen Schlangen zu vertreiben, die Seelen zu läutern und dadurch letztlich die Gefahr zu wenden.

2. Die psychologische Perspektive

2.1 Musik alleine genügt (meist) nicht

Nach Petzoldt geben die »Musikmärchen« etwas davon wieder, was »die Völker schon in der Frühzeit« als das »Wesen und die Wirkung der Musik auf Menschen und Tiere … empfunden haben« (1995, S. 3). In der vergleichenden Betrachtung heißt das allerdings zunächst einmal zur Kenntnis zu nehmen, dass diese Empfindung sehr deutlich sagt, dass Musik alleine nicht genügt, um die im Märchen symbolisierten psychologischen Entwicklungsschritte zu vollziehen oder, wie es in der Märchensprache heißt, das Glück zu erlangen. Vielmehr muss beispielsweise der Protagonist des ersten Märchens dieser Sammlung *(Der Geiger und seine drei Gesellen)* neben seinem durchaus beachtenswerten musikalischen Können auch noch furchterregende Nächte durchstehen, drei Jungfrauen erlösen, ein Schloss mit großen Reichtümern erwerben, mit Hilfe von drei Superman-Gestalten die Schulden des Königshauses eintreiben und mit einer merkwürdigen Jagdtechnik drei Rehe fangen. Die musikalischen Helden der Märchen müssen auch töten können *(Das Zauberspiel der Geige)* oder drei Teufel austricksen und sich deren Macht aneignen *(Der Prinz mit der Flöte).*

Wer Fidel spielen kann, sollte auch noch klettern und schweißen können *(Die sechs Faulpelze und Prinzessin Goldhaar).* Ist man von Beruf Trommler, so kann man zwar mit Trommelwirbeln den Riesen wecken und ihm mächtig Eindruck machen, aber um gigantische Mächte zu überwinden muss man daneben auch täuschen, lügen und mit Tricks arbeiten können. Neben der Trommel braucht man auch noch einen Wunschring, muss manches drei mal tun und durch allerlei Krisen gehen, bei denen das Trommeln nicht mehr hilft, sondern man ist auch als Trommler auf die Treue und Liebe anderer angewiesen ist *(Der Trommler).* Neben den musikalischen Künsten – und zumeist mehr noch – braucht man zum Weiterkommen mal Beherztheit und Unerschrockenheit, Treue und Klugheit, Einsatz und Fleiß, Mildtätigkeit und Hilfsbereitschaft, mal aber auch Raffinesse, ein gehöriges Stück Bösartigkeit, Glück oder den Beistand hilfreicher Geister.

Diese Sichtweise zeigt sich auch darin, dass häufiger drei wertvolle Dinge geschenkt oder Wünsche erfüllt werden, von den eines ein Musikinstrument ist:

> »Wohlan, wenn's doch sein soll, so wünsche ich mir erstlich ein Vogelrohr, das alles trifft, wonach ich ziele; zweitens eine Fidel, wenn ich darauf streiche, so muß alles tanzen, was den Klang hört; und drittens, wenn ich an jemand eine Bitte tue, so darf er sie nicht abschlagen« *(Der Jude im Dorn;* ähnlich: *Der Mönch und der Junge).*

Psychologisch auffällig ist auch, dass man die menschlichen Eigenschaften, die man zur Erlangung des Glücks braucht – bis auf seltene Ausnahmen – nicht durch die Ausübung oder das Hören von Musik entwickeln oder steigern kann.

Auch wird die »Gottesgabe Musik« bisweilen zwar von Gott oder gottähnlichen Wesen verliehen *(Die ewige Geige; Prinzessin und Bauernbursche:* Flöte), aber andere lernen die Musik beim Teufel in der Hölle *(Des Teufels rußiger Bruder:* Geige) oder bekommen das Glück bringende Musikinstrument vom Teufel verliehen *(Die Teufelsflöte; Die Gaben des Bösen:* Kantele, Fidel und

Flöte). »Musikalität« gilt in manchen Märchen als Zeichen besonderer Güte, in anderen als Zeichen der Macht oder der königlichen Abstammung *(Der goldene Sarg)*. Ein anderes Mal aber wird sie mit Habgier und gotteslästerlichem Spott gleichgesetzt *(Der musikalische Pope)*. In einer ganzen Reihe von Märchen ist die Musikalität eines Kindes, z.B. auch in den irischen und schottischen Feenmärchen, ein Zeichen dafür, dass es sich um ein »Wechselbalg« handelt, ein von »dem stillen Volk« untergeschobenes Kind. Als ein Beispiel sei hier das unumwunden Behinderten-feindliche irische Märchen *Der kleine Sackpfeifer* etwas ausführlicher dargestellt:

Erzählt wird von drei Kindern, auf die die Eltern »zu Recht« stolz sein können, denn sie sind »schön, wohlgewachsen, gesund und frisch«: Im Kontrast dazu wird das vierte Kind geschildert:

> »Das war der erbärmlichste, häßlichste und mißgeschaffenste Wicht, dem Gott noch je Leben verliehen hatte, so ungestalt, daß er nicht fähig war, allein zu stehen oder seine Wiege zu verlassen. Er hatte langes, struppichtes, verfilztes, rabenschwarzes Haar, eine grüngelbe Gesichtsfarbe, Augen wie feurige Kohlen, die immer hin und her blickten und in beständiger Bewegung waren«.

Um die Frage zu klären, ob sie dieses Kind als das ihre ansehen können/müssen, oder ob sie es als »nicht-menschlich« verkennen und ausschließen werden, wird ein umherziehender blinder (!) Dudelsackspieler geholt, um an der Reaktion des Kindes auf die Musik, dessen »Herkunft« zu testen. Als das Kind die Musik hört

> »richtete sich das kleine Ding, das bisher in seiner Wiege mäuschenstill gelegen hatte, in die Höhe, grinste und verdrehte sein garstiges Gesicht, focht mit seinen langen, braungelben Armen in der Luft umher, streckte seine krummen Beine heraus, kurz, gab alle Zeichen der größten Freude über die Musik von sich. Es hatte auch nicht eher Ruhe, als bis es die Pfeifen in seine eigenen Hände bekam … Er setzte die Pfeifen an, nahm Balg und Säcke unter die Arme und handhabte beides, als wäre er schon zwanzig Jahre dabei gewesen und blies ein wohlbekanntes Lied, daß es eine Art hatte. Jedermann war im größten Erstaunen und die arme Mutter bekreuzigte sich …«

Zunächst erscheint die Musikalität dem Kind eine Chance auf Weiterleben und Integration zu bieten:

> »Könnt Ihr Euch von ihm trennen, so will ich ihn aus Euern Händen zu mir nehmen, das ist ein geborner Pfeifer, ein Musikus von Natur, noch ein bißchen guter Unterricht bei mir, so gibts seinesgleichen in der ganzen Grafschaft nicht mehr«,

sagt der Dudelsackspieler, dem das Kind aber nicht gegeben wird. Schon die geringe Förderung durch den Kauf eines Dudelsacks lohnt das Kind durch beeindruckendes und durchaus »integratives« Können:

> »Der Ruf von seiner Geschicklichkeit verbreitete sich nah und fern, denn in den sechs nächsten Grafschaften war niemand im Stande, ihm es nachzutun, wenn er die alten beliebten Lieder und Reigen, ... oder jene artigen irischen Tänze aufspielte, bei welchen jedermann tanzen muß, er mag wollen oder nicht. Man erstaunte, wenn er ›die Fuchsjagd‹ vorschnarrte; es war nicht anders, als hörte man die Rüden anschlagen, die Hetzhunde hinterdrein bellen, die Jäger und die Peitscher loben oder strafen; kurz es war fast eben so gut, als sähe man die Jagd selbst ... die Burschen und Mädchen pflegten oft in seines Vaters Hütte zu tanzen. ›Wenn er Musik macht‹, sagten sie, ist's als ob wir Quecksilber in die Füße bekämen und bei keinem andern läßt es sich so leicht und lustig tanzen«.

Aber Fremdheit und Abstoßung siegen und das Märchen endet schließlich damit, dass sich das Kind wild den Dudelsack pfeifend in die gewaltsam wirbelnden Fluten des Flusses stürzt und zur Erleichterung aller in der nächsten Kurve für immer verschwindet.

Aber man findet dieselbe thematische Verknüpfung von Musik und Behinderung, Andersartigkeit, Fremdheit zwischen Eltern und Kind auch mit anderem Ausgang. Auch in dem Grimmschen Märchen *Hans mein Igel,* geht es um ein »verwunschenes« Kind, erst sehnsüchtig begehrt, dann aber nur halb als Mensch wahrgenommen, halb stachelig-fremd. Auch dieses Igel Kind spielt ganz wunderbar den Dudelsack. Obwohl die Eltern ähnlich ambivalent gegenüber diesem Kind sind wie in *Der kleine Sackpfeifer* und es verstoßen, aber eben nicht ermorden, gelingt hier über viele schmerzhafte Entwicklungsschritte die Menschwerdung. Eine ähnliche Geschichte finden wir in dem Grimmschen Märchen *Das lautespielende Eselein.*

Die Märchen idealisieren eben gerade nicht, sondern spiegeln – gerade wenn man nicht nur das einzelne Märchen anschaut, sondern sie in einen umfassenderen Vergleich bringt – die Widersprüchlichkeit, Vielschichtigkeit und Offenheit des Seelischen wider. Und auf die Musik bezogen heißt das; Musik hilft manchmal, aber nicht allein und ist meist auch durch anderes zu ersetzen.

Und auf die Musiker bezogen müssen wir sogar feststellen, dass Musiker ziemlich oft böse dargestellt werden und von einem Sublimierungspotenzial der Musik manchmal wenig zu bemerken ist.

Ein schönes Beispiel ist *Der alte Dudelsackpfeifer,* der so mächtig und so böse ist, dass er noch posthum mit seinem Pfeifen nacheinander 50 Mädchen ermordet, damit der aufgrund seines schlechten Ansehens abgewiesene Sohn doch noch zu einer Frau kommt. Als die Erwählte dann immer noch nicht will, lässt er sie drei Mal tödlich erkranken, bis sie endlich einsieht, dass es wohl besser ist, bei dem ungeliebten Mann zu bleiben.

In anderen Märchen ist die Musik aber durchaus auch Teil einer »therapeutischen Entwicklung«. Etwa in dem schönen Märchen *Des Teufels rußiger Bruder:*

Ein »abgedankter Soldat«, das heißt: einer, der weder Geld noch sonstige für das zivile Leben brauchbare Fähigkeiten hat, dient sieben Jahre dem Teufel in der Hölle. Auf der psychologischen Ebene werden Teufel und Hölle in diesem Märchen erkennbar als die erfolgreiche Auseinandersetzung mit den eigenen Schattenseiten, deren Integration dann auch zur Lebenstauglichkeit des Helden führt. Dieser Wandlungsprozess des Protagonisten symbolisiert sich in einer Bemerkung am Schluss des Märchens: Er »ging herum und machte Musik, denn das hatte er beim Teufel in der Hölle gelernt«. Musik steht hier vielleicht auch für den Gegenpol des soldatischen Nur-Zerstören-Könnens. Dadurch nun bewegt er den König zu so großer Freude, dass dieser ihm die jüngste Königstochter und das Königreich gibt. Diese Märchenformel vom Gewinn des Königsreiches und Prinz oder Prinzessin können wir klassisch freudianisch als die Erlangung der Liebes- und Arbeitsfähigkeit ansehen. Also hier ein erstes – teuflisch schönes – Beispiel für eine gelungene »Musiktherapie«.

2.2 Musik als Bewegende

2.2.1 Musik und Tanz

»... um zu zeigen, was er bekommen hatte, fing er an, auf seiner Harfe zu spielen. Doch kaum war der erste Ton heraus, so war auch schon die ganze Gesellschaft auf den Beinen. Hast Du nicht gesehen, fingen sie an zu tanzen, als ob sie den Verstand verloren hätten, sprangen bis an die Decke, schlenkerten die Beine weit aus und setzten über Tische und Stühle hinweg« *(Die Zauberharfe,* walisisch).

»Dieser Spielmann fiedelte so, dass alles tanzen mußte, wenn er aufzuspielen begann. Sogar die Toten erwachten auf ihren Bahren. Lustig tummelten sie sich im Reigen« *(Die sechs Faulpelze und Prinzessin Goldhaar,* französisch).

»Als die Kühe den Klang der Flöte hören, spitzen sie die Ohren, sie fangen an zu tanzen, es tanzt die Wiese, es tanzen die Wälder, die Flüsse, auch die Berge – alles tanzt, weil es eine Zauberflöte ist« *(Der Aga und seine Schlauheit,* griechisch).

»Er nahm seine Trommel und trommelte, trommelte so gut er konnte. Da begann die Mecka (Bärin) zu tanzen ...« *(Die zwölf Kinder,* Roma-Märchen).

»Als sie ihn aber nun ins Gefängniss geworfen hatten, da fing er an auf seiner Flöte zu blasen, und da tanzten nicht nur Thiere und Menschen, sondern auch Häuser und Felsen, und die Häuser und Felsen stürzten auf die Menschen und erdrückten sie alle sammt dem Könige« *(Die Wunderpfeife*, griechisch).

Dass Musik bewegt, ist das konkreter eingrenzbare Motiv, welches wir am häufigsten finden, wenn wir eine größere Anzahl europäischer Märchen vergleichen. Dabei lassen sich zwei Varianten unterscheiden: Zum einen – wie in den hier aufgeführten Beispielen geschildert – versetzt die Musik die Menschen äußerlich in Bewegung, bringt sie zum Tanzen. Zum anderen bewegt Musik innerlich, löst Gefühle aus. Musik als bewegende Kraft scheint allerdings am häufigsten in der sinnlichen Erfahrung und engen Verknüpfung von Musik und Tanz erfahren worden zu sein. In der Unwillkürlichkeit, mit der diese Wirkung stets der Musik allein zugeschrieben wird, scheinen Wille und Subjektivität des Einzelnen außer Kraft gesetzt, so als verspüre nicht erst einer eine Lust zu tanzen, und tue es dann, sondern als fahre die Musik unmittelbar in die Glieder und bewege die Menschen wie intentionslose Marionetten – bis hin zum eigenen Erschöpfungstod: »... und fangt an zu geigen, aber so geschwind, dass alle Leute ... zu tanzen anfangt, so dass einige vor Schwindel niedergefallen sind und viele gar an den Tod haben büßen müssen« *(Die ewige Geige).* Wie zur Steigerung dieser Vorstellung können sich selbst die Tiere und die Toten diesem Bewegt-Werden nicht entziehen. Diese Macht wird häufig von Gott oder guten Geistern als Belohnung für gute Taten verliehen *(z.B. Die ewige Geige; Die Wunderpfeife)* ebenso aber vom Teufel (z.B. *Die Teufelsflöte; Die Gaben des Bösen)* oder vom »Stillen Volk«, welches positive und negative Konnotationen haben kann.

Entgegen der Erwartung, dass Märchen eher vereinfachen und schwarz-weiß zeichnen, lässt sich gerade bei diesem häufigsten Motiv zeigen, dass die »guten« und »bösen« Aspekte dieser Macht der Musik durchaus nicht säuberlich getrennt sind: Das von Gott für Gutherzigkeit und Mildtätigkeit geschenkte Instrument wird »böse« bis hin zum Mord genutzt, das vom Teufel mitgegebene Instrument führt zum »Guten« oder zum Glück. Die Fähigkeit, andere zum Tanzen zu zwingen, wird mal zum Reich-Werden benutzt, mal um den Rivalen auszustechen, zum Verjagen der Steuereintreiber oder mehrfach dazu, sich vor dem Galgen zu retten. Mal werden die Tiere fett, wenn sie durch die Musik zum Tanzen gebracht werden *(Der Dudelsack, der alle zum Tanzen brachte)*, ein anderes Mal stürzen sie in den Tod. Daneben kann Musik auch helfen andere zu vertreiben: Neben den bekannten Bremer Stadtmusikanten begegnet uns ein Ire, der mit seinem Dudelsack die Steuereintreiber in die Flucht jagt (*O'Donoghues Dudelsack)* und im Rheinland wird von einen Trompeter erzählt, der sich vor einem Wolf auf einen Baum geflüchtet hatte und – nachdem anderes nicht half –

schließlich zu seinem Instrument griff und »so jämmerlich spielte, dass selbst den Wolf das Heulen ankam« und er ihn so vertreiben konnte *(Der Trompeter auf dem Baum)*.

Manchmal kommt die Ambivalenz gegenüber dieser Macht der Musik auch in ein und demselben Märchen zum Ausdruck. So gelingt es einem Schäfer, dem Protagonisten des rheinländischen Märchens *Der Flötenspieler*, mit Hilfe seiner musikalischen Macht seinen Rivalen im Umwerben der Förstertochter so zum Tanzen zu bringen, dass der in den Abgrund stürzt. Nachdem er seine Liebste geheiratet hat, »rührte er die Flöte nie wieder an«. Psychologisch können wir das verstehen als das Empfinden, dass diese Macht nicht integrierbar sein kann. In einem anderen Märchen ist die von den Feen geschenkte Harfe eines Morgens nicht mehr da: »Man glaubt, die Feen hätten sie ihm wieder genommen, da sie das Unheil, das er damit anrichtete, gesehen und mit den armen Nachbarn Mitleid bekommen hätten« *(Die Zauberharfe)*.

Das erlernte Spiel, die Fähigkeit des Musikers, spielt bei diesem Motiv eher keine Rolle, vielmehr wird die ausgelöste Wirkung der Musik eher im Instrument selbst geortet: »Hier gebe ich dir eine Flöte«, sagte der alte Mann, »sie hat eine besondere Eigenschaft; denn wer auch immer, außer dir selbst, zuhört, wenn du spielst, der wird gezwungen zu tanzen« *(Der Mönch und der Junge)*. Auch darin spiegelt sich noch einmal die bei diesem Motiv meist fehlende Subjekthaftigkeit.

Musik als ein mächtiges Mittel, welches jenseits von Subjektivität und Beziehung hilft oder eben auch schadet: Das ist ein Musikbegriff, dem wir auch heute durchaus noch begegnen, so z.B. im Zusammenhang einer Auffassung von Musiktherapie, bei der erwartet wird, dass die »Musik an sich« jenseits einer therapeutischen Beziehung, jenseits des Subjektes dessen, der so beschallt wird und jenseits jedweder kultureller und biografischer Bezüge eine bestimmte Wirkung habe. Die Forderung etwa, für die Anwendung von Musiktherapie müsse es, möglichst noch »evidence based«, eine klare Indikation und Kontraindikation geben, folgt einer solchen, wie die Märchen deutlich machen, recht archaischen Auffassung von Musik.

2.2.2 Musik als innerlich Bewegende

Die uns vermutlich näherstehende Vorstellung der Musik als bewegend im emotionalen Sinne finden wir deutlich seltener. Am schönsten vielleicht in dem Romamärchen *Die Erschaffung der Geige*, in der die verarmte Welt bloßen Reichtums, in der es nichts Neues mehr gibt, dadurch bereichert wird, dass einer sich der Verzweiflung des (eigenen) Kerkers stellt und von dort die Fähigkeit mit sich bringt, Affekte in anderen zu bewirken.

Psychologisch können wir die Geschichte des Jünglings, der von der Fee Matuya im Kerker eine Kiste und ein Stäbchen erhält, ihr einige Haare ausreißen muss – woraus die Saiten und die Bogenbespannung werden – und ihr Lachen und ihr Weinen geschenkt bekommt – wodurch das alles erst zur Geige wird – als Überwindung der analen Phase verstehen, in der die Weltbeschränkung bloßen Besitzens und Behalten-Wollens durch die Neues schaffende Fähigkeit verwandelt wird, im Anderen eine Emotion – und ein Begehren – zu erzeugen.

Oder wir können mit Daniel Stern (1992, S. 198ff.) Musik hier selbstpsychologisch verstehen als Symbolisierung des Bereichs des »subjektiven Selbst« und der »subjektiven Bezogenheit« als einer Sphäre, die den Austausch, die Kommunikation von Affekten und »inneren« Bewegtheiten ermöglicht.

Auch in dem russischen *Märchen von Sadko* »rührte« die Musik »zum Weinen« und »lockte zum Lachen, stärkte die Seele und labte das Herz«. Seine Lieder, die er zur Gusli singt, kommen aus seinem Herzen. In diesem Märchen, welches vielleicht auch aufgrund dieser unserer Zeit näheren Deutung der Musik von Rimsky Korsakov vertont wurde, ist die Musik zugleich Ausdruck innerer Bewegtheiten. Der Musiker muss spielen, auch wenn ihn keiner mehr hören will. So spielt Sadko, als seine Lieder keinen Anklang mehr finden,Tag für Tag am Wasser eines Sees: »Zum Tanz spielte er auf und spielte auch traurige Lieder, sie strömten aus seiner Gusli und stillten den Schmerz in seinem Herzen«.

Diese emotionale Wirkung der Musik kann in den Märchen auch von Tieren empfunden werden – und sie z.B. so besänftigen, dass sie für das Zuhören und »Mitsingen« auf ihren natürlichen Trieb (das Fressen des Musikanten) verzichten *(Der Musikant in der Wolfsgrube)* – eine schöne Darstellung der Sublimierung durch Musik, die in der inneren Bewegtheit gründet.

2.3 Musik als Begehrte

Mit ihrer Qualität, innere Berührung und Bewegtheiten zu erwecken oder zu spiegeln, lockt die Musik und löst verschiedene Arten des Begehrens aus. Um diese Qualität gruppiert sich ein weiterer Typus, in dem die Musik als das Begehrte in Erscheinung tritt. Dieses Begehren setzt dann weitere Entwicklungen in Gang. So z.B. in dem vielstufigen Grimmschen Entwicklungsmärchen *Das singende, klingende Bäumchen,* in dem die Musik nur kurz vorkommt, aber eine für die Entwicklung zentrale Bedeutung einnimmt:

Prinzessin Gabriele ist eine schöne, allzu schöne Frau, deren gute Eigenschaften durch Eitelkeit, Hochmut, Willkür und Bösartigkeit bis zur Unkenntlichkeit »verdunkelt« sind. Das, was die Geschichte, die mehrfach im Desaster zu enden droht, schließlich wendet, ist ihr Begehren, welches von »Tönen einer sehr lieblichen, nie zuvor gehörten Musik« entfacht wird, die sie halb schlummernd aus der Ferne zu vernehmen glaubt. Diese unstillbare Sehnsucht nach der Musik eines Baumes (der Klang des Lebendigen?) wird auf der äußeren Erzählebene mit einem Tabu belegt, dessen Übertretung auch zuerst in immer größeres Unglück, dann aber zur Wandlung führt.

Durch einige moralisierende Überlagerungen hindurch gibt uns dieses sehr komplexe Märchen zu erkennen, wie eine ödipale Verstrickung überwunden und die Prinzessin zur »glücklichen Mutter ihres Volkes« reifen kann. Die Musik steht hier für die Art des Begehrens, die in der Lage ist, als das Neue im Alten in die ödipale Liebe hineinzuragen und die darin Gefangene quasi an der Hand ihres eigenen Begehrens aus dieser Sackgasse herauszuführen. Varianten des Motivs der Musik als das, was Sehnsucht und Verlangen auslöst, finden sich z.B. in: *Der Gesang im Schloss, Die singende Besenbindertochter, Die Bettelprinzessin* und angedeutet in einigen weiteren Märchen, in denen der schöne Gesang, das schöne Spiel gefällt und dadurch die Nähe des Spielenden ersehnt wird.

Häufig finden wir auch das Motiv, dass ein Tier durch die Musik angelockt wird, so dass es darüber alle Vorsicht und Scheu vergisst und sich dem Menschen nähert. Dadurch kann z.B. der geigende Vater die Füchse, die seinen kleinen Sohn geraubt haben, überlisten und erschlagen *(Das Zauberspiel der Geige).* Auch kann dieser menschlich anmutende Wunsch des »wilden« Tieres, selbst Musik zu erlernen, von den musizierenden Menschen ausgenutzt werden, um die ansonsten stärkeren Tiere zu überwinden.

> »Wie das vorbei war, holte das Schneiderlein eine Violine unter dem Rock hervor und spielte sich ein Stückchen darauf. Als der Bär die Musik vernahm, konnte er es nicht lassen und fing an zu tanzen, und als er ein Weilchen getanzt hatte, gefiel ihm das Ding so wohl, daß er zum Schneiderlein sprach: ›Hör, ist das Geigen schwer?‹ – ›Kinderleicht, siehst du, mit der Linken leg ich die Finger auf, und mit der Rechten streich ich mit dem Bogen drauf los, da geht's lustig, hopsasa, vivallalera!‹ ›So geigen‹, sprach der Bär, ›das möcht ich auch verstehen, damit ich tanzen könnte, so oft ich Lust hätte. Was meinst du dazu? Willst du mir Unterricht darin geben?‹ – ›Von Herzen gern‹, sagte das Schneiderlein, ›wenn du Geschick dazu hast. Aber weis einmal deine Tatzen her, die sind gewaltig lang, ich muß dir die Nägel ein wenig abschneiden.‹ Da ward ein Schraubstock herbeigeholt, und der Bär legte seine Tatzen darauf; das Schneiderlein aber schraubte sie fest und sprach: ›Nun warte, bis ich mit der Schere komme!‹ ließ den Bären brummen, soviel er wollte, legte sich in die Ecke auf ein Bund Stroh und schlief ein« *(Vom klugen Schneiderlein).*

Mit der unverblümten Grausamkeit gegenüber den Tieren scheinen die Märchen klarmachen zu wollen, dass es einer sehr deutlichen Grenzziehung bedarf, damit man sich unbehelligt in die Ecke legen und schlafen kann oder eine »menschliche« Beziehung findet *(Der wunderliche Spielmann).* Das kann man aus heutigem Empfinden vielleicht nur dann nachvollziehen, wenn man die Erzählung auf einer Subjektstufenebene versteht – also alle Figuren des Märchens als Anteile einer Person deutet – da uns die Projektion der zu überwindenden Triebhaftigkeit in die Tiere vielleicht heute nicht mehr in gleichem Maße inne ist, wie dies offensichtlich zur Erzählzeit der Märchen der Fall war.

Musik ist menschlich, erzählen die Märchen, den Tieren und anderen nicht menschlichen Wesen *(Vom Zimmermann, Perkun und dem Teufel)* wird sie verwehrt. Eine indirekte Bestätigung dieser Deutung finden wir in den beiden Märchen *Das lautespielende Eselein* und *Hans, mein Igel.* Hier können die Tiere – deren Eltern Menschen sind – das erwünschte Instrument lernen – aber sie erweisen sich als verwunschene Menschen, die durch diese Entwicklung ihre »Tierhaut« abstreifen können. Auch in *Das Froschmädchen* wird durch den schönen Gesang des herangereiften Froschkindes sein menschliches Wesen angekündigt und kann sich durch das Begehren des Königssohnes in eine menschliche Gestalt verwandeln. In diesem Märchen spüren wir im Unterschied zu vielen anderen eine Unterscheidung in »Äußerliches« wie Geschlecht und Gestalt und »inneres Wesen«, dem hier das Begehren gilt: »Aber der Gesang ergreift mein Herz ... Wenn es ein Mann ist, soll er mein Kamerad sein, wenn ein Mädchen, soll es mein Liebchen sein. ... Da kam der Frosch herbei und fing noch einmal an zu singen. Dem Königssohn hüpfte das Herz vor Vergnügen, und er sagte zu ihr: ›Sei mein Liebchen!‹«

In einer weiteren Variante tritt Musik als das Begehrte auch im Sinne der mittelalterlichen Minne auf, als Möglichkeit, sich durch musikalische Fähigkeiten begehrenswert zu machen, z.B. in *Die drei schönen Prinzessinnen* und *Der hässliche Prinz und die schöne Prinzessin.* Auch hier geht es dabei deutlich erkennbar um Sublimierung. Begehren tritt zunächst triebhaft, als heftiges Verlangen und ein unbedingtes Haben-Wollen auf und führt dann zur Überwindung des rein Triebhaften. Psychologisch finden wir auch hier die Erfahrung einer Paradoxie dargestellt, indem in der Musik die Gegensätzlichkeit von hie animalischer (aber lustvoll-süßer) Sexualität und dort menschlicher (aber unlustvoll-moralinsaurer) Kultur überwunden wird: Kultivierung kann lustvoll und begehrenswert sein.

Auch das mit der Musik symbolisierte Begehren ist in den Märchen aber durchaus ambivalent: Während es manchmal Ferment für die Weiterentwicklung ist, wird es in anderen Märchen als gefährlich und nicht lebbar, nicht integrierbar geschildert. Dann muss man das/die Begehrte, notfalls mit Hilfe guter

Freunde, wieder loswerden (*Die Seejungfrau von Purt-le-Murrey*). Diese – stärker den Sagen und Balladen zuzuordnende – Konnotation der Musik als »gefährliches Begehren«, kennen wir auch von der *Loreley* und *Tom der Reimer*[5].

2.4 Musik als Verbindende zweier Welten

Musik muss nicht den Hauptstrang der Erzählung einnehmen, um Antwort auf die Frage zu geben, welche Erfahrung mit Musik sich in den Märchen spiegelt. So finden wir bei ansonsten unterschiedlicher Motivik immer wieder Musik als Verbindende zwischen zwei Welten. Als Beispiel sei hier das isländische Märchen *Der Maultrommelspieler* aufgeführt.

Gleich mehrmals verbindet das Maultrommelspiel des Protagonisten die unterirdische Welt der »Huldren« mit der Welt der »Christenmenschen«. Der Held spielt nach dem Abendessen allein zu seiner eigenen Unterhaltung den »Thomasglockenreigen«. Doch noch im Spiel – »mit dem Instrument im Munde« – schläft er ein. Er erwacht wieder – und dann wird klar: Er ist in eine andere – die unterirdische, unchristliche – Welt hinein erwacht. Zunächst scheint er dem Geschehen in dieser Welt nur als unerkannter Zuschauer beizuwohnen, dann greift er wieder zum Instrument und auch diesmal gelingt die Verbindung: Er spielt einen ausgelassenen Tanz, und die zunächst erschrockenen Huldremädchen kommen zurück und tanzen dazu. Als sie durch eine Un(ge)schicklichkeit des Helden wieder verschwunden sind, gelingt die Wiederherstellung des Kontaktes ein drittes Mal. Dem Spieler fällt ein bestimmtes Stück ein, die »Blaue Weise«, ein Stück, welches er von einem Spielmann kennt, der es in alten Zeiten von den Unterirdischen gelernt hat. Der musikalische Austausch zwischen der heidnisch-unterirdischen Welt und der »Christenwelt« scheint also auf eine gewisse Tradition zurückgreifen zu können. Die Kenntnis des Anderen, die Fähigkeit, die Musik des Anderen spielen zu können, bringt die beiden Mädchen zurück und es kommt nun zu einem wechselseitigen Kulturaustausch, in dem die Mädchen die »Blaue Weise« lernen und dem Helden dafür ein leckeres Lakritzrezept verraten. Die durch die Musik ermöglichte Verbindung geht hier in eine dauerhafte Verbundenheit, eine Ehe, über. Wieder allerdings reicht Musik alleine nicht. Es gilt noch viele Proben zu bestehen, bis die unterirdische Welt (die Welt des Es, des Schatten …) so mit der »Christenwelt« (die Welt der Kultur, des Über-Ichs …) endgültig miteinander versöhnt ist.

Psychologisch finden wir in den Varianten dieses Motivs (z.B. *Der Musikant*

5 Die von Carl Loewe vertonte Ballade Theodor Fontanes gibt es als schottisches Feenmärchen, vgl. Märchen aus Schottland, Fischer TB 1996.

mit dem Buckel; Der Müller und die Nixe sowie in zahlreichen der irischen und schottischen Feenmärchen) eine Erfahrung, die wir als MusikerInnen durchaus kennen und die wir auch in der Musiktherapie nutzen. Musizieren als Tätigkeit – wie auch das Musik-Hören – kann uns in andere psychische Verfassungen versetzen, in denen wir offen sind für »Einfälle« aus den unterschiedlichen seelischen Schichten: Während die Märchen hier von den Unterirdischen oder Überirdischen, den Trollen, kleinen Männchen, Huldren, den Feen usw. sprechen oder Tiere auftauchen lassen, nennen wir es heute, je nach psychologischer Ausrichtung: Triebe, Es, Schatten, Kind-Ich, Archetypen, Nebenfiguration oder gehen daneben von einer Offenheit gegenüber transzendenten Erfahrungen aus.

Gemeinsam dürfte die Erfahrung sein, dass Musik unbewusste Bilder in uns wachrufen oder uns Zeit- und Raumverschiebungen erleben lassen kann, wie in *Der Mönch und das Vöglein* und *Die wunderbare Musik im Jenseits.* In der Musik erleben wir uns in einer veränderten Verfassung und können aus einer anderen Schicht heraus handeln. Deshalb erleben wir in der Musiktherapie oft so etwas wie eine andere »Fassung«, eine andere Version unserer PatientInnen, wenn wir mit ihnen Musik machen. Und auch sie erleben sich und die therapeutische Beziehung in der Musik anders. Peter Sloterdijk beschreibt dieses Dazwischen der musikalischen Verfassung unter der Frage »Wo sind wir, wenn wir Musik hören?« als sich gegenseitig erzeugende dialektische Gebärden von Ausfahrt und Heimkehr (1993, S. 301). Eckhard Weymann spricht – im Zusammenhang mit der musikalischen Improvisation – von »Schwebe-Verfassung« (2004, S. 19).

Die herausgearbeiteten Typisierungen können sich natürlich überschneiden. So finden wir z.B. in der Verbindung von Musik und Rausch Erfahrungen ausgedrückt, die sich mehreren Motiven zuordnen lassen. So kann das durch Musik ausgelöste Tanzen in Rausch und Ekstase übergehen. Die Fähigkeit, solch rauschhafte Zustände erzeugen zu können, kann das Begehren eines Menschen oder Tieres auslösen, den Musiker für sich zu gewinnen oder das Instrument erlernen zu wollen. Rausch kann aber auch die Verbindung zu anderen Welten befördern. Manchmal wird dies durch die Musik selbst ausgelöst, manchmal taucht es im Zusammenhang einer Neigung von Musikern zum Rauschhaften auf.

Auch hier vereinfachen die Märchen nicht. Das Doppelwesen des Rausches finden wir z.B. sehr schön in dem irischen Märchen *O'Donoghues Dudelsack* erzählt, da Hugh, der bereits erwähnte blinde, dem Alkohol zugetane Dudelsackspieler einerseits offensichtlich stockbesoffen ist und andererseits im Rausch der Trunkenheit eine durch den mitgegebenen mächtigen Dudelsack »bezeugte« übersinnliche Verbindung zur Sagengestalt des verstorbenen O'Donoghues erlebt hat.

In dem bosnischen Märchen: *Die Nachtschwärmerin* erklingt »von oben herab die Musik, so als ob die Engel des Himmels die Harfe spielten. Die langsam beginnende Musik und der Tanz werden »immer berauschender« und »schließlich, als ob der Böse in sie gefahren wäre, begannen sie zu springen, und von allen die Zarentochter am meisten; so als wäre sie von Sinnen«.

2.5 Musik und Identität

In einer kleinen Gruppe von Märchen finden wir ein Konzept des Musikalischen, welches auf einen Zusammenhang von Musik und Identitätsfindung verweist. Diese Charakteristik ist verbunden mit dem Motiv, dass einer an seiner Musik »erkannt« wird. Die Musik steht für das, was durch den Verlust von Stellung, Rolle und äußerer Erscheinung hindurch als Eigenheit und das »eigentliche Wesen« bewahrt wird. Die Güte und Schönheit der Musik steht hier zugleich für die Güte der Person, was sich nach Art der Märchen auch oft in ihrer königlichen Abstammung symbolisiert.

Gleich mehrfach ausgeführt finden wir dieses Motiv in dem sehr komplexen und trotz seiner Aufzeichnung 1864 modern anmutenden griechischen Märchen *Der goldene Sarg.* Das »prinzliche Wesen« des Protagonisten, der durch Schiffsbruch Identität und gesellschaftliche Stellung verloren hat, finden wir zuerst in seinem Flötenspiel symbolisiert: »… wenn er glaubt, dass er dort allein war, da zog er eine Flöte hervor … und spielte darauf so schön, dass selbst die Nachtigall seinem Spiel lauschte«. Es lauscht aber auch die Königstochter, die sich, allerdings auch aufgrund seiner »schönen seidigen Goldlocken«, sofort in ihn verliebt. Und noch einmal verraten seine musikalischen Fähigkeiten seine königliche Abstammung:

> »In einem Zimmer aber stand ein Klavier, und als er eines Tages glaubt, daß ihn niemand hört, da fing er an und spielte darauf leise, leise und summte ein Liedchen dazu. Die Prinzessin aber belauschte ihn, und als sie ihn so schön spielen und singen hörte, da wurde sie nur noch mehr in ihrem Glauben bestärkt, daß hinter ihrem Diener ein großes Geheimnis stecke«.

Nun nimmt die Prinzessin bei ihm Klavierunterricht und über weitere Komplikationen hinweg kommt es schließlich zu einer glücklichen Ehe der beiden. Aber dann wiederholt sich das Schicksal des Schiffsbruches und des Verloren-Gehens von Heimat und Identität in der nächsten Generation in Gestalt der Tochter. Aber auch diese offenbart ihr königliches Wesen durch ihre musikalischen Fähigkeiten. Als Sklavin entgeht sie der Prostitution, indem sie der Kupplerin mehr Geld durch Harfenspiel und Gesang einbringt. Und auch sie offenbart und gewinnt ihre Identität durch die Schönheit und Aussagekraft ihrer Musik wieder:

> »Wie nun der König das Spiel und den schönen Gesang des Mädchens hörte, wurde er aufmerksam ... (holte sie ins Schloss) und ließ sie dort weitersingen, und da sang sie ihre ganze Geschichte, soweit sie sich daran erinnerte, in einem Lied«.

Auch die verschiedenen anderen Märchen, die sich zu dieser Auffassung von Musik finden lassen, handeln davon, wie man verloren gehen und sich verlieren kann in der Welt oder wie eine getrennt wird von Heimat, Rolle oder Geliebtem. Auf dem Wege sich und seine Anbindung wieder zu finden, steht die Musik dann für die Wahrung der Identität und für ihre Wiedererkennung durch einen anderen. In manchen Märchen geschieht dabei die Aufdeckung der verborgenen Identität mit Hilfe des Gesanges, wobei singen, ein-Instrument-spielen und eine-Geschichte-erzählen meist eine ineinander verwobene Gestalt ist *(Der weiße Wolf; Siebenschön)*. In anderen Märchen ist es die Musik selbst, an der jemand erkennbar ist: »Wenn er nicht ins Wasser gestürzt wäre, so würde ich sagen, das sei mein Geliebter, der da unten spielt, denn grad solche Melodien hat er geblasen!« *(Vom Pflasterbub zum Prinzen)* Oder die Güte der Musik führt mit Hilfe von Menschen, die in der Lage sind, das zu erkennen, in die richtigen Kreise, so dass die wahre Identität und ein glückliches Ende gefunden werden können: »Und wie er spielte! Da hätte sich eine ganze Musikkapelle verstecken können« *(Der Goldvogel und die Meerjungfrau)*. Mit der Aufklärung eines Verbrechens leitet dieses letzte Märchen zugleich zu einem weiteren Motiv über, welches vielleicht das überraschendste ist.

2.6 Musik als Zeugin

Musik kann Zeugin eines unentdeckten und ungesühnten Verbrechens sein und dieses über viele Jahre bewahren, um es dann zur rechten Zeit hörbar zu machen. Durch ihr Zeugnis können die rechten Verhältnisse wieder hergestellt und die Täter entlarvt und bestraft werden.

Eine von zwei eifersüchtigen Schwestern lockt die jüngste und schönste der Mädchenschar an eine gefährliche Klippe, versetzt ihr einen Schlag und stößt sie, die in harmloser Unschuld nach der rettenden Hand der Schwester greift, endgültig in den Tod. Die Suche nach der Verschwundenen bleibt vergeblich, die Tat unerkannt und ungesühnt. Aber der Wacholderzweig, den die Stürzende mit in die Tiefe riss, schlägt Wurzeln und wächst zu einem stattlichen Baum heran »und wenn der Wind durch die Zweige wehte, ertönten seltsame, klagende Laute, der Klage einer Geige ähnlich …« Ein junger Zigeuner sitzt gerne an diesem Baum, verliert seine Geige, die er meisterhaft zu spielen weiß. Er erfährt träumend von dem geschehenen Unrecht und hört aus der Tiefe eine Stimme, die ihn auffordert, sich aus dem Wacholder eine neue Geige zu schnitzen. Zunächst im Traum – dann auch in Wirklichkeit – spielt diese Geige ganz von selbst und singt zugleich dazu und entlarvt so das Verbrechen. *(Die singende Geige,* tschechisch*)*

Psychologisch betrachtet lernen wir Musik mit diesem häufiger vorkommenden Motiv als Hüterin oder Wiederbeleberin der Erinnerung kennen. Sie ist in der Lage, das der Verdrängung anheim Gefallene lange zu bewahren, zu bezeugen und, wenn die Zeit dafür reif ist, zu integrieren. Es ist dies eine Erfahrung, die einen der wesentlichen Gründe für die Erweiterung psychotherapeutischer Möglichkeiten durch die musikalische Kommunikation darstellt. Musiktherapeutische Erfahrungen zeigen, dass das, was vor und jenseits der Sprache verinnerlicht und bewahrt worden ist und deshalb sprachlich nicht zum Ausdruck gebracht werden kann, in der Musik wiederbelebt werden und seine »Sprache« finden kann. Auch die Erfahrung, dass die Musik ein Zum-Ausdruck-Kommen jenseits oder vor der Bewusstwerdung ermöglicht, finden wir in den Märchen metaphorisch dadurch dargestellt, dass es bei diesem Motiv häufig vorkommt, dass das Instrument (wie) von selbst spielt und das Verborgene offenbart:

> »Und der Hirtenknabe machte ein paar Löchlein in das Beinlein, so wurde daraus eine kleine Flöte, und diese setzte der Hirtenknabe an seine Lippen und blies. Da quollen Töne aus dem Totenbeine, ach, so unendlich traurig, und es war ordentlich, als singe in demselben eine weinende Kindesstimme, daß der Hirtenknabe selbst weinen mußte, und konnte doch nicht aufhören zu weinen«.

Die Knochenflöte, deren Lied selbst alle Vöglein stumm und traurig macht, findet ihren Weg bis in den Hof, an dem der Schwestermörder regiert und auch er hört schließlich die anklagende Musik »von ungeheurem Grauen durchrieselt«. Während sich in dem nun von der Mutter gespielten Flötensolo das Geschehene entlarvt, entsinkt das Zepter seiner Hand, die Krone rollt ihm vom Haupt, er stürzt vom Thron und stirbt. Die Trauer ist es, die hier den Abschluss der offen gebliebenen Gestalt ermöglicht:

> »Die alte Königin aber weinte und betete noch bis Mitternacht – dann verlöschte sie selbst die letzte Kerze und zerbrach die Flöte, auf dass niemand mehr das klagende Lied vernehme« *(Das klagende Lied).*

Eng verbunden mit der Wahrung der Erinnerung finden wir hier das Motiv des Knochens, psychologisch als pars pro toto, real als der Teil des Körpers, der am längsten überdauert und der zugleich geeignetes Ausgangsmaterial für den Instrumentenbau ist. In *Vom singenden Dudelsack* macht ein Schäfer (Zeuge) aus Knochen und Haut des Ermordeten einen Dudelsack, in *Die Wunderblume Rominae* wird aus dem Haar des ermordeten Bruders ein Schilfrohr, daraus eine Flöte. In *Der singende Knochen* erscheint einem Hirten ein zufällig gefundenes Knöchelchen als Mundstück für sein Horn geeignet.

In einigen Märchen ist es der Gesang oder ein selbst singendes Instrument, welches das Verbrechen aufdeckt *(Der verlorene Bruder will die eigene Schwester heiraten; Von dem Machandelboom; Der Rohrstengel).* Auch dabei finden wir bisweilen die bereits erwähnte Ungetrenntheit von Musik und Sprache: *Der Baum, der singt, der Vogel, der wahr spricht und das gelbe Wasser.* Ebenso findet sich häufiger die Variante, dass ein Vogel oder ein anderes Tier das Geheimnis des ungesühnten Verbrechens singt (*Star und Badewännlein; Die drei Bräute; Kari Trästak),* und damit auch die alltagssprachliche Konnotation des Wortes »singen« im Sinne von »verraten«.

In dem spanischen Märchen *Der Prinz mit den Eselsohren* tritt die Musik als Künderin des Verborgenen in einer heitereren Variante auf: Ein Barbier hat ein Geheimnis, welches er unter Todesgefahr nicht preisgeben darf. Er hat daran aber zu schwer zu tragen. Auf den Rat eines Weisen hin, vertraut er das Geheimnis schließlich einer einsamen Erdgrube an und es ist ihm leicht ums Herz, wie schon lange nicht mehr. Ein Lied auf den Lippen zieht er von dannen. Doch auch die Erde kann das Geheimnis nicht bewahren: Ein Schilfrohr wächst über der Grube – und wie kann es anders sein – es kommen Hirten vorbei, machen eine Flöte draus und bald erklingt das Geheimnis überall: »Unser Prinz hat Eselsohren, Eselsohren hat unser Prinz.«

3. Zusammenfassung

Suchen wir auf einer weiter abstrahierenden Ebene aus den gefundenen Typisierungen oder Motiven nach einer durchgängigen Gemeinsamkeit, so stoßen wir auf etwas scheinbar Banales, nämlich die Aussagen dass Musik verbindet. Sie schafft Übergänge, kann helfen, Gegensätzliches zu überwindend und zu integrieren, Wege zu finden und Geschiedenes zu verknüpfen. Musik hat, so die Aussage der Märchen, in vielfältiger Hinsicht Bindungsqualitäten. In dem Typus »Musik als Verbindung zweier Welten« lässt sich psychologisch dieser Fokus als Übergangsqualität der Musik verstehen, die einen Zugang zum Unbewussten und zur Transzendenz ermöglicht. Aber auch als »Bewegende«

schafft die Musik eine Verbindung zwischen zwei oder mehr Menschen, ohne die das hier beschriebene Bewegen nicht möglich wäre. Psychologisch geschieht dies in unterschiedlichen Stufen: als Unterwerfung unter den Willen eines anderen, dann als das Wecken innerer Bewegtheiten, dem Lachen und dem Weinen. Und schließlich führt die Musik zur Verbindung zweier Menschen, indem sie Begehren hervorruft. Bei dem Typus »Musik als Begehrte« geht es aber nicht nur um die Liebesverbindung zwischen zwei Menschen, sondern ebenso um eine Verbindung zwischen Gegenwart und Zukunft, im Sinne eines Entwicklungsimpulses, des Verfolgens einer Passion oder Vision. Sie überwindet Trennendes, »kindliche« Zwischenstufen des Welterlebens und führt in die »erwachsene« Welt von Sexualität und Liebe. In umgekehrter Richtung stellt die »Musik als Zeugin« eine Verbindung zwischen Vergangenheit und Gegenwart her bzw. eine Verbindung zum Verdrängten, Abgewehrten und erzwingt und ermöglicht so eine Integration. Und um Integration insgesamt geht es bei dem Thema »Musik und Identität«, bei dem Musik für das gleichbleibend Gebundene einer Person steht.

»Wo man singt, da lass' Dich ruhig nieder, böse Menschen haben keine Lieder« ist dennoch nicht die Aussage der Märchen. Die Bindungsmacht der Musik kann nicht nur ebenso »böse« wie »gut« genutzt werden, sondern häufig zeigen die Märchen ein durchaus ambivalentes Musikkonzept, eine ebenso faszinierte wie skeptische Haltung gegenüber denen, die eine musikalische Begabung haben. So zeigen die Märchen am Beispiel der Musik auch ihr Wissen darum, dass Bindung an sich wertneutral ist und zum anderen, dass sie im paradoxen Sinne immer mit ihrem Gegenteil einhergeht: Die Verbindung zu etwas (zu einem Etwas) beinhaltet eben immer auch die Trennung von etwas. Und in den Märchen finden wir diese Trennungen von etwas in einer oft archaisch wirkenden Handlungssprache, wie dies auch anhand der Musik deutlich wurde.

Gegenüber dieser durchgängigen Charakterisierung der Musik auf einer weit abstrahierten Ebene zeigen die Märchen im Einzelnen eher eine Vielgestaltigkeit und vielfältige psychische Verwendbarkeit der Musik. Der Musikbegriff der Märchen widersetzt sich so einfachen Eins-zu-Eins-Zuordnungen, wie sich z. B. an den Instrumenten und ihrer Bedeutungsverwendung zeigen ließ, aber auch daran, dass Musik ganz unterschiedliche seelische Entwicklungen symbolisieren kann. So kennzeichnen die Märchen die Musik als mehrfach determiniert, polymorph und für Verschiedenes zu gebrauchen.

Quellenverzeichnis:

KHM: Kinder- und Hausmärchen gesammelt durch die Brüder Grimm.
MP: Der Märchenpalast. Hg. Ulf Diederichs.
1) Petzoldt, Leander (Hg.) (1995): Musikmärchen. Frankfurt a.M. (Fischer TB).
2) Marks, Stephan (Hg.) (1996): Märchen von Krankheit und Heilung. Frankfurt a.M. (Fischer TB).
3) Schütz, Joseph (Hg.) (1972): Jugoslawische Märchen. Frankfurt a.M (Fischer TB).
4) Weitershagen, Paul (Hg.) (1970): Rheinische Märchen. Köln (Greven Verlag).
5) Mode, Heinz (Hg.) (1983): Zigeunermärchen aus aller Welt. 4 Bände, Leipzig (Insel).
6) Voriskovä, Marie (Hg.) (1966): Singende Geigen. Prag (Dausien Verlag).
7) Diederichs, Ulf (Hg.) (2003): Russische Volksmärchen, (Sammlung August von Löwis of Menar) München (dtv).
8) Karliner, Felix & Ehrgott, Ulrike (Hg.) (1968): Märchen aus Mallorca. Düsseldorf-Köln (Diedrichs Verlag).
9) Schier, Uta (Hg.) (1970): Englische Volksmärchen. Düsseldorf-Köln (Diedrichs Verlag).
10) Vladislav, Jan (Hg.) (1970): Französische Märchen. Hanau (Dausien Verlag).
11) Kondrkovä, I. (Hg.) (1973): Spanische Märchen. Hanau (Dausien Verlag).
12) Konrad, Johann Friedrich (Hg.) (1984): Wo die Flöte ertönt. Gütersloh (Mohn).
13) Urbscheit, Peter (Hg.) (2000): Hans und die Bohnenranke. Hamburg (Nord-Süd-Verlag).
14) Märchen aus Griechenland (1993): Frankfurt a. M. (Fischer TB).
15) Vernaleken, Theodor (Hg.) (1863): Kinder- und Hausmärchen aus Österreich. Wien (Nachdruck Verlag Gustav Swoboda & Bruder).
16) Bechstein, Ludwig (Hg.) (1857): Märchenbuch. Neudruck der Originalausgabe. Wiesbaden 1977 (Ralph Sucher).
17) Haltrich, Josef (1882): Sächsische Volksmärchen aus Siebenbürgen. Bukarest (Kriterion-Verlag).
18) Schmidt, Bernhard (1877): Griechische Märchen. Nachdruck Hildesheim (Olms Verlag) 1978.
19) Jegerlehner, Johannes (1913): Sagen aus dem Oberwallis. Basel.
20) www.internet-maerchen.de
21) http://www.hekaya.de/autor.phtml/maerchen/bechstein

Andere verwendete Literatur:

Sloterdijk, Peter (1993): Weltfremdheit. Frankfurt a.M., (Suhrkamp Verlag).
Stern, Daniel (1992): Die Lebenserfahrung des Säuglings. Stuttgart, (Klett-Cotta).
Weymann, Eckhard (2004): Zwischentöne. Psychologische Untersuchungen zur musikalischen Improvisation. Gießen (Psychosozial-Verlag).

Untersuchte Märchen	**Quelle**	**Instrumente**
Berzebukk	5, Bd. 4	Blashorn mit 100 menschlichen Zungen
Das Froschmädchen	MP 188	Gesang
Das klagende Lied	1	Gesang, Flöte
Das lautespielende Eselein	1	Laute
Das Lied vom alten Hildebrand	1	Gesang
Das Märchen von Sadko	12	Gusli, Gesang
Das Nachschnapselchen	MP 309	Laute
Das singende klingende Bäumchen	2	Gesang (Baum)
Das Zauberspiel der Geige	1	Geige
Dat Erdmänneken	KHM 91	Flöte
Der Aga und seine Schlauheit	14	Flöte
Der alte Dudelsackpfeifer	1	Dudelsack
Der arme Müllerbursch und das Kätzchen	KHM 106	Bass, Geige, Trompete
Der Baum, der singt, der Vogel, der wahr spricht und das gelbe Wasser	MP 108	Gesang (Baum)
Der beherzte Flötenspieler	1	Flöte
Der Dudelsack, der alle zum Tanzen brachte	MP 130	Dudelsack
Der eifersüchtige Schmied	5, Bd. 2	Ultraschallgeige
Der Fischer und die Urmi	5, Bd. 1	Flöte
Der Flötenspieler	4	Flöte
Der Geiger und seine drei Gesellen	1	Geige
Der Gesang des Phönix	1	Gesang eines Tieres
Der Gesang im Schloss	1	Gesang
Der goldene Sarg	14	Flöte, Klavier, Harfe, Gesang
Der Goldvogel und die Meerjungfrau	MP 296	Geige
Der hässliche Prinz und die schöne Prinzessin	12	Spiegel, der Musik macht

Untersuchte Märchen	**Quelle**	**Instrumente**
Der Hirt und die Zwerge	15	Flöte
Der Jude im Dorn	KHM 110	Geige
Der kleine Sackpeifer	1	Dudelsack
Der König und der arme Chavo	5, Bd. 4	Flöte
Der Königssohn in der Drehorgel	1	Drehorgel, Harfe, Gesang
Der Königssohn in Erin und der König der Grünen Insel	MP 60	Horn
Der Liebste Roland	KHM 56	Geige
Der Maultrommelspieler	1	Maultrommel
Der Mönch und das Vögelein	1	Gesang Tier
Der Mönch und der Junge	9	Flöte
Der Müller und die Nixe	16	Flöte
Der musikalische Pope	1	Geige
Der Musikant in der Wolfsgrube	A (AT 168)	Geige
Der Musikant mit dem Buckel	4	Geige
Der Prinz mit den Eselsohren	11	Rohrpfeife
Der Prinz und die Flöte	1	Flöte
Der Ranzen, das Hütlein und das Hörnlein	KHM 54	Horn
Der Rohrstengel	17	Flöte
Der Schäfer und die Schlange	B	Flöte
Der Schlangenbaum	14	Klarinette, Trommel
Der singende Knochen	KMH 28	Horn
Der Sohn kämpft mit dem Vater	5, Bd. 4	Geige
Der treue Johannes	KHM 5	Musik allgemein
Der Trommler	KHM 193	Trommel
Der Trompeter auf dem Baum	5	Trompete
Der verlorene Bruder will die eigene Schwester heiraten	5	Geige
Der weiße Wolf	16	Harfe
Der wunderliche Spielmann	1	Geige
Der Wunderring	5, Bd. 3	Geige
Des Teufels rußiger Bruder	KHM 100	Geige

Untersuchte Märchen	**Quelle**	**Instrumente**
Die Bremer Stadtmusikanten	1	
Die drei Musikanten	1	Geige, Trompete, Flöte
Die drei Bräute	B	Gesang (Rabe)
Die Erschaffung der Geige	1	Geige
Die ewige Geige	1	Geige
Die Feen von Caragonan	MP 88	Gesang (Feen)
Die Gaben des Bösen	MP 40	Kantele, Fidel, Flöte
Die Geige, die vom Himmel fiel	12	Geige
Die goldene Ente	MP 32	Gesang
Die goldenen Kinder	MP 197	Gesang (Baum)
Die Nachtschwärmerin	3	himmlische Musik
Die probate Kur	2	Dudelsack
Die drei schönen Prinzessinnen	A	Gitarre, Laute, Zimbel
Die sechs Faulpelze und Prinzessin Goldhaar	10	Fidel
Die Seejungfrau von Purt-le Murrey	MP 90	Gesang (Nixe)
Die singende Besenbindertochter	1	Harfe, Gesang
Die singende Geige	4	Geige
Die Teufelsflöte	7	Flöte
Die Wetten des Flötenspieles	1	Flöte
Die wunderbare Musik im Jenseits	1	Musik
Die Wunderblume Rominae	8	Flöte (aus Schilfrohr)
Die Wundergeige	1	Geige
Die Wunderpfeife	18	Flöte
Die Zauberharfe	MP 86	Harfe
Die zwei buckligen Musikanten	1	Gesang
Die zwölf Kinder	5, Bd. 4	Trommel
Die zwölf tanzenden Prinzessinnen	12	Orgeln, Flöten, Gitarren, Fagotte, Dudelsackpfeifen
Drei rote Ferkelchen	13	Flöte

Untersuchte Märchen	**Quelle**	**Instrumente**
Fingerhütchen	MP 62	Gesang
Glück und Unglück eines Chavo	5, Bd. 1	Geige
Hans Nikolai und Glück-Anders	MP 10	Fidel
Hans Pfannkuch, der die Prinzessin nicht zur Frau genommen hat	10	Pfeife
Hans Bohnenstange	13	Harfe
Hans mein Igel	KHM 108	Dudelsack
Hodelumpumpum	1	Gesang
Hondidldo	1	Fidel
Käferchen und der junge König	11	Gesang (Kuchen)
Kari Trästak	MP 1	Gesang (Vogel und Tiere)
König Aschelein	MP 327	Glockenspiel
König Drosselbart	KHM 50	Gesang
Leben und Tod der unvorsichtigen Maus	11	Gesang (Tiere)
Lippo und Tapio	MP 37	Gesang (Meise)
Miriams Tamburin	MP 268	Tamburin
O'Donoghues Dudelsack	12	Dudelsack
Prinzessin und Bauernbursche	5, Bd. 3	Flöte (Pfeife)
Rapunzel	KHM 12	Gesang
Siebenschön	16	Gesang
Star und Badewännlein	B	Gesang (Star)
Vom klugen Schneiderlein	KHM 114	Geige
Vom Pflasterbub zum Prinzen	19	Flöte
Vom singenden Dudelsack	1	Dudelsack
Vom Zimmermann, Perkun und dem Teufe	MP 306	Geige, Gesang
Von dem Machandelboom	KMH 47	Gesang (Vogel)
Von einem armen Häuselmann	MP 323	Trommel
Wie der Teufel das Geigenspiel lernte	1	Geige
Wie sich die Tochter eines Kaisers in ein Lamm verwandelte	2	Flöte

Musik als virtuelle Person[1]

Richard Parncutt & Annekatrin Kessler

1. Einleitung

1.1. Definition und Ursprung der Musik

Wer das Phänomen Musik verstehen will – wer wissen will, was Musik eigentlich *ist* – stößt sofort auf zwei wesentliche Probleme. Erstens gibt es keine allgemein akzeptierte Definition von Musik. Zweitens und damit verbunden gibt es keine allgemein akzeptierte Theorie des Ursprungs bzw. der Funktion von Musik.

Beginnen wir mit dem Definitionsproblem. Bisher ist es niemandem gelungen, eine interdisziplinär, interkulturell und metahistorisch gültige Definition von Musik zu formulieren. Allein der Umstand, dass die Vorstellungen von Dissonanz und Konsonanz, Melodie und Harmonie durch die Geschichte und die verschiedenen Kulturen hindurch variieren, würde eine allgemeine Definition von Musik auf ein solch abstraktes Niveau heben, dass sie keine Aussagekraft besitzen würde. Dazu kommt, dass viele Sprachen kein Wort für Musik in einem allgemeinen und übergreifenden Sinne haben, sondern lediglich Wörter für verschiedene musikalische Aktivitäten; aus dieser Sicht ist Musik ein Sammelbegriff, eine kulturspezifische Konstruktion. Die vielen Möglichkeiten werden in den wichtigsten Enzyklopädien dargestellt (z.B. »Musiké – musica – Musik« in MGG). Im Grove dictionary (2001, S. 425) wird unter »Music« kon-

1 Dieser Aufsatz ist zuerst erschienen in R. Flotzinger (Hg.) (2006): *Musik als …: Ausgewählte Betrachtungsweisen* (S. 9–52). Wien (Verlag der Österreichischen Akademie der Wissenschaften).

statiert: »Imposing a single definition flies in the face of the broadly relativistic, intercultural and historically conscious nature of this dictionary«.

Trotz dieser Problematik wollen wir an dieser Stelle versuchen, eine vorläufige Definition von Musik zu formulieren – zumindest um klar zu machen, was wir im Kontext dieses Beitrags nicht unter dem Begriff verstehen und intendieren. Wir verstehen Musik als Folge von Schallereignissen, deren Bedeutung nicht lexikalisch ist und von ihren Kombinationen und kulturellen Kontexten abhängt.

Diese Definition ist insofern problematisch, als sie Termini enthält, die selbst nicht eindeutig definiert sind – wobei Definitionen im Allgemeinen mehr oder weniger unter diesem Problem leiden. Zu den definitionswürdigen Termini unserer Definition gehören:

➢ Bedeutung: Verständlichkeit? nachvollziehbare Organisation? Interesse? Ausdruck? Emotion? Schönheit? ästhetische Befriedigung?
➢ lexikalisch: im Sinne einer Wörterbuchdefinition? (selbst eine zirkuläre Definition?)
➢ Kombination: Muster? Gliederung? Struktur oder Form in Tonhöhe und Zeit?
➢ Kultur: Gesamtheit bzw. Menge geistiger Produkte des Menschen (Ideen, Kunst ...)?

Andere Versuche, Musik zu definieren, sind unseres Erachtens noch problematischer, weil ihre undefinierten Termini noch unklarer sind. Ein paar Beispiele:

➢ die Klänge musikalischer Instrumente (samt Gesang) – wobei die Frage offen bleibt, unter welchen Umständen die Klänge musikalischer Instrumente zur Musik werden und warum die Instrumente überhaupt gespielt werden
➢ Rhythmus, Melodie bzw. zeitliche Folge von Harmonien oder Klangfarben – aber wie werden Rhythmus, Melodie usw. definiert?
➢ eine künstlerische Form der auditiven Kommunikation – aber was ist eigentlich »Kunst«?
➢ klangliche Gestik – aber was ist Gestik?
➢ absichtvolle Organisation von Schallereignissen – aber können nicht auch unabsichtlich entstehende Klangstrukturen als Musik wahrgenommen werden?
➢ zwischenmenschliche Manipulation durch Klänge – aber was für Manipulation – und warum?

Vom hermeneutischen Ansatz ausgehend könnte Musik dadurch definiert werden, dass sie von ihren ErzeugerInnen (MusikerInnen, KomponistInnen, ImprovisatorInnen) als solche *intendiert*, von ihren EmpfängerInnen als Musik *interpretiert* oder in beiden Fällen als Musik *konstruiert* wird. Diese Art der Definition ist allerdings ebenfalls problematisch, da sie zirkulär ist, d.h. das Phänomen wird durch sich selbst erklärt anstatt etwa durch die Angabe seiner Zugehörigkeit zu einer höheren Kategorie und seinen Differenzen zu ähnlichen Phänomenen derselben Kategorie (nach Aristoteles). Musik wird auch nicht dadurch definiert, dass sie immer von Menschen für Menschen erzeugt wird, und dass musikalische Aktivitäten wie komponieren, spielen, improvisieren, interpretieren, rezipieren, genießen immer einerseits von der Psychologie der beteiligten Menschen und anderseits von der Soziologie des anthropologisch-kulturellen Kontexts abhängen, in dem Musik Gestalt und Funktion einnimmt; denn diese Aspekte unterscheiden Musik nicht von anderen Künsten oder Kommunikationsformen. Daraus wird aber klar, dass Definitionen von Musik auch von der wissenschaftlichen Perspektive, die beispielsweise naturwissenschaftlich, psychologisch oder historisch sein kann, abhängen (Hüschen 1961).

Zum zweiten eingangs erwähnten Problem: Die Ursprünge und damit die wesentlichen Funktionen der Musik sind noch geheimnisumwittert. Die Frage nach dem Ursprung der Musik wird durch die Beobachtung motiviert, dass Musik in allen Kulturen existiert – auch in Kulturen, die über sehr lange Zeiträume von anderen Kulturen getrennt waren. Zum Beispiel entwickelten die australischen Aborigines eigene, klanglich und gesellschaftlich komplexe Musikkulturen (Barwick et al. 1995), während sie ca. 50.000 Jahre von allen anderen Kulturen der Welt vollständig isoliert waren. Da Musik in allen Kulturen existiert, gehen wir davon aus, dass es einen gemeinsamen Grund gibt, denn die Entstehung der Musik war offensichtlich kein Zufall. In diesem Beitrag fragen wir nach diesem Grund.

Während des 20. Jahrhunderts galt das Thema der Ursprünge der Musik in den relevanten Wissenschaften meistens als tabu, da im 18. (Head 1997) und 19. Jahrhundert (Rehding 2000) so viel offenbar Unsinniges darüber geschrieben wurde. Seit einigen Jahren wissen wir wieder etwas mehr über die Entstehung der menschlichen Sprache und somit über die Entstehung des menschlichen reflexiven Bewusstseins (Corballis 2004), was MusikwissenschaftlerInnen wieder ermutigt hat, noch einmal die Frage nach dem Ursprung der Musik zu stellen (z.B. Huron 2003).

Dabei steht die Frage im Vordergrund, ob Musik eine *evolutionäre Adaptation* war bzw. ist oder nicht. Als evolutionäre Adaptation müsste Musik die Wahrscheinlichkeit des Überlebens durch erfolgreiche Fortpflanzung erhöhen. Dabei hat das Überleben zwei Aspekte: Das Überleben des Individuums und das Überleben der Gruppe. Nach bekannten Theorien kann Musik die Fortpflanzung durch ihre Rolle im sexuellen Verhalten (PartnerInnenwahl) und das individuelle Überleben durch ihre Rolle in der Entwicklung motorischer Fähigkeiten (Tanz) und der kognitiven Entwicklung (Sprache) fördern. Musik kann auch das Überleben von Gruppen durch ihre Rolle im sozialen Zusammenhalt (kollektive Identität, Solidarität, Altruismus), in der Kommunikation über lange Distanzen (Stimmen, Trommeln), in der rhythmischen Arbeitskoordination (*entrainment*) und in der kollektiven Emotion (Spiritualität, Ritual, Magie) fördern. Musik kann aber auch als Nebenprodukt oder evolutionärer Schmarotzer anderer evolutionärer Adaptationen, also als *Exaptation* betrachtet werden (Buss et al. 1998), was mit der Idee übereinstimmt, dass Kunst *per definitionem* eine Aktivität ohne praktische Funktion d.h., ohne Überlebenswert ist (vgl. Davies/Sukla 2003). Mögliche Adaptionen sind der Spieltrieb eines Kindes, die spielerische klangliche Kommunikation zwischen Säuglingen und Erwachsenen, die Kommunikation durch Gesten, die spielerische Nachahmung der natürlichen Umwelt (Vogel- und Tiergesang, um Jagdtiere zu verwirren) und das Sehnen nach Genuss (Musik als Droge).

Obwohl Theorien über den Ursprung der Musik in letzter Zeit komplexer und glaubwürdiger geworden sind, haben sie noch den wissenschaftlichen Stellenwert von Sammlungen interessanter Ideen, die nicht direkt d.h. empirisch überprüft werden können. Eine klare, einheitliche Antwort auf die Frage des Ursprungs und der Funktion der Musik, die ihre Universalität zufrieden stellend erklärt, bleibt noch aus.

Die Probleme der Definition, des Ursprungs und der Funktion von Musik sind stark miteinander verknüpft. Im 18. Jahrhundert war »the question of origin ... inseparable from questions of nature and essence, beauty, ownership and pleasure« (Head 1997, S. 3). Auch heute würde eine allgemein akzeptierte Theorie des Ursprungs und der (evolutionären) Funktion von Musik dazu führen, dass Musik besser und einheitlicher definiert werden könnte. Deswegen lohnt es sich, sich spekulativ mit dieser Problematik zu befassen.

1.2. Unsere These

In diesem Beitrag versuchen wir, Licht auf dieses Problem zu werfen, indem wir eine etwas gewagte These aufstellen, die sowohl zur Definition von Musik als auch zu den Theorien ihres Ursprungs und ihrer Funktion beitragen soll. Unsere These lautet: Musik ist eine virtuelle Person, zu der man während des Musikhörens oder -spielens in einer virtuellen Beziehung steht. Wir werden in unserem Beitrag diese These aus verschiedenen wissenschaftlichen Standpunkten begründen sowie kritisch hinterfragen.

Virtuelle Personen sind nichts Unübliches, sondern gehören zum Alltag. Kleinkinder reden mit ihren Kuscheltieren und Erwachsene mit ihren Haustieren, als hätten Kuschel- und Haustiere ein reflexives Bewusstsein. Wenn ein Mensch stirbt, sterben nicht gleichzeitig die sozialen Beziehungen, in welchen er zeitlebens stand; vielmehr haben seine FreundInnen und seine Familie z.T. noch das Gefühl, mit ihm zu kommunizieren.

Ein ähnliches Gefühl von Kommunikation und Beziehung existiert auch in Verbindung mit Musik. Zum Beispiel sind die meisten Poplieder Liebeslieder (Kreutz 2000), aufgrund derer man – ähnlich wie in Kommunikation mit einer geliebten Person – in eine romantische Stimmung versetzt werden kann. Musik kann sogar sexy sein; die sexuellen Konnotationen von Musik spielen im Rahmen der musikalischen Kulturwissenschaften eine wichtige Rolle (Kramer 1995; McClary 1991). Musik kann aber auch wie ein Kind oder ein/e alte/r Weise wirken.

Unsere These soll grundsätzlich interkulturelle Gültigkeit haben. Da wir aus dem abendländischen Kulturraum stammen und ihn gut kennen, gehen wir von diesem Raum aus und fragen in diesem Rahmen nach den Bedingungen, welche die Annahme der Möglichkeit, Musik als eine virtuelle Person zu betrachten, rechtfertigen könnten. Dabei nehmen wir signifikante interkulturelle Unterschiede im Personenbegriff in Kauf. Es wird z.B. behauptet, dass der moderne abendländische Personenbegriff eher durch Unabhängigkeit und Eigeninteresse, die morgenländische durch Altruismus und gemeinsame Verantwortung (Lee 2001) und die afrikanische durch Gruppenzugehörigkeit und Konsens (Uyanne 1997) geprägt ist. Egal, was man in verschiedenen Kulturen unter dem Personenbegriff versteht, sind wir der Meinung, dass Musik in allen Kulturen als virtuelle Person betrachtet werden kann.

Wir betrachten Musik als virtuelle Person und nicht als virtuellen Menschen, weil der Begriff Mensch stärker mit der Biologie verbunden ist. Die Personen und Beziehungen, die wir meinen, sind nicht biologisch, sondern Teile von Gesellschaften, oder anders herum: eine Gesellschaft besteht im Wesentlichen aus Personen und ihren Beziehungen. Unsere These stimmt mit der Annahme überein, dass Musik stets ein kulturelles Phänomen ist.

Wir bevorzugen in diesem Zusammenhang den Begriff Person gegenüber Begriffen wie Geist, Seele, Ich und Selbst, da Person eher mit sozialer Interaktion und Gesellschaft assoziiert wird, und Musik als kulturelles Phänomen immer innerhalb einer Gesellschaft entsteht bzw. rezipiert wird. Die Person ist insofern objektiv, als sie von außen betrachtet wird; Begriffe wie Geist, Seele und Selbst werden dagegen eher mit Introspektion oder einem metaphysischen Kontext assoziiert. Außerdem hat man – der Alltagssprache zufolge – einen Geist, eine Seele usw., man ist dagegen eine Person. Abgesehen davon meinen alle diese Begriffe im Wesentlichen das Gleiche. Die Idee der Seele als Prinzip des Lebens,auch von Tieren, liegt außerhalb unserer Fragestellung.

Die Person, von der wir in unserer gewagten These sprechen, ist entsprechend der Definition von virtuell nach Wahrig (2000) »nicht echt, nicht wirklich vorhanden, [sondern] in der Art einer Sinnestäuschung«. Im Wikipedia (http://de.wikipedia.org) heißt es, »Als virtuell gilt die Eigenschaft einer Sache, die zwar nicht real ist, aber doch in der Möglichkeit existiert; Virtualität spezifiziert also ein konkretes Objekt über Eigenschaften, die nicht physisch, aber doch in ihrer Funktionalität vorhanden sind«. Brockhaus Enzyklopädie (www.brockhaus.de) definiert virtuell als »der Kraft oder Möglichkeit nach vorhanden; anlagemäßig; simuliert, künstlich, scheinbar«. In diesem Sinn kann virtuell auch irreal, scheinbar, fiktiv und fähig zu wirken (von lat. virtus: Tugend, Tauglichkeit) bedeuten.

Wir wollen also behaupten, dass Musik der Möglichkeit nach als Person interpretiert werden kann, oder dass Musik eine Person in der Art einer Sinnestäuschung ist. Diese Varianten haben im Wesentlichen die gleiche Bedeutung in dem Sinne, dass ihre Unterschiede keine praktischen Folgen haben. Aus pragmatischen Gründen werden wir nicht versuchen, solche Varianten voneinander zu unterscheiden.

Ist Musik eine virtuelle Person, muss es immer eine wirkliche Person oder Personengruppe geben, für die Musik wie eine Person wirkt oder scheint. Wir gehen davon aus, dass Virtualität nicht objektiv oder unabhängig von menschlicher Wahrnehmung beschrieben oder verstanden werden kann. Im Folgenden werden wir die Möglichkeiten untersuchen, die eine solche Betrachtungsweise bzw. Erscheinungsweise zulassen.

1.3. Die virtuelle Person in verschiedenen Wissenschaften

Die Idee einer virtuellen Person spielt in zahlreichen wissenschaftlichen Fachbereichen eine bedeutende Rolle. Einleitend stellen wir drei dieser Disziplinen – Künstliche Intelligenz, Recht und Kunstwissenschaft – vor mit dem Ziel, eine genauere Vorstellung von dem Begriff virtuell im Zusammenhang mit Person zu bekommen.

In den Computerwissenschaften und insbesondere im Bereich der Artificial Intelligence (AI) hat die Idee einer virtuellen Person immer eine zentrale Rolle gespielt. Erstens sind Computer einfacher zu bedienen und daher effizienter, wenn sie sich wie Personen verhalten. Zweitens ist die Idee, einen Mensch zum Teil durch eine Maschine zu ersetzen, wegen ihrer weit reichenden Implikationen sowohl faszinierend als auch Furcht erregend. Neuere multimediale Projekte im Bereich der künstlichen Intelligenz versuchen, virtuelle Personen zu bauen, die wie Menschen aussehen, sich bewegen und sprechen. Den Eindruck, man kommuniziere mit einer wirklichen Person statt mit einer Maschine, entsteht insbesondere, wenn das Verhalten der Maschine durch Emotionen beeinflusst zu sein scheint (Hubal et al. 2000; Paul et al. 1998; Stricker et al. 2000).

Die Häufigkeit, mit der Computer mit menschlichen Eigenschaften in der Science Fiction vorkommen, spiegelt das öffentliche Interesse an dieser Frage wider. Allerdings kommt die eigentliche AI-Forschung nicht so schnell voran wie ursprünglich erwartet, denn die künstliche Intelligenz ist zu Beginn des 21. Jahrhunderts offenbar noch nicht so weit wie der Computer Hal in Stanley Kubriks Spielfilm *2001: A Space Odyssey* aus dem Jahr 1968. In der Psychologie wird Intelligenz gewöhnlich als Fähigkeit verstanden, bestehendes Wissen in unvorhersehbaren Situationen erfolgreich zu adaptieren und anzuwenden (Sternberg 1985). Turing (1950) meinte, eine Maschine sei erst als intelligent oder denkend zu bezeichnen, wenn sie – etwa in einer Situation, in der Mensch und Maschine über ein Terminal die Fragen einer Jury beantworten – nicht vom Menschen unterschieden werden kann. Vor diesem Hintergrund ist die am häufigsten verwendete Software auf modernen persönlichen Computern kaum intelligent – obwohl eine solche Intelligenz zumindest denkbar ist (Cole 1991). Es ist daher nicht überraschend, dass ComputerbenutzerInnen bisher selten den Eindruck haben, mit einer virtuellen Person statt mit einer Maschine zu kommunizieren.

Sollte dem Anschein nach eine Person in einem Computer stecken, ist diese insofern virtuell, als das Erscheinungsbild der Maschine bei den Menschen, die sie bedienen, eine Sinnestäuschung erzeugt. Die Implikationen für den Begriff der virtuellen Person sind bereits entscheidend, denn man wird einem Computer wie Hal in *2001* – so täuschend seine Ähnlichkeit mit einem Menschen auch sein mag – keine Menschenrechte zubilligen. Wird ein Computer defekt (»krank«), so leidet nicht er selbst, sondern maximal die Personen, die getäuscht wurden und nun das Gefühl haben, eine ihnen nahe stehende bzw. für sie wichtige Person verloren zu haben.

Der Begriff virtuell kommt auch indirekt im Rechtswesen vor. Ein Verein oder eine Gesellschaft kann als juristische Person betrachtet werden. Juristische Personen sind Personenverbände und Vermögensgesamtheiten mit Widmungszweck, denen durch die Rechtsordnung Rechtsfähigkeit verliehen wird (Riedler 2004). Im Rechtswesen hat jede Person – auch solche virtuellen Personen – in der Regel Rechte und Pflichte; eine moralische Person (wie z.B. eine Erbgemeinschaft) hat dagegen keine direkt zuordenbaren Rechte und Pflichten, da ihre Interessen noch nicht objektiviert sind. Interessanterweise steckt die Idee der Intention (Widmungszweck), die auch für die Musik von zentraler Bedeutung ist, in der Definition einer juristischen Person.

Musik wird oft mit der Intention gespielt, den emotionalen Zustand von realen Person(en) zu beeinflussen. Im Recht hat nicht die virtuelle Person Intentionen, obwohl diese ihr zugeschrieben werden können, sondern die realen Mitglieder der Personenverbände oder BesitzerInnen eines Vermögens. Analog dazu hat die Musik selbst keine Intentionen,sollte sie als virtuelle Person betrachtet werden, sondern nur ihre KomponistInnen, InterpretInnen und ImprovisatorInnen.

Ein Personenverband ist eine konstruierte Idee und kein empfindsames, menschliches Wesen. Dass solche Ideen zu bestimmten Zwecken entstehen können, ist auf das Abstraktionsvermögen des Menschen zurückzuführen. Dennoch sollte man sich auch hier nicht dazu verleiten lassen, von dem in diesem Zusammenhang verwendeten Begriff der virtuellen Person auf ein menschliches Wesen zu schließen. Ethische Implikationen sind daher nur zulässig, wenn virtuelle Personen für reale Personen von existenzieller Bedeutung sind.

Die Darstellung von Menschen nimmt in allen Künsten eine zentrale Stellung ein. Dies wirft die Frage auf, welche Rolle die Darstellung von Menschen in einer Definition der Kunst spielen soll:

- Die Mehrheit aller künstlerischen Bilder stellen Menschen dar. Zum Beispiel enthält die *Oxford History of Western Art* (Brigstocke 2000) 40 Abbildungen, von denen 39 Menschen abbilden. Nur in der modernen abendländischen Kunst, in der Themen wie Industrialisierung, Verfremdung, Abstraktion und konkrete Formensprache erforscht werden, kommen Bilder, in denen keine Person/en im Vordergrund stehen, häufiger als andere Bilder vor: aus den ca. 413 Abbildungen in Lucie-Smith (1996) stellen nur ca. 168 in erster Linie Person/en dar. Landschaften und Stillleben haben immer eine wichtige Rolle in der bildenden Kunst gespielt, nicht aber die zentrale Rolle der Darstellung von Menschen. Nun weichen künstlerische Darstellungen absichtlich von der Wirklichkeit ab –, sie stellen eine willkürliche Deutung der Wirklichkeit dar. Nach Husserl (1980) konstituiert sich die künstlerische Darstellung einer Person in der Interaktion zwischen einem physikalischen Ding (Farbe auf Leinwand), einem Bildobjekt (das, was man sieht) und einem Bildsubjekt (die dargestellte Person). So können Personen, die in der bildenden Kunst (wie auch in der Bildhauerei) dargestellt werden, als virtuell betrachtet werden – auch wenn die Darstellung nicht abstrakt ist.
- In der darstellenden Kunst (Theater) und in der Literatur werden in erster Linie menschliche Situationen, Persönlichkeiten und Emotionen dargestellt. Wie in der bildenden Kunst weichen die dargestellten Persönlichkeiten in der Regel von den spielenden Persönlichkeiten ab.
- Wenn Musik eine virtuelle Person ist oder virtuelle Personen darstellt, unterscheidet sie sich diesbezüglich nicht von anderen Künsten.

Unsere Beispiele aus den Informations-, Rechts- und Kunstwissenschaften sollen den Unterschied zwischen einer virtuellen Person und einem realen, empfindsamen, menschlichen Wesen darlegen. Der Zusatz »virtuell« deutet auf ein höheres Abstraktionsniveau hin, das Aspekte des Personseins auf eine Nicht-Person oder auf eine Darstellung einer Person überträgt. Virtuelle Personen existieren daher nur für reale Personen bzw. in deren abstrakter Vorstellung. Unabhängig von diesen abstrakten Vorstellungen und realen, konkreten Zwecken würden virtuelle Personen nicht existieren. Analog dazu existiert Musik als Musik nur für Menschen, die sie als Musik wahrnehmen. Die virtuelle Person ist also eine abstrakte Idee, die dann zustande kommt, wenn ein Phänomen wie z. B. das eines Computers, einer rechtlichen Kategorie oder einer künstlerischen Darstellung personenähnlich erscheint, anmutet, handelt oder behandelt werden soll. Wir bewegen uns hier mehr im Bereich der menschlichen Vorstellungskraft als in dem realer, physikalischer Vorkommnisse.

1.4. Gliederung des restlichen Beitrags

Im Folgenden führen wir eine Reihe von Argumenten auf, die für eine Interpretation der Musik als virtuelle Person sprechen sollen. Die Argumente erheben nicht den Anspruch, unsere These zu sichern. Vielmehr geht es darum, Perspektiven zu beleuchten, die eine solche Betrachtungsweise grundsätzlich ermöglichen. Daher wird man z. B. kein Experiment durchführen können, anhand deren Ergebnisse die These bestätigt oder verneint werden könnte. Vielerlei Indizien deuten jedoch indirekt darauf hin, dass die Theorie durchaus ernst zu nehmen ist.

Indizien dafür, dass Musik eine virtuelle Person ist, gehören einer Vielzahl an verschiedenen Fachgebieten an. Dementsprechend wird der Rest unseres Beitrags nach Fachgebieten geordnet sein. Zum Schluss werden wir zum Problem des musikalischen Ursprungs zurückkehren. Die Theorie von Musik als virtueller Person bietet eine neue, überraschende Lösungsmöglichkeit an.

2. Musiktheorie, Musikanalyse und Semiotik

Musikalische Strukturen wie melodische Floskel, Rhythmen oder Akkordfolgen in spezifischen Klangfarben haben oft Symbolcharakter, d. h. sie werden mit außermusikalischen Objekten assoziiert, die ihnen Bedeutung verleihen. Die Geisteswissenschaft, die sich mit diesen Assoziationen beschäftigt, ist die Semiotik (oder nach Nattiez 1990, die Semiologie). In der Semiotik wird die Bedeutung spezifischer musikalischer Symbole für gegenwärtige HörerInnen –

oder auch im Rahmen der Rezeptionsgeschichte für HörerInnen früherer Epochen – aufgrund der Musikgeschichte, der musikalischen Hörerfahrung, der infrage kommenden HörerInnen, relevanter Zeichentheorien und psychologischer Wahrnehmungstheorien rekonstruiert. Insbesondere in der Oper und im Film werden unabhängig von der Absicht der/des Komponistin/en musikalische Strukturen mit Handlungsinhalten assoziiert. In der europäischen Operntradition kommen z.B. Marschfiguren im 2/4-Takt, die vorwiegend mit Blech und Schlagzeug und in einem mäßigen Tempo gespielt werden, wiederholt in Zusammenhang mit Szenen über das Militär vor. So werden Assoziationen geschaffen, die dazu führen, dass ähnliche Figuren in der absoluten Musik der gleichen Epoche ähnliche Bedeutungen hervorrufen. Die *Symphonie Fantastique* von Berlioz bietet viele solcher Assoziationen, die zum Teil durch das Programm und zum Teil durch schon bestehende Assoziationen bestimmt sind.

Anhand solcher Assoziationen kann Musik den Eindruck oder das Gefühl erwecken, eine Geschichte zu erzählen: Ihr werden narrative Qualitäten zugeschrieben. So kann eine Symphonie oder Klaviersonate von Beethoven mit einem Schauspiel von Shakespeare verglichen werden. Die zwei Hauptthemen in der Sonatenhauptsatzform sind wie die zwei Hauptcharaktere eines dramatischen Schauspiels mit ihren kontrastierenden Charakterzügen. Während des Stücks entwickeln sich nicht nur die einzelnen Charaktere, sondern auch deren Beziehung. Diese kann zwischen positiven Extremen wie Liebe, Freude und Begeisterung und negativen Extremen wie Konflikt, Hass, Verzweiflung und Eifersucht variieren.

Musik kann nicht direkt eine Geschichte erzählen, weil sie keine grammatikalische Vergangenheitsform hat (Cumming 1997; Nattiez 1990). Wenn zudem in der Musik Menschen angedeutet werden, wissen wir nicht, um welche Menschen es sich handelt. Nach Tarasti (1994) kann Musik trotzdem auf einer abstrakten Ebene narrativ sein. Seine Theorie geht von der »sémiotique narrative« und »logique actantielle« von Greimas (1966) aus. Für Greimas zählen vouloir, savoir, être, devoir, pouvoir und faire zu den »modalités« oder Handlungsmöglichkeiten eines Subjekts. Tarasti untersucht Verbindungen zwischen diesen Modalitäten und Eigenschaften musikalischer Strukturen wie Spannung/Entspannung, Hierarchie und Energie (vgl. Kurth 1931).

Erzählungen enthalten oft stereotypische Momente oder Archetypen. Zu jeder Erzählung gehören eine Ausgangslage, eine Entwicklung und ein Ausgang. Dazu kommt oft ein Konflikt zwischen zwei ProtagonistInnen vor – wobei der/die Hörer/in sich in der Regel mit einer/einem Protagonistin/en identifiziert und diese/n als moralisch überlegen betrachtet. Darüber hinaus besteht wenig Konsens zu den typischen oder wesentlichen Vorbedingungen, Quellen und Eigenschaften einer Erzählung (Almén 2003).

Im Rahmen der musikalischen Semiotik wird unsere These, die Musik sei eine virtuelle Person, durch folgende Beobachtungen gestützt:

- Wenn Musik einen narrativen Charakter hat, kann die Idee einer virtuellen Person auf zwei verschiedenen Ebenen eine Rolle spielen. Erstens bezieht sich die erzählte Geschichte auf Personen vgl. die Besetzung eines Schauspiels. Zweitens wird die Geschichte von einer Person erzählt (ErzählerIn, SprecherIn, NarratorIn, InterpretIn, KomponistIn). In beiden Fällen kann eine Art Person in der Musik wahrgenommen werden.
- Der Begriff der Gestik spielt in der Semiotik eine wichtige Rolle. Nach Lidov (1987) und Clynes (1977) ist die Bedeutung eines musikalischen Symbols eng mit der Gestik verknüpft (Cumming 1997). Angenommen, dass Gesten menschliche Bewegungen sind, muss auch musikalische Bedeutung im Allgemeinen mit Menschen verbunden sein.
- Assoziationen zwischen musikalischen Strukturen und außermusikalischen Bedeutungen kommen offenbar leichter und häufiger zustande, wenn sie personenbezogen sind. In Anlehnung an Ratner (1980) führte Agawu (1991, S. 30, Figure 2 *The Universe of Topic*) die 27 seines Erachtens wichtigsten Topics (topoi) der klassischen abendländischen Musik auf. Elf der von Agawu aufgeführten Topics erinnern direkt an Menschen, menschliche Qualitäten und menschliches Sozialverhalten: *amoroso, brilliant style, Empfindsamkeit, fantasy, fanfare, hunt style, learned style, ombra* (Furcht erregende Opernszenen mit Geistern, Orakeln, Demonen), *opera buffa, sigh motiv* (Seufzer) und *Sturm und Drang* (im Sinne eines kräftigen oder schockierenden emotionalen Ausdrucks). Sieben Topics haben mit Tanz oder menschlicher Bewegung zu tun: *alla zoppa* (hinkend), *bourée, gavotte, march, minuet, musette, sarabande*. Drei Topics beziehen sich auf Singen, die Gesangsstimme oder Gesangsformen: *aria, recitativ, singing style*. Fünf betreffen in erster Linie musikalische Strukturen und Konventionen: *alla breve, cadenza, French overture, Mannheim rocket, Turkish music*. Nur ein Punkt aus Agawus Liste, *pastoral*, bezieht sich direkt auf die natürliche Umwelt – aber auch in diesem Fall handelt es sich in der Musik oft auch um Menschen (Hirten, Bauer usw.). Zählen wir die Topics zusammen, die direkt oder indirekt mit Menschen zu tun haben (Menschen 11 + Tanz 7 + Singen 3), kommen wir auf 21 von 27. Ob oder inwiefern die Personenbezogenheit der europäischen klassischen Musik kulturspezifisch sein könnte, sei dahingestellt.

3. Philosophie

Die Frage, ob Musik eine virtuelle Person ist oder nicht, ist insofern als philosophisch zu betrachten, als sie nur schwer empirisch untersucht werden kann. Aus diesem Grund widmen wir einen großen Teil unseres Beitrags einer Auswahl der relevanten philosophischen Literatur.

3.1. Realität und Existenz

Fragen danach, was existiert und was nicht, sind so alt wie die Philosophie selbst und können oft nicht klar beantwortet werden. Daher vermeiden wir es, in diesem Beitrag solche Fragen zu stellen. Vielmehr versuchen wir, klarzustellen, was wir im Rahmen dieses Beitrags für existent halten und was nicht.

Erstens halten wir aus pragmatischen Gründen alle drei Welten von Popper und Eccles (1977) für existent. Obwohl man selbstverständlich nicht beweisen kann, dass Poppers drei Welten existieren oder sogar existenziell gleich wichtig sind, gewinnt man bei Erklärungen des Gesamtphänomens der Musik durch diese Annahme eine gewisse Klarheit.

- Welt eins ist die physikalische Welt; sie schließt z.B. alle Aspekte der Anatomie und Physiologie des menschlichen Gehirns ein.
- Welt zwei ist die Welt der Erlebnisse und besteht aus Empfindungen und Emotionen.
- Welt drei ist die Welt der Information und des Wissens und enthält alle tradierten Aspekte einer Kultur, z.B. die nachgelassenen Musikmanuskripte von KomponistInnen.

Da wir in erster Linie das Musikerleben untersuchen wollen, halten wir die Welt zwei für zentral und einen phänomenologischen Zugang für adäquat. Allerdings behandelt die Phänomenologie nach Husserl (z.B. 1952) nicht nur Empfindungen und Emotionen, sondern sämtliche Bewusstseinszustände – auch Reflexionen und intentionale Beziehungen zu Objekten, die nach Popper zu den Welten eins und drei gehören.

Hält man an Poppers Drei-Welten-Modell fest, müsste die Person als weiteres Wesen definiert werden, das getrennt von den drei Welten existiert, jedoch auch eng und direkt mit ihnen in Kontakt steht. Aus phänomenologischer Perspektive ist dies nicht notwendig, da das Bewusstsein stets auf alle drei Welten bezogen ist bzw. sie konstituiert. Zudem ist die Annahme, dass die Person alle drei Welten direkt beeinflusst und von allen drei Welten direkt beeinflusst wird, mit der Phänomenologie vereinbar.

Dennoch sei an dieser Stelle festgehalten, auf welche Weise sich unser Personenbegriff von Poppers drei Welten unterscheidet:

- Personen agieren, d.h. sie können als AgentInnen bezeichnet werden. Während im europäischen Mittelalter die individuelle Person noch über ihre Beziehung zu einem über den Menschen stehenden Gott definiert wurde, gilt in der modernen Philosophie die Person in erster Linie als der Mensch des Handelns und des sozialen Umgangs, der fähig ist, am aktuellen Diskurs teilzunehmen. In der Philosophie der Stoa zeichnete sich die Person zunächst durch die Fähigkeit aus, ihr Leben frei und vernünftig zu gestalten und ihm dadurch eine Einheit zu verleihen. Die Person stand hier aber auch stets im Zentrum zwischenmenschlicher Beziehungen und Rollenspiele, d.h. das erscheinungsmäßige Auftreten in einer bestimmten Rolle war auch hier ein wesentliches Merkmal der Person.
- Personen reflektieren, d.h. sie besitzen ein reflexives Bewusstsein. Es ist nicht nur so, dass Personen Wissen besitzen, denn das tun auch Computer – der Unterschied ist, dass Personen wissen, dass sie wissen. Es ist nicht nur so, dass die Sprache von Personen – wie auch die »Sprache« von Bienen oder Affen – Symbole enthält; Personen wissen auch, dass es so ist. Dieser Unterschied macht die Reflexivität des menschlichen Bewusstseins aus. Obwohl reflexives Bewusstsein als unabhängig von den drei Welten betrachtet werden kann, scheint es erst durch eine Interaktion zwischen der Person und den Welten zwei und drei zu entstehen: die Empfindungen und Emotionen der Welt zwei werden bewusst, indem sie mit den Wörtern oder Begriffen der Welt drei etikettiert werden. In der Sprache der modernen Psychologie entstand oder entsteht das reflexive Bewusstsein sowohl phylogenetisch und ontologisch parallel zur Sprache (Corballis 2004; Noble & Davidson 1996).
- Personen projizieren ihr reflexives Bewusstsein auf andere Personen: Sie vermuten, dass andere Personen existieren. Direkt kann eine Person nur sich selbst, nicht aber andere Personen beobachten. Dass andere Personen existieren, wird aufgrund ihres Aussehens und Verhaltens, das dem eigenen Aussehen und Verhalten ähnelt und auf die Existenz eines reflexiven Bewusstseins hindeutet, schweigend angenommen. In der Sprache der modernen Psychologie entwickelt jede Person schon als Kleinkind eine »theory of mind« über andere Personen (Garfield et al. 2001) und konstituiert somit ihre Intersubjektivität. Etymologisch betrachtet stammt der Begriff der Person aus der Persona des antiken Theaters und bedeutet »das, was durch die Maske durchtönt« (lat. personare = durchtönen); dies könnte im Übrigen auf eine sehr alte Verbindung zwischen den Begriffen Musik (im Sinne von Tonkunst) und Person hindeuten. Diese ursprüng-

lich theatralische Bedeutung der Person legt nahe, dass die Person etwas ist, was BeobachterInnen aufgrund der Maske, d.h. der Worte, der Gesten, des Gesichtsausdruckes, erst erschließen müssen. Es lässt sich fragen, inwieweit diese Bedeutung weiterhin für den Personenbegriff eine Rolle spielt. Die Postmoderne verkürzt schließlich den Begriff: Nicht mehr das, was durch die Maske hindurch tönt, ist die Person, sondern die Maske selbst. In diesem Sinne lässt sich also sagen, dass die Idee der Maske und der Rollenspiele für den Begriff der Person durchweg von Bedeutung geblieben ist (vgl. Zima 2000).

Aus der Sicht der »theory of mind« ist ein neugeborenes Kind noch keine Person, weil es noch kein reflexives Bewusstsein besitzt. Vermutlich hat es auch keinen Geist, keine Seele, kein Ich und kein Selbst. Säuglinge und Kleinkinder erwerben Sprache, Reflexion und ein Selbstkonzept durch Nachahmung im Umgang mit Erwachsenen. Dieser Vorgang beginnt um den ersten Geburtstag und setzt sich noch einige Jahre fort (Asendorpf 2002; Lewis /Ramsay 2004; Slobodchikov/Tsukerman 1992). Auch für die Phänomenologie sind reflexives Bewusstsein, Intersubjektivität und soziale Interaktion für den Personenbegriff zentral

Der mit dem Personenbegriff eng verwandte Begriff der Seele ist insofern paradox, als er als alles, nichts oder beides zugleich betrachtet werden kann – ähnlich wie die imaginäre Zahl Unendlich in der Mathematik, die durch Division durch Null entsteht:

➢ Aus subjektiver Sicht ist das Selbst oder die Seele die ganze Welt. Für Anaxagoras war der Geist (Nus) die treibende Kraft und das ordnende Prinzip des Universums und des Unendliches; hier wird nicht zwischen Geist und Gott unterschieden. Im Baghavad Gita lehrte Krishna, dass das Atman (Sanskrit: Seele, Hauch) der unvergänglicher Wesenskern der Person und eins mit der Weltseele, der alles durchdringenden Lebenskraft, ist (vgl. Platon); das Atman ist zugleich Brahman, das kosmische Selbst und Ordnungsprinzip, also das ganze Universum. Das »kollektiv Unbewußte« nach Jung (1960) gehört nicht einer Person an, sondern der ganzen Menschheit und äußert sich auch in Mythen oder religiösen Bildern. Die von Oskar Schindler geretteten JüdInnen gaben ihm einen Ring mit dem Talmudspruch eingraviert: »Wer auch nur ein einziges Leben rettet, rettet die ganze Welt«.

➢ Aus objektiver Sicht ist die Seele nicht beobachtbar, so dass ihre Existenz nicht nachgewiesen werden kann. In der Geschichte der europäischen Philosophie (Aristoteles, Descartes, Spinoza, Leibniz, Locke, Kant etc.) wurde immer wieder über den Bezug zwischen Existenz, Substanz und

Seele spekuliert; für Descartes z.B. war die Seele eine Art nicht ausgedehnte Substanz – ein Widerspruch in sich. In der modernen Psychologie sind seelische Vorgänge untrennbar vom Materiellen – aber auch nicht reduzierbar auf Materielles.

- Das Paradoxon des Selbst wurde von verschiedenen DenkerInnen zu verschiedenen Zeiten erkannt. Buddha lehrte in seiner metaphysischen These, dass alle Dinge ohne ein Selbst und dauerhafte Substanz sind. Der Glaube an ein eigenes, göttliches Selbst sei die Ursache alles Leides; das Leid verschwindet erst, wenn das Selbst, das sowieso nur eine Illusion ist, im Laufe der Meditation verschwindet. Zugleich lehrte Buddha, dass die Seele dem ewigen Kreislauf der Wiedergeburten unterworfen ist; dieser Kreislauf hört erst auf, wenn Nirvana erreicht wird. Die Technik der Zen-Meditation kann als Intuition durch Paradoxon bezeichnet werden: Zen ist nichts, und doch alles. In der Mystik von Meister Eckart war die Erfahrung des Seelengrundes ähnlich wie im Buddhismus die Erfahrung der absoluten Leere (nichts); doch gerade diese Erfahrung führt zur Vereinigung des Menschen mit Gott (alles).

Betrachten wir eine Person als eine von außen betrachtete Seele, ist der Personenbegriff auf die gleiche Weise paradox. So gesehen wird der Begriff der virtuellen Person fast tautologisch: Eine virtuelle Person ist nicht nur bloß vorgestellt (virtuell), sondern auch zugleich alles und nichts.

3.2 Die Musik als Person

Die Frage, wer oder was Emotionen ausdrücken kann, hat zwei mögliche Antworten:

- Wer: Tiere, insbesondere Menschen
- Was: Kunst, insbesondere Musik

Aufgrund von empirischen Studien zu starken musikalischen Ergebnissen (z.B. Gabrielsson/Lindström Wik 2003) liegt es nahe anzunehmen, dass Musik erheblich stärkere Emotionen hervorrufen kann, als andere Künste. Aus objektiver Sicht ist es merkwürdig, dass Musik Gefühle ausdrücken kann, obwohl sie keine Person ist und diese Gefühle nicht selbst empfinden kann. Die kognitive Musikpsychologie der 1980er Jahre hat keinen zufrieden stellenden methodischen Zugang zu dieser Frage finden können. Auch die Wiedergeburt des Forschungsthemas »Musik und Emotion« in den letzten Jahren (Juslin/Sloboda 2001) hat keinen Durchbruch mit sich gebracht. Obwohl wir inzwischen viel darüber wissen, gilt die Frage nach wie vor als rätselhaft.

In philosophischem Kontext lässt sich nach diesem Umstand auf folgende Weisen fragen:

- In welchem Sinne lässt sich von einer Person (oder persona) in der Musik bzw. von der Musik als Person sprechen?
- Inwiefern könnte Musik als ein frei und vernünftig handelndes Wesen betrachtet werden, das dem durch eine Maske hindurch mit anderen Wesen aktiv kommuniziert?
- Inwiefern »tönt« durch die Maske der Musik etwas »hindurch«, das als Person interpretiert werden könnte?

Davis (2001) begegnet diesen Fragen im Zusammenhang mit dem Problem des Ausdrucks von Emotionen, das einen wesentlichen Gesichtspunkt sowohl musikalischer Erfahrung als auch zwischenmenschlicher Beziehungen darstellt, und stellt drei Möglichkeiten einander gegenüber. Allerdings muss vorweggenommen werden, dass Davis um eine Definition der Musik auf der Basis ihres expressiven Charakters bemüht ist, d.h. er prüft, ob die Person in der Musik als ein wesentliches Charakteristikum der Musik angesehen werden kann. In Anlehnung an Davis gliedern wir die Frage nach der virtuellen Person in drei Möglichkeiten:

- Die erste Möglichkeit nennen wir Musik als virtuelle/r Komponist/in. Davis' »expression theory« zufolge hängt der Ausdrucksgehalt eines musikalischen Werkes von den Empfindungen der/des Komponistin/en ab, welche diese/r durch die Musik ausdrückt. Davis hält dieser Theorie entgegen, dass wir erstens die Musik selbst als expressiv und nicht als Produkt eines expressiven (Kompositions-) Aktes erleben, und zweitens, dass man von einer Komposition keinesfalls so eindeutig auf die Empfindungen der/des Komponistin/en schließen könne wie etwa von deren/dessen Verhaltensweisen, und die Theorie deshalb »empirically false« (ebd. S. 32) sei. Interessanterweise fallen KomponistInnen als KandidatInnen für die Persona in der Musik für Davis ausgerechnet deshalb weg, weil sie ihre Gefühle »not directly, but by making a mask that wears an appropriate expression« (ebd.) zum Ausdruck bringen; also mittels eines zum Begriff der Person durchaus zugehörigen Merkmales. Schließlich kann ein Musikstück neu interpretiert werden und dabei auch Neues ausdrücken, was von einer/m Komponistin/en nicht vorhergesehen werden kann; in diesem Sinne kann die Theorie der Musik als virtuelle/r Komponist/in höchstens nur zum Teil stimmen.
- Die zweite Möglichkeit nennen wir Musik als virtuelles Subjekt. Hier soll Musik eine Art Spiegel sein: Sie stellt die Person, die die Musik wahrnimmt, selbst dar. Die »arousal theory« hält Musik für expressiv aufgrund

ihres Potenzials, Gefühle bei der wahrnehmenden Person zu verursachen (»causal power«, ebd. S. 33). Nicht weit entfernt von dieser Theorie meint Walton (1988), Musik sei expressiv, wenn die wahrnehmende Person ihre eigenen Gefühle in der Musik zu erkennen glaubt, d.h. sich selbst in ihr wahrnimmt. Cumming (1997) bietet ein spezifisches Beispiel: »It is my contention that Bach makes full use of the potentiality of the listener's identification with this ›subject‹ in the violin's introduction to ›Erbarme Dich‹, opening up a space for the listener to become involved in the drama« (S. 17). Später bespricht sie die »potential fusion of the listener as subject with the work's persona« (S. 36). Dagegen argumentiert Davis (2001, S. 33), dass hier nicht mehr vom expressiven Charakter der Musik selbst die Rede sein könne, da es nicht nachvollziehbar sei, inwieweit die Gefühle der Person mit der Musik verbunden seien.

- Die dritte und zugleich am häufigsten postulierte Möglichkeit, eine Person in der Musik wahrzunehmen, ist die Theorie von Musik als narratives Subjekt (ebd. S. 34, vgl. auch Tarasti 1994). In diesem Fall wird Musik als eine andere Person empfunden, die sich in der Musik bewegt: »Any instrumental composition, like the instrumental component of a song, can be interpreted as the symbolic utterance of a virtual persona« (Cone 1974, S. 94 zit.n. Cumming 1997, S. 11). Zu diesem Punkt schrieb Cumming: »Vocality, gesture and agency may be drawn together to motivate a synthesis that forms the experience of an active agent or ›persona‹ in a musical work« (S. 11). In Bezug auf *Erbarme Dich* aus der Matthäus-Passion von J. S. Bach schrieb sie noch spezifischer: »The violin is heard as a voice; the figure as a gesture, a tonal resolution as the fulfilment of causal agency« (S. 15). Jedoch geht auch diese Theorie, so Davis, an der Musik selbst vorbei, da man sich zwar durchaus vorstellen könne, die Musik repräsentiere oder sei sogar diese Person, jedoch nur aufgrund des schon vorhandenen expressiven Charakters musikalischer Merkmale. Das heißt, auch in diesem Fall kann Davis zufolge die Person in der Musik nicht als wesentliches Konstitutivum musikalischer Expressivität angesehen werden.

Davis lehnt also alle drei Möglichkeiten ab, weil alle drei Annahmen einer Person in der Musik (Komponist/in; die Musik wahrnehmende Person; narratives Subjekt) in Zusammenhang mit der musikalischen Expressivität zu wenig plausibel sind, um aus ihnen eine Theorie der Musikwahrnehmung zu formulieren. Seine Einwände laufen stets darauf hinaus, dass es der Musik an sich einen Abbruch täte, würde man in ihr eine Person konstatieren. Uns geht es hier allerdings nicht darum, ob die virtuelle Person in der Musik eine notwendige, sondern bloß darum, ob sie eine mögliche Bedingung musikalischen Erlebens sein kann.

Eine Schwäche von Davis' Konzept ist im Übrigen seine abendländische Kulturbezogenheit. Sein Konzept kann aber auch interkulturell umformuliert werden. In Kulturen, die keine KomponistInnen im westlichen Sinne kennen, könnte im ersten Punkt die Idee der/des Komponistin/en durch andere Schöpfer wie Vorfahren (mündliche Überlieferung) aber auch Götter, Naturgeister oder Dämonen ersetzt werden.

3.3. Der phänomenologische Ansatz

Die drei von Davis erwähnten Möglichkeiten haben den Nachteil, dass sie direkt nach der Person in der Musik selbst, beziehungsweise den musikalischen Merkmalen, die diese repräsentieren oder verursachen, fragen. Indem sie nach dem Wesen der Musik fragen, wird das kulturelle Wissen, das unsere Wahrnehmung mitkonstituiert, vernachlässigt. Es wäre aber auch möglich, nach den kulturellen Bedingungen der Wahrnehmung einer Person in der Musik zu fragen.

Zunächst stellt sich die Frage, in welchem Sinne eine Person in der Musik überhaupt wahrgenommen werden kann, d.h. um welche Art von Gegenstand es sich hier handelt. Denn freilich ist die Person in der Musik keine reale, sondern eher eine fantasierte, bloß vorgestellte. Auf welcher psychokulturellen Grundlage wird diese Person vorgestellt und was könnte uns dazu motivieren, dies zu tun?

Versuchen wir, uns dieser Frage phänomenologisch zu nähern. Phänomenologie ist die Lehre von der intentionalen Entstehung und Form der Erscheinungen im Bewusstsein; diese sollen unter Ausklammerung der Frage nach ihren physikalischen Korrelaten rein in ihrer Wesenheit veranschaulicht werden (Meyers Großes Taschenlexikon, 2001). Unter Bewusstsein verstehen wir das oben definierte reflexive Bewusstsein.

Aus folgenden Gründen halten wir einen phänomenologischen Ansatz, die Musik als virtuelle Person zu verstehen, für viel versprechend:

- In der phänomenologischen Betrachtungsweise werden Objekt und Subjekt nicht klar voneinander getrennt. Eine phänomenologische Definition von Musik schließt daher die Art und Weise ihrer Erfahrung und den erfahrenden Menschen mit ein; d.h. ein Gegenstand ist immer zugleich ein erfahrener Gegenstand. So bezeichnet etwa Clifton (1983) Musik als »the actualization of the possibility of any sound whatever to present to some human being a meaning which he experiences with his body – that is to say, with his mind, his feelings, his sense, his will, and his metabolism« (vgl. Bowman 1998, S. 267f.).
- In der Phänomenologie ist es unwesentlich, ob ein Gegenstand der Erfahrung in der physikalischen Welt existiert oder nicht. In diesem Sinn ist ein

Einhorn oder ein Gespenst in gegebenem Erfahrungskontext ebenso ein Erfahrungsgegenstand wie ein Tisch. »Die Differenz von Illusionen, Halluzinationen, Träumen zur Erfahrung wirklicher Dinge wird von Husserl in der ›Sphäre absoluter Position‹ des Erlebens, für die alles konkret Gegenständliche selbst zufällig ist, aufgehoben« (Herzog 1992, S. 231).

- Phänomenologische Betrachtungen streben keine objektiven Definitionen wie etwa »Musik ist gleich virtuelle Person« an. Wahrnehmung ist in der Phänomenologie immer Konstitution, d.h. in gewissem Sinn immer Interpretation – ein weiterer aber auch nicht beliebiger Begriff. Die Frage ist also, auf welche möglichen Weisen der kulturelle Gegenstand Musik konstituiert wird. »Musik als virtuelle Person« ist eine dieser möglichen Weisen.
- Zuletzt liefert die phänomenologische Konstitution der Intersubjektivität möglicherweise ein Modell der Konstitution der Person in der Musik, da Intersubjektivität quasi über die Maske des alter Ego konstituiert wird. Wir werden versuchen, hier Analogien zur Musikwahrnehmung zu ziehen.

3.4. Phänomenologie, Intentionalität, Einfühlung

Nach Husserl (1952) sind Relationen zwischen erlebten physikalischen Objekten und anderen Erfahrungsgegenständen wie Empfindungen und Emotionen teils real, teils intentional. Reale Relationen wirken kausal, intentionale Relationen motivational auf das Subjekt. In letzterem Fall geht es nicht darum, ob das Erfahrungsobjekt in physikalischem Sinne existiert; die Interaktionen werden ausschließlich innerhalb der Erlebniswelt erklärt.

Zu den realen Relationen gehören körperliche Empfindungen wie etwa Wärme oder Schmerz, die kausal verursacht werden. Zu den intentionalen Relationen gehören alle Relationen, die sich auf Bewusstseinszustände beziehen und bei denen die Personen interpretativ tätig sind. Ein Gespenst beispielsweise kann einer Person keinen physischen Schmerz zufügen (real), aber man kann sich davor fürchten (intentional). Wenn eine andere Person mir etwas auf den Kopf wirft, wirkt sie auf mich nicht nur kausal (das Objekt verursacht Schmerz), sondern auch intentional (ich vermute sofort, dass die Person eine böse Absicht hat).

Auf die Musik übertragen stehen wir zu den Schallwellen, die auf unser Ohr treffen in realer, aber zur Musik als kulturellen Gegenstand in intentionaler Relation. Das bedeutet jedoch nicht, dass Musik selbst Intentionen hätte, sondern dass sie interpretiert werden muss, um sie als solche – d.h. als kulturelles Phänomen – wahrnehmen zu können.

Personen stehen in intentionalen Relationen zueinander. Um eine andere Person wahrzunehmen und zu verstehen, mit ihr zu kommunizieren und sozialen Umgang mit ihr haben zu können, muss man immer wieder Vermutungen über die Motive, die ihre Handlungen, Aussagen, Gestiken etc. führen, anstellen und diese interpretieren:

> »attribution of rhetorical intentionality ... consists in an explanation of others' discursive moves in terms of ... construing and presenting reality as a function of the speaker's point of view, perspective and interests, in order to affect the listener's mental state (belief, knowledge, intention) or action« (Bonaiuto/Fasulo, 1997, abstract).

Husserl (1952) gebraucht hierfür den Terminus der Einfühlung, auf welchem die Erfahrung beziehungsweise die Konstitution von Intersubjektivität aufbaut. Aus phänomenologischer Sicht sind virtuelle Gegenstände ein anschauliches Beispiel für intentionale Objekte, da ihre Existenz von der Betrachtungsweise einer Person bzw. Personengruppe abhängt. Wird in der Musik eine virtuelle Person erlebt, hat man eine virtuelle Beziehung zu einem musikalischen Werk oder Ereignis. Man erahnt die Intentionen, die hinter den virtuellen Taten stehen, die in der Musik abgebildet werden. Nach Husserl vollzieht sich die Konstitution der Intersubjektivität folgendermaßen: Zunächst sehe ich[2] einen Körper, der sich bewegt und verschiedene Gesten sowie Mienenspiele aufweist. Aufgrund der Erfahrungen mit meinem eigenen Körper »fühle« ich nun der anderen Person eine Geistes- und Gemütshaltung »ein«. D.h. ich impliziere aufgrund ihres Erscheinungsbildes zunächst, dass dieser Körper ein Bewusstsein hat und folglich – per definitionem – eine Person ist, und schließe daraufhin auf ihre momentane Stimmung. Ein freudestrahlendes Gesicht sagt mir etwas über den momentanen Zustand der Person, weil ich aus eigener Erfahrung weiß, wie sich Freude anfühlt. Ohne Freude selbst schon einmal erlebt zu haben, würde ich die Tatsache, dass ein freudestrahlendes Gesicht in anderen Menschen mit Freude in Zusammenhang steht, nicht verstehen.

Könnte der Begriff der Einfühlung, also die Konstitution der anderen Person auf Basis der Erfahrung mit meinem eigenen Leib und Bewusstsein, ein Argument und eine Erklärung dafür bieten, dass es möglich ist, in der Musik eine Person wahrzunehmen? Zunächst könnte man sagen, nein, denn ich sehe in der Musik kein physikalisches Ding, das wie ein Körper aussieht. Allerdings braucht für eine intentionale Relation das Erfahrungsobjekt, in diesem Fall die Person, nicht tatsächlich zu existieren. Da ich bereits weiß, was eine Person ist

2 Hier und im Folgenden bezieht sich das »Ich« nicht auf eine/n Autor/in, sondern ist als »man« zu verstehen.

und wie sie ihr Gefühle ausdrückt, kann ich sie mir, sofern mich etwas dazu motiviert, auch einfach nur vorstellen. Die These lautet nun: Um eine andere Person in der Musik wahrnehmen zu können, muss es – da ich keinen Körper sehe – grundsätzlich möglich sein, aus der beschriebenen Konstitution der Intersubjektivität die »Maske« zu abstrahieren, die mich dazu motiviert, mir eine Person vorzustellen, d.h. ich weiß oder stelle mir vor, dass mein musikalisches Erlebnis (nur) Ausdruck einer (anderen) Person sein kann.

Zusätzlich kann mich mein kulturelles Wissen um die/den Komponistin/en oder das Werk dazu motivieren. Phänomenologisch betrachtet kann das Wissen, das ich um meine (kulturelle) Umwelt, meine »Lebenswelt« (Husserl) habe, nicht aus der alltäglichen Erfahrung und Wahrnehmung ausgeschlossen werden, sondern ist – ganz im Gegenteil – für sie mindestens genauso konstitutiv wie die physikalischen Reize, die bei der Wahrnehmung kausal auf mich wirken.

Betrachten wir unter dem Gesichtspunkt der Einfühlung und der Intention noch einmal die zwei der oben angeführten Möglichkeiten der »Person in der Musik«, nämlich die der/des Komponistin/en und des narrativen Subjekts, in denen von Intersubjektivität die Rede sein kann. In beiden Fällen verlieren Davis' Einwände an Überzeugungskraft:

- Der/die Komponist/in als virtuelle Person in der Musik: Wenn es möglich sein soll, KomponistInnen in der Musik zu erfahren, muss es etwas geben, das mich als HörerIn dazu motiviert. Dies ist zum einen mein Wissen um die Tatsache, dass musikalische Werke von KomponistInnen geschaffen werden, die damit – zumeist – etwas Bestimmtes auszudrücken versuchen. Zum anderen muss ich entweder ein Wissen darum haben, wie man Gefühle in der Musik ausdrückt bzw. diese Gefühle am eigenen Leib erfahren, um sie der Person einfühlen zu können. Beispielsweise kann ich wissen, dass ein bestimmtes Motiv – etwa eine absteigende Sekunde – ein Zeichen für Trauer ist bzw. ich habe eine Empfindung dieser Trauer. Das eine ist vom anderen nicht unbedingt abhängig. Sind diese beiden Aspekte gegeben, ist die Konstitution der/des Komponistin/en in oder mittels der Musik durchaus plausibel. Der/die Hörer/in erlebt seine/ihre eigens empfundenen bzw. (quasi als Zeichen) gehörten Gefühle als Empfindungen der/des Komponistin/en, die/der diese in Musik ausgedrückt hat, und »fühlt« diese Gefühle der/dem Komponistin/en als deren/dessen Intention »ein«.
- Das narrative Subjekt als virtuelle Person in der Musik: Die erlebten Empfindungen und wahrgenommenen Emotionen werden (wieder) einer virtuellen Person eingefühlt, die nun durch die Musik selbst repräsentiert wird. Ein paar europäisch-bürgerliche Beispiele: Berlioz' Symphonische Dichtung, Bruckners Beschreibungen von Motiven seiner Symphonien, Schu-

manns *Eusebius und Florestan*.[3] Ausgangspunkt der Einfühlung sind wiederum einerseits Empfindungen, andererseits Bewegungen und Melodieverläufe, die der Hörer aufgrund seiner eigenen Erfahrungen in die Musik und auf die Bewegungen einer virtuellen Person projiziert. Hier erscheint uns die oben angesprochene Motivation, die das menschliche Streben und Handeln bestimmt, das entscheidende Moment zu sein. Um eine Person wahrzunehmen, reagiert man auf eine Art Maske, d.h. das Verhalten und das Mienenspiel eines Körpers. Man schließt aufgrund dieser auf eine Person samt ihrer Empfindungen und Handlungsmotive. Was das personale Leben charakterisiert und bestimmt, sind nicht kausale Relationen, sondern Motivationen, welche über die Einfühlung verständlich werden können. Die melodischen und rhythmischen, d.h. motivischen Fortschreitungen in der Musik werden nicht als beliebig, aber auch nicht als kausal im naturwissenschaftlichen Sinne erfahren. Vielmehr ist die musikalische Logik am ehesten mit personaler Motivation vergleichbar. D.h. wir verstehen die Entwicklung eines Motivs oder der Harmonik aufgrund unserer Kenntnis des Stils, vielleicht des Komponisten und bestimmt aufgrund des in unserem Kulturraum üblichen Tonsystems. Analog dazu verstehe und interpretiere ich das Handeln – im weitesten Sinne, also die »Maske« – einer Person. Ich kenne die Person oder versuche, sie – beispielsweise als meinem Kulturraum oder einer bestimmten gesellschaftlichen Gruppe zugehörig – einzuschätzen, interpretiere die Situation, in der sie sich momentan befindet, und erwarte mir einen gewissen Spielraum an wahrscheinlichen Handlungsmöglichkeiten. Vor dem Hintergrund dieser Erwartungen kann ich entweder die Handlungsmotive der Person nachvollziehen oder ich werde von eben diesen Motivationen überrascht. Im Nachhinein können mir die vorerst unerwarteten Motivationen verständlich werden. Auch in der Musik besteht das Interpretieren in erheblichem Ausmaß aus Erwartungen und deren Erfüllung bzw. Nicht-Erfüllung, d.h. aus einem vor- und rückläufigen Verstehensprozess. (vgl. Meyer 1956). Von daher erscheint die Möglichkeit, den musikalischen Motiven personale Motivationen einzufühlen, plausibel.

Aus philosophischer Sicht lässt sich für die virtuelle Person in der Musik demnach argumentieren, wenn auch weder deren Notwendigkeit bewiesen noch

3 Hier ist die Frage, ob die Wahrnehmung von diesen Personen in der Musik auch ohne das Wissen, das sie konstituiert, möglich sei, insofern unerheblich, als es ja gerade um dieses Wissen geht, und virtuelle Gegenstände stets durch ein (kulturelles) Wissen mit-konstituiert werden.

existenzielle Gründe hierfür angeführt werden konnten. Im Folgenden versuchen wir aus empirischer Sicht, die Frage neu zu stellen.

4. Empirische Musikpsychologie und -soziologie

Die empirische Musikforschung bietet viele Indizien für die These, Musik sei eine virtuelle Person, mit der man während des Musikhörens in einer virtuellen Beziehung steht. Im Folgenden überblicken wir eine Auswahl der relevanten empirischen Studien.

4.1 Persönliche Eigenschaften von Musik

Geht man von der Annahme aus, Musik sei eine virtuelle Person, müsste es möglich sein, in ihr persönliche Eigenschaften ausfindig zu machen, die auch unserer Beziehung zur Musik Qualitäten einer persönlichen Beziehung verleihen können. Diese These wurde von Watt und Ash (1998) im Rahmen einer psychologischen Studie bestätigt. Watt und Ash haben auch den Begriff der »virtual person« in Zusammenhang mit Musik geprägt.

Studierende ohne musikalische Ausbildung hörten kurze, ihnen nicht bekannte Musikbeispiele, die u.a. aus Wagners *Siegfried* und Stockhausens *Kontakte zwölf* entnommen wurden. Sie sollten dann anhand von 14 Begriffspaaren die Musik beschreiben. Die Begriffspaare waren female/male, good/evil, young/old, joyful/sad, angry/pleased, gentle/violent, stable/unstable, leaden/weightless, bright/dull, prickly/smooth, sweet/sour, narrow/wide, dry/moist und day/night. Diese Begriffe eignen sich zur Beschreibung von drei Kategorien von Gegenständen: Personen (traits und states, also ständige und variable Eigenschaften), Bewegungen und nicht menschlichen Objekten. Im ersten Experiment wurden vier kurze Musikbeispiele so analysiert, im zweiten Experiment 24. Nach jedem Musikbeispiel wurden die Begriffspaare in einer neuen zufälligen Reihenfolge dargeboten. Die TeilnehmerInnen wurden gebeten, zu jedem Paar den Begriff zu wählen, der zur Musik am besten passt. In einem parallelen, methodisch identischen Experiment haben TeilnehmerInnen anstelle von einem Musikbeispiel etwas zu essen bekommen. Sie haben dann das Essen anhand von den gleichen Begriffspaaren beurteilt. Das Ergebnis: Die Übereinstimmung zwischen TeilnehmerInnen war höher für die Musik als für das Essen – aber nur für personenbezogene Begriffe wie z.B. Geschlecht und Alter (traits) und Emotionen (states). Die Schlussfolgerung: »music is perceived as if it were a person making disclosure« (S. 47) und »Loosely speaking, music creates a virtual person« (S. 49).

Eine weitere Studie, deren Ergebnisse die Annahme stützt, Musik sei eine virtuelle Person, wurde von Gabrielsson und Lindström Wik (2003) durchgeführt. Neunhundert TeilnehmerInnen haben das stärkste Musikerlebnis, woran sie sich erinnern konnten, identifiziert und frei beschrieben. Die von den Autoren zitierten Ausschnitte beziehen sich oft direkt oder indirekt auf personenähnliche Eigenschaften der Musik. Es kommt z.B. in den Texten wiederholt vor, dass TeilnehmerInnen eine Beziehung zur Musik empfanden, z.B. »I feel addressed by the music« (S. 175) oder sogar »I felt in love with the music« (S. 179). Einige MusikerInnen berichteten, dass sie während eines Auftritts das Gefühl hatten, eine andere Person steuere die Bewegungen ihrer Stimme oder ihrer Finger (S. 176). Einige TeilnehmerInnen berichteten über personenbezogene Gefühle wie Bewunderung, Ehrfurcht und Dankbarkeit aber auch von Einsamkeit. Aus dieser und ähnlichen Studien geht hervor,

- dass die Emotionen, die von Musik ausgelöst werden, Emotionen ähneln, die in persönlichen Beziehungen vorkommen; und
- dass Emotionen dieser Stärke meistens nur von anderen Menschen ausgelöst werden.

Zum Schluss möchten wir auf die Forschung von Juslin und Persson (2002) zur emotionalen Kommunikation zwischen SpielerIn und EmpfängerIn hinweisen. In einer Reihe von Studien hat Juslin die genauen musikstrukturellen Parameter untersucht, die die Kommunikation spezifischer Emotionen zwischen InterpretInnen und HörerInnen ermöglichen. Zum Beispiel wird Glück durch »fast tempo, small tempo variability, staccato articulation, large articulation variability, high sound level, bright timbre, fast tone attacks, small timing variations, increased durational contrasts between long and short notes, rising micro-intonation, small vibrato extent« übertragen. Da diese emotionalen Signale (cues) für Sprache und Musik im Wesentlichen gleich sind, ist es nicht überraschend, dass HörerInnen auf die Musik reagieren, als wäre sie eine Person.

4.2. Musik als Mittel gegen Einsamkeit

In modernen westlichen Gesellschaften hört man Musik, um sich zu entspannen, um beim abendlichen Weggehen gut gelaunt zu sein und um während der Hausarbeit oder des Autofahrens im Hintergrund unterhalten zu werden (Sloboda/O'Neill/Ivaldi 2001). Dass alle solchen Funktionen auch von Personen erfüllt werden können, ist kein eindeutiger Beweis dafür, dass Musik eine virtuelle Person ist; doch stimmt diese Beobachtung mit der Annahme überein.

Wenn Musik eine virtuelle Person wäre, würden einsame Menschen weniger einsam werden, wenn sie Musik hörten. Schwache Unterstützung für diese These bietet die Beobachtung, dass Einsamkeit häufig in Verbindung mit Musik gebracht wird. In der Populärmusik ist Einsamkeit ein häufiges Thema (Elicker 1997). Die Einsamkeit hat offenbar auch im Schaffensprozess von Komponisten wie Brahms (Ostwald 1990) und Schönberg (Gervink 1996) eine wichtige Rolle gespielt, was darauf hin deutet, dass Komponieren Einsamkeit lindern kann. Doch wenn MusikliebhaberInnen berichten, dass sie weniger einsam sind, wenn sie sich musikalisch betätigen, ist es unklar, ob der Effekt direkt oder indirekt ist. Im indirekten Fall wird die Einsamkeit nicht durch die Musik selbst gelindert, sondern durch Kontakte mit anderen Personen, die die gleiche Musik hören.

Wenn Musik eine virtuelle Person wäre, sollte es möglich sein, eine Beziehung mit Musik aufzubauen, die Eigenschaften einer persönlichen Beziehung hätte. So attraktiv diese Idee anfangs klingen möge, ist sie freilich durch die Tatsache begrenzt, dass die Musik selbstverständlich nicht aktiv an einer solchen Beziehung teilnehmen kann. Die Musik hat selbst keine Intentionen, passt sich nicht an, ist nicht gut- oder böswillig. Trotzdem kann man offenbar das Gefühl haben, eine Beziehung zur Musik zu haben. Es ist jedenfalls möglich, eine Musik zu lieben oder zu hassen. Musik kommuniziert insbesondere Gefühle, die auch in zwischenmenschlichen Beziehungen kommuniziert werden. Musik kann erfahrungsgemäß sogar das Gefühl vermitteln, dass das Leben einen Sinn hat, auch wenn das Leben – objektiv betrachtet – sinnlos ist. Diese Behauptung wurde durch die schon angesprochene Studie von Gabrielsson und Lindström Wik (2003) weitgehend bestätigt.

Musik ist ein wichtiger wirtschaftlicher Faktor (Gembris 2004): In den meisten Ländern der Welt werden enorme Geldmengen sowohl für örtliche als auch internationale Populärmusik ausgegeben. »MusikkonsumentInnen« verbringen sehr viel Zeit damit, Musik zu hören. Was treibt Menschen dazu, Geld für Musik statt für offenbar lebenswichtigere Dinge wie Unterkunft, Essen und Kleidung auszugeben?

Eine allgemeine Antwort auf diese Frage müsste von einer allgemeinen psychologischen Theorie der Motivation ausgehen. Zu den berühmtesten solcher Theorien gehört diejenige von Maslow (1954/1987). Er nahm an, dass Menschen in erster Linie durch die Befriedigung von Bedürfnissen motiviert werden und stellte eine pyramidenförmige Struktur menschlicher Bedürfnisse auf. Auf der tiefsten Ebene in Maslows Pyramide sind körperliche Grundbedürfnisse wie Essen, Trinken, Atmen, Schlaf, Wärme und Fortpflanzung. Wenn diese Bedürfnisse befriedigt sind, sehnt sich der Mensch nach Befriedigung der Bedürfnisse der nächsten Ebene – die Ebene der Sicherheit. Dazu gehören z.B. Unterkunft, Einkommen, Gesundheit und Religion.

Interessant für unsere These ist Maslows dritte Ebene der sozialen Beziehungen.

Ein Mensch, dessen körperliche Grundbedürfnisse erfüllt sind und der mit relativer Sicherheit sein Leben planen kann, strebt vor allem nach Gemeinsamkeit. Er will Gruppen mit klarer Identität angehören, wodurch er selbst eine Identität erlangt. Gelingt dies nicht, wird er einsam, was auch gravierende Folgen haben kann. Einsame Menschen sind psychologisch und physiologisch gestresster, schlafen weniger gut und neigen häufiger zu Selbstmord (Marano 2003). Einsame Jugendliche konstruieren ihre Zukunft anders als Jugendliche mit sozialer Einbettung (Seginer/Lilach 2004). Vieles an menschlichem Verhalten (wie z.B. Essstörungen: Rotenberg/Flood 1999) kann als Flucht vor Einsamkeit oder umgekehrt als soziale Abgrenzung, um sich nicht verletzen zu lassen, verstanden werden.

Die negativen Emotionen, die mit der Einsamkeit verbunden sind, können als eine Art emotionale Strafe betrachtet werden. Menschen, die in ihrem Streben nach Gemeinsamkeit nicht erfolgreich sind, empfinden Emotionen wie Frust, Traurigkeit und Depression, die sie weiterhin motivieren, Gemeinsamkeit zu suchen. Sie geben viel Geld für Kleidung, Frisur und Schönheitsbehandlungen aus. Sie richten ihre alltäglichen persönlichen Interaktionen und Aktivitäten weitgehend nach dem bewussten oder unbewussten Ziel aus, den/die richtigen Partner/in anzuziehen. Ein solches Verhalten kann aus einer evolutionärpsychologischen Sichtweise verstanden werden (siehe z.B. Cartwright, 2000). Konstruktives Gruppenverhalten fördert nicht nur die Fortpflanzung. Die Vorgeschichte des Menschen war auch von Konkurrenz und Konflikt zwischen Gruppen charakterisiert – wie auch die Gegenwart. Es ist für das Überleben einer Gruppe vorteilhaft, wenn die Mitglieder der Gruppe motiviert sind, miteinander statt gegeneinander zu arbeiten. So sind im Laufe der Evolution Mechanismen entstanden, die die Kooperation innerhalb einer Gruppe fördern. Offenbar gehören die mit der Einsamkeit verbundenen Emotionen zu diesen Mechanismen.

Wenn Musik – in Ihrer Eigenschaft als virtuelle Person – Einsamkeit lindert, nimmt sie den Charakter einer/s virtuellen Therapeutin/en ein. TherapeutInnen wissen, dass einsame Menschen ihre Einsamkeit eher offen und ehrlich mit anderen Menschen besprechen, wenn folgende Bedingungen erfüllt werden:

- Ein entsprechender emotionaler Ausdruck soll erlaubt und evtl. auch gefördert werden, weil dies eine starke kathartische Wirkung haben kann.
- Der einsamen Person soll Vertraulichkeit versprochen werden und sie soll auch guten Grund haben, daran zu glauben, denn sie fühlt sich in der Regel diesbezüglich verletzlich (Matsushima/Shiomi 2001).

Wenn Musik eine virtuelle Person ist, erfüllt sie beide Kriterien. Während man allein Musik hört, kann man weinen, schreien oder tanzen. Nachher fühlt man sich auch besser. Die Musik verrät niemandem, was passiert ist.

Musikpsychologische und -soziologische Forschung hat wiederholt angedeutet, dass Musik Einsamkeit lindern kann, wobei die genaue Ursache des Effekts freilich noch unklar bleibt:

- ➢ Musik ist ein wichtiger Bestandteil jeder persönlichen Identität (MacDonald/Hargreaves/Miell 2002). Musik spielt insbesondere in der Pubertät aber auch während der ganzen Lebensspanne bei der Identitätsbildung eine große Rolle (Oerter/Montada 1995).
- ➢ Musik besitzt eine stark anziehende Kraft, die Gruppen vereinen kann; beim Anhören der Musik empfinden die Gruppenmitglieder ähnliche Emotionen und haben das Gefühl, diese zu teilen. Musik ist auch in der Lage, Gruppen durch Ideologien zu vereinen (Studentenlieder, politische Lieder, Nationalhymnen, Musik und Krieg). Diesbezüglich ähnelt die Musik einer führenden, charismatischen Persönlichkeit; doch sind aber auch wirklich führende Persönlichkeiten oft involviert, wenn Musik diese Funktion hat.
- ➢ Im Allgemeinen tendieren wir dazu, Musik zu bevorzugen, die unserer Persönlichkeit oder Stimmung entspricht. Zum Beispiel neigen jüngere Menschen dazu, schnelle, energiegeladene Musik zu bevorzugen. Menschen, die immer wieder neue, aufregende, stimulierende Erlebnisse suchen (sensation seekers) bevorzugen anstrengende, komplexe, neuartige, dissonante Musik (Zuckerman 1994). Einsame Männer genießen Liebeslieder weniger als nicht einsame Männer, einsame Frauen dagegen mehr als nicht einsame Frauen (Gibson et al. 2000) – evtl. weil Männlichkeit mit Stärke und Unabhängigkeit, Weiblichkeit mit Zärtlichkeit und Beziehungen verbunden wird. Darüber hinaus tendiert man unabhängig vom Geschlecht dazu, Musik zu wählen, die der momentanen Stimmung entspricht.

Solche Phänomene können dadurch erklärt werden, dass (erstens) Musik eine virtuelle Person ist und (zweitens) ähnliche Personen sich gegenseitig anziehen (vgl. LaPrelle et al. 1990).

4.3. Musiktherapie

In der Musiktherapie hat Musik mindestens zwei verschiedene Funktionen, die mit unserer These, Musik sei eine virtuelle Person, im Einklang stehen:

- ➢ Auf der einen Seite verhält sich Musik wie eine Art Freund/in, der/die der/dem Klientin/en während der Therapie zur Seite steht. In der Musiktherapie wird Musik eingesetzt, um ein Gefühl der Geborgenheit zu erzeugen. Der durch Musik geschaffene Raum schützt und unterstützt die/den

Klientin/en beim Entfalten der eigenen Persönlichkeit und Probleme. In einem Interview mit dem Bayrischen Rundfunk (Poelchau 2005) beschrieb der Musiktherapeut Tonius Timmermann den beruhigenden Effekt von Musik, die auf einem Monochord gespielt wird »bis schwebende Obertöne zu hören sind«, folgendermaßen: »Es kann anscheinend ein Gefühl von Einssein vermitteln, das an die Geborgenheit im Mutterleib erinnert«.

- Auf der anderen Seite verhält sich die Musik wie ein Spiegel zur/zum Klientin/en selbst. Sie hilft der/dem Klientin/en, Kontakt mit sich selbst aufzunehmen und sich selbst zu verstehen. Nach Decker-Voigt (2000, S. 135–151) steht im Unterschied zur funktionellen Musiktherapie, welche die biologische Wirkung von Musik auf die menschliche Psyche ausnutzt, in der als Psychotherapie verstandenen Musiktherapie eine andere Fähigkeit der Musik im Zentrum; nämlich die, Emotionen durch Assoziationen an frühere Erlebnisse, Personen, Situationen etc. hervorzurufen. Auf diese Weise erlebt der/die Klient/in die eigene Vergangenheit, und damit einen Teil der eigenen Person, quasi in der Musik. Durch ein anschließendes Gespräch mit der/dem Therapeutin/en kann der/dem Klientin/en die eigene (problematische) Sichtweise auf sich selbst und seine Vergangenheit ist Bewusstsein gebracht werden.

5. Theologie

Nach unserer These ist Musik eine virtuelle Person, zu der man während des Musikhörens oder -spielens in einer virtuellen Beziehung steht. Man kann aber auch Gott als virtuelle Person bezeichnen, zu dem man während des Betens in einer virtuellen Beziehung steht. Deutet das auf eine konkrete Beziehung zwischen Musik und Gott hin? Obwohl wir entgegnen müssen, dass dieser Schluss freilich nicht ohne weiteres zulässig ist, da sonst auch zwischen Gott und einem Computer eine Beziehung bestehen würde, wollen wir die Möglichkeit nicht gleich zur Seite schieben.

Bevor wir diese Frage aber näher betrachten, möchten wir den Gottesbegriff mit dem Personenbegriff sowie mit Begriffen wie Geist, Seele, Ich und Selbst vergleichen. Vieles deutet darauf hin, dass der Gottes- und der Personenbegriff dem Wesen nach ähnlich oder sogar identisch sind:

- Beschreibungen von Gott sind meistens anthropomorph (menschengestaltig) in dem Sinne, dass Menschen sich Gott als Person (oder sogar als Mann) mit menschlichen Eigenschaften wie Großzügigkeit, Liebe, Zorn usw. vorstellen. Explizit nicht menschliche Gottesbegriffe wie z.B. Spinozas Pantheismus kommen relativ selten vor. In verschiedenen Religionen wird auch betont, dass eine Beziehung zu Gott einen persönlichen Charakter hat oder haben soll; so kann Spiritualität Einsamkeit abbauen (Walton et al., 1991).

- Etymologisch hängt der deutsche Gottesbegriff mit der Sprache zusammen: Gott wird durch das (Zauber-) Wort angerufen. Auch der Personenbegriff hängt mit der Sprache zusammen: Das reflexive Bewusstsein, das nach unserer vorigen Diskussion eine Person ausmacht, entsteht nach neuesten psychologischen Erkenntnissen sowohl phylogenetisch als auch ontogenetisch parallel zur Sprache (Corballis 2004).
- Sowohl die Person als auch Gott können als Agent bezeichnet werden. Beide schöpfen, zerstören, lenken, regieren, üben Macht und Kraft aus, sind gutwillig oder zornig und so weiter. Nach Aristoteles ist Gott der »unbewegte Beweger«; wenn aber eine Person einen freien Willen hat, kann auch sie als »unbewegter Beweger« betrachtet werden. Aufgrund von dieser starken Verbindung haben die AtheistInnen des 19. Jahrhunderts sogar vermutet, dass Gott eine Selbstprojektion des Menschen ist: Der Mensch schuf Gott nach seinem eignen Ebenbild und nicht umgekehrt (Feuerbach 1841).
- In vielen Religionen ist nicht nur Gott, sondern auch die menschliche Seele und damit die Person als nach außen gerichteter Aspekt der Seele, transzendent über Raum und Zeit, Leben und Tod. Die Begriffe Person und Gott unterscheiden sich beide klar von anderen Formen der Realität sowie von allen drei Welten von Popper und Eccles (1977) und gehören somit zu einer anderen Kategorie.
- Sowohl der Personen- als auch der Gottesbegriff sind paradox. Obwohl Gott in allen monotheistischen Religionen selbstverständlich das allerwichtigste Wesen und Prinzip darstellt, ist es immer problematisch, dieses Wesen und Prinzip zu beschreiben. Beispiel: Im Rahmen des jüdischen Glaubens kann und soll man kein Bild von Gott machen.

Die These, dass die Begriffe *Gott* und *Musik* dem Wesen nach ähnlich sind, wird durch die Beobachtung unterstützt, dass in den meisten Kulturen der Welt Musik und Religion stark miteinander verbunden sind:

- Religionen, die zum Teil ohne Musik oder auch ohne Gott auskommen wie z.B. einige buddhistische und puritanische Traditionen sind selten und werden als Ausnahmen betrachtet.
- Wenn die TeilnehmerInnen religiöser Rituale glauben, dass sie mit Gott kommunizieren oder sich in der Anwesenheit Gottes befinden, spielt in der Regel auch Musik eine wichtige Rolle. Denn:»not conceptual speech, but music rather, is the element through which we are best spoken to by mystical truth« (James 1902).

- Sowohl westliche MusikerInnen (von Hildegard von Bingen über J. S. Bach bis Messiaen) als auch nicht westliche MusikerInnen (Baran 1993; Spickard 1991; Sutter 1996) komponieren und spielen Musik als Geschenk an Gott oder als Mittel zur besseren gemeinsamen Anbetung und Verehrung Gottes. Interkulturell wird Musik oft als Spiegel Gottes Herrlichkeit, als Ausdruck der Harmonie des Universums und als heilende Kraft betrachtet.
- In religiösen Texten und Skripten wird Musik häufig mit theologischen Themen verbunden. Ein Beispiel: Im Qur'an (Islam) berichtet Muhammad wiederholt, dass die Stimme Gottes musikalische Qualitäten hat. Das religiöse Musikerlebnis (sama) spielt eine zentrale Rolle in muslimischen Ritualen (Grove, »Middle East«).
- Wenn Musik eine wichtige Rolle im Leben eines Individuums spielt, wird sie oft auch in Verbindung mit Spiritualität gebracht (Hays/Minichiello 2005). Musik hat »the capacity to embody meaning and to provide a mirror of our inner world« (Lipe 2002, S. 217) und ist »a means toward reviving, sustaining, and nurturing the life spirit« (S. 217).
- In einem religiösen Kontext verstärkt Musik (Hören, Singen, Musizieren) das Gefühl, mit Gott in Kontakt zu sein oder mit ihm zu kommunizieren. Dies kann erklären, warum christliche Musikwissenschaftler wie z. B. Calvisius, Mersenne und Calvin bis ins frühe 18. Jahrhundert glaubten, die Musik sei göttlichen Ursprungs und habe göttlichen Charakter (Grove, »historiography«).
- Sowohl Musik mit oder ohne Tanz als auch Gott sind in verschiedenen Kulturen und Subkulturen mit Emotion, Heilung und geänderten Bewusstseinszuständen (Spiritualität, Trance, Besessenheit, Ekstase, Transzendenz) verbunden (Brandl 1993; Del Sordo 1998; Jauregui 1997; Katz 1977).

6. Musik, Gott und die pränatal wahrgenommene Mutter

Wenn die Begriffe Musik und Gott so viele Verbindungen, Gemeinsamkeiten und Ähnlichkeiten aufweisen, und beide als virtuelle Person betrachtet werden können, lege es nahe, diese Person zu identifizieren oder zu erklären, wie und warum sich eine Person, die zumindest in unserer Vorstellung existiert, irgendwie in Musik oder Gott umwandelte (oder umgekehrt, Musik oder Gott in eine Person). Eine Möglichkeit, die freilich sehr spekulativ ist, ist, dass diese Person die Mutter eines jeden Menschen ist, so wie sie in den letzten Schwangerschaftsmonaten vor der Geburt wahrgenommen wurde.

Gleich vorweg: In diesem Zusammenhang verwenden wir das Wort wahrgenommen anstelle von erlebt, weil der Fötus im alltäglichen Sinne vermutlich nichts erleben kann. Denn Erleben setzt ein reflexives Bewusstsein voraus, das sich erst im Alter von ein bis zwei Jahren zu entwickeln beginnt (Lewis/Ramsay 2004). Auch wenn der Fötus kein reflexives Bewusstsein hat, ist er aber sehr wohl in der Lage, auditive Ereignisse und Muster wahrzunehmen, zu speichern und wieder zu erkennen (Lecanuet 1996). Das heißt, dass der Fötus vermutlich auch über kognitive Assoziationen und Repräsentationen verfügt (Sallenbach 1993), wie auch das Kleinkind (Piaget 1936). Diese Leistungen sind nicht verwunderlich, denn sie weichen nicht von den Wahrnehmungskapazitäten von Tieren (wie z.B. von Pawlows Hund) ab.

Vor der Geburt kann der Fötus viele der internen Klänge und Geräusche des mütterlichen Körpers wahrnehmen. Dazu gehören die Stimme, das schlagende Herz, das Atmen, die Verdauung, die Bewegungen und die Schritte der Mutter (Lecanuet 1996). Alle diese Klangmuster hängen vom physischen und emotionalen Zustand der Mutter ab (Mastropieri/Turkewitz 1999). Da der Zustand der Mutter für das Überleben des Fötus wichtig ist, liegt es aus evolutionärer Sicht nahe anzunehmen, dass der Fötus Assoziationen zwischen Klangmustern und den emotionalen Zuständen seiner Mutter lernt – ebenso wie Pawlows Hunde konditioniert wurden, die bevorstehende Ankunft von Essen mit dem Klang einer Glocke zu assoziieren. Es ist auch für das Überleben nach der Geburt sicherlich von Vorteil, wenn ein Kind schon vor der Geburt gelernt hat, den Zustand der Mutter zu registrieren; nur so kann das Kind wissen, welche bzw. wie viele Forderungen an seine Mutter zumutbar sind.

6.1. Pränatale Psychologie und der Ursprung der Musik

Die Idee, dass Musik einen pränatalen Ursprung hat (Parncutt 1989, 1993) kann zu einer Erklärung folgender Phänomene beitragen:

- Säuglinge sind erstaunlich sensibel für musikalische Parameter wie z.B. Phrasierung (Krumhansl/Jusczyk 1990) und Emotion: »The mother's messages to her prelinguistic infant are primarily affective, delivered in rich emotional tones« (Trehub/Nakata, 2001–02, S. 52).
- Kulturübergreifend werden Wiegenlieder eingesetzt, um Säuglinge und kleine Kinder zum Schlafen zu bringen. Wenn die Aufmerksamkeit eines Kindes auf die Tonhöhenkontur einer ruhigen Singstimme gelenkt und es gleichzeitig hin und her bewegt wird, könnte eine pränatal konditionierte

Assoziation zwischen Klang, Bewegung und Schlaf ausgelöst werden. In diesem Szenario erinnert die Melodie an die pränatal hörbare Stimme der Mutter, deren höhere Teiltöne dem Fötus im Übrigen nicht hörbar sind. Die Bewegung erinnert an die fötalen Bewegungen, die beim Gehen der Mutter erfolgen. Nun spricht und geht die Mutter nur, wenn sie wach ist, während dessen der Fötus meistens schläft (Reppert/Weaver 1998). Die Kombination von Stimme/Bewegung und Schlaf (in dieser zeitlichen Reihenfolge) wird vermutlich genauso vom Fötus gelernt wie die Kombination von Glocke und Essen von Pawlows Hund.

- Musikalische Emotionen weichen von alltäglichen Emotionen ab: »das musikalisch geprägte Gefühl, die ›tönende Innerlichkeit‹, ist zwar ein anderes, aber kein schlechthin anderes Gefühl als das alltäglich reale« (Dahlhaus 1975, S. 163). In einer Studie von Scherer, Zentner und Schacht (2001–02) kamen Emotionen wie nostalgisch, bezaubert, bewegt und erregt häufiger in Musik als Basisemotionen wie Traurigkeit, Zorn, Freude oder Angst vor. Da Emotionen meistens Reaktionen auf Situationen sind, weichen auch pränatal wahrgenommene Emotionen von den Emotionen Erwachsener ab. Darüber hinaus können musikalische Emotionen oft kaum sprachlich erfasst werden – sie sind »ineffable« (Raffman 1993). »Dass sich Ausdruckscharaktere, die an einem musikalischen Gebilde haften, nicht zulänglich in Sprache übersetzen lassen, ist ein – entweder apologetisch benutzter oder polemisch gewendeter – Gemeinplatz« (Dahlhaus 1975, S. 162).
- Analog zum Mutterleib kann ein musikalisches Werk wie eine vom Rest der Welt abgeschlossene Einheit mit immanenter emotionaler Qualität wahrgenommen werden. »Stimmung ist, als ästhetisches Moment, eine Gefühlslage, die man zu erreichen sucht, damit man Musik als ›abgesonderte Welt für sich selbst‹ (Ludwig Tieck) zu erfassen vermag; sie gleicht einer Hülle, mit der sich die musikalische Wahrnehmung umgibt, um sich gegenüber der Außenwelt abzuschirmen und das musikalische Gebilde als ›isoliertes, abgeschlossenes Werk‹ – nach Walter Benjamin das ›höchste Wirkliche der Kunst‹ – zu erfahren« (Dahlhaus 1975, S. 160).
- In den Mythen vieler Völker zum Ursprung der Musik spielt Wasser eine Rolle (Grove, »Marsyas«). In der Aymarakultur von Chile wird Musik mit Wasser in Verbindung gebracht (Grove, »Chile«). Das Wort Rhythmus stammt aus dem Griechischen fließen, das noch heute regelmäßig in Verbindung mit Musik gebracht wird. Dahingestellt bleibt, ob dabei Fruchtwasser eine Rolle gespielt hat sowie die Frage, wie eine solche Verbindung zustande kommen könnte.
- Auch in der Philosophie wurde eine Verbindung zwischen den Begriffen

Mutter und Musik festgestellt. Nach Kristeva (1969) beruht alles Symbolische (Sprache) auf einer Verwerfung der Mutter. Hingegen re-präsentiert jede Art der Kommunikation, in der das Präverbale (von Kristeva das Semiotische genannt) hervorbricht, wie etwa Musik und Poesie, den Körper der Mutter durch Rhythmus, Assonanzen, Lautspiele und Wiederholungen.

- Die in der Musik erlebte Person kann nicht genannt werden. Sie »can be found in answer to some rhetorical questions that appear when subjective qualities are attributed to music: ›whose voice?‹, ›whose gesture?‹, ›whose will?‹ The rhetoric does not ask for an answer, but points to a subject who seems to emerge with specific sensuous, emotional and wilful qualities, and yet not to have a name« (Cumming 1997, S. 12). Eine mögliche Erklärung: Die Übertragung pränatal entstandener Assoziationen ins postnatale Leben erfolgt – anders wie bei anderen Gedächtnisformen – ohne Sprache.

An dieser Stelle möchten wir über den genauen Vorgang spekulieren, wodurch pränatal entstandene Assoziationen in die menschliche Kultur einfließen und sich als Musik und Religion manifestieren könnten:

- Vor der Geburt entstehen nach dem bekannten Muster der klassischen Konditionierung eine Vielfalt an Assoziationen zwischen Reizen, die wiederholt, gleichzeitig oder zeitlich leicht versetzt vorkommen z.B. zwischen Klangmustern und Emotionen. Dass der Fötus nicht reflektieren kann, d.h. nicht über ein reflexives Bewusstsein verfügt, ist kein Hindernis, denn reflexives Bewusstsein stellt keine Vorbedingung für klassische Konditionierung dar. Vielmehr entstehen die meisten Assoziationen in Tieren wie auch in Menschen in der Abwesenheit von Reflexion oder unabhängig von ihr.
- Chamberlain (1988) nahm an, dass Kinder sich an die eigene Geburt oder sogar an pränatale Ereignisse erinnern können. Eine solche Annahme ist für unsere Theorie nicht nötig und wir lehnen sie auch ab. Im alltäglichen Sinne meint das Wort »erinnern«, dass man über eine vergangene Episode erzählen kann. Dies scheint nur möglich zu sein, wenn der Mensch zur Zeit des Ereignisses darüber reflektiert hat – was vermutlich der Grund dafür ist, dass Tiere kein episodisches Gedächtnis im gängigen Sinne haben (Hampton/Schwartz 2004).
- Während der Kindheit (wie auch später) kommen Reizkombinationen gelegentlich und unvorhersehbar (zufällig) vor, die pränatalen Reizkombinationen ähneln. Diese postnatalen Reizkombinationen, die alle fünf Sinne einbeziehen können, können pränatal entstandene emotionale Assoziationen auslösen. Höre ich z.B. eine Singstimme, die der Sprechstimme

meiner Mutter – wie ich sie immer wieder vor der Geburt unbewusst gehört habe – ähnelt, können die damit verbundenen Emotionen ausgelöst werden. Obwohl ein solches Erleben vor der Geburt nicht möglich war, gehen wir davon aus, dass Emotionen pränatalen Ursprungs in der Kindheit (wie auch später) erlebt werden können, da beiden Fällen eine ähnliche Neurophysiologie zugrunde liegt.

- Pränatale Reizkombinationen und daraus entstehende Assoziationen sind für verschiedene Menschen ähnlich oder gleich, insbesondere wenn ihre Mütter zur gleichen gesellschaftlichen Gruppe gehörten, die gleiche Sprache sprachen bzw. einen ähnlichen Lebensstil hatten. Wenn mehrere solcher Menschen sich in derselben Situation befinden – was auch häufig der Fall ist – erleben sie nicht nur die gleichen Reizkombinationen, sondern auch die gleichen damit verbundenen pränatalen Assoziationen.
- Wir gehen davon aus, dass pränatale Emotionen mit Geborgenheit verbunden und daher eher positiv sind, während postnatale bzw. erwachsene Emotionen teils positiv und teils negativ sind. Wenn pränatale Emotionen postnatal ausgelöst werden, werden sie in der Regel rückwirkend-vergleichend als positiv erlebt. »So wie man sich im kirchlichen Ritus und im Gebet an einen mächtigen, fernen und doch nahen Gott wendet, von dem man sich angenommen und sicher gehalten fühlt, so fühlt sich der Fötus von der mächtigen, fernen aus einer anderen Welt herüber klingenden und doch so nahen Person, in der er enthalten ist, sicher aufgehoben und geborgen. Dass diese Person eine Sprache beherrscht macht sie mächtig, dass sie aus einem Jenseits des uterinen Milieus spricht macht sie mythisch und transzendent und lässt sie mit magischen und omnipotenten Kräften ausgestattet erscheinen« (Oberhoff 2005). Wir möchten an dieser Stelle bekräftigen, dass der Fötus im gängigen Sinne nichts erlebt; vielmehr behaupten wir, dass die in diesem Zitat angesprochenen Gefühle indirekt und allmählich über den Weg der pränatalen klassischen und der postnatalen operanten Konditionierung in menschliche Kulturen einfließen können.
- Im Rahmen von Skinners (1938) Theorie der »operanten Konditionierung« können postnatal ausgelöste pränatale Emotionen als Belohnung betrachtet werden. Nach Skinner kann ein Verhalten durch eine entsprechende Belohnung verstärkt werden: Tiere und Menschen tendieren dazu, durch ihre Verhaltensweise die Wahrscheinlichkeit von Belohnungen zu erhöhen. In unserem Fall entsteht die Frage, ob ein Tier in der Lage wäre, die relativ spezifischen und komplexen Situationen zu rekonstruieren, die im postnatalen Leben pränatale Emotionen auslösen können – eine Handlung, die das Überleben des Tiers nicht fördern würde. Nun sind Menschen seit mindestens ca. 50.000 Jahren in der Lage zu reflektieren, was die

Entstehung von Kultur bzw. die cultural explosion oder human revolution in diesem Zeitraum erklären kann (Corballis 2004). Ruft z.B. eine Singstimme ein schönes Gefühl hervor (d.h. wenn sie als »schön« empfunden wird), ist ein reflektierender Mensch in der Lage, den Klang noch einmal zu erzeugen und die damit verbundene Emotion noch einmal zu genießen. Im Übrigen hat der Mensch in diesem Szenario weder die Möglichkeit noch das Bedürfnis, zu wissen, woher die angesprochenen Emotionen stammen bzw. was sie verursacht hat.

➢ Allmählich über viele Generationen und unzählige situative Auslöser hinweg entstehen tradierte Verhaltensweisen, die die Häufigkeit der Auslösung pränataler Emotionen erhöhen. Nach unserer These sind diese Verhaltensweisen nichts anderes als Musik und Religion.

Wir gehen weiterhin davon aus, dass der Fötus durch Wahrnehmung der internen Klänge und Geräusche des mütterlichen Körpers eine kognitive Repräsentation der Mutter entwickelt, die (wie ein Schema nach Piaget 1936) aus einer Vielzahl von verschiedenen Assoziationen besteht. Eine solche Repräsentation, sollte sie tatsächlich existieren, kann freilich noch nicht empirisch-psychologisch untersucht werden. Aus folgenden Gründen ist aber zu erwarten, dass sie existiert und sogar relativ differenziert ist. Erstens können Neugeborene die Stimme ihrer Mutter von den Stimmen anderer neuen Mütter unterscheiden – eine erstaunliche Fähigkeit, die kaum genetisch übertragen, sondern nur vor der Geburt gelernt werden kann (DeCasper/Fifer 1980). Zweitens ist die Fähigkeit, die Mutter wiederzuerkennen, für das Überleben des Fötus und der/des Neugeborenen von Vorteil, und zwar nicht nur nach Gehör (Stimme), sondern anhand von allen Sinnen inkl. z.B. dem Geruch (Doty 1992). Letztes könnte auch ein Grund für das fötale Interesse an der sich ständig ändernden biochemischen Zusammensetzung des Fruchtwassers sein (Hepper 1992). Säuglinge lernen auch, kurz nach der Geburt das Gesicht ihrer Mutter zu erkennen (Slater/Quinn 2001). Da eine multimodale kognitive Repräsentation der Mutter offenbar kurz nach der Geburt existiert und für das Überleben wichtig ist, liegt es nahe anzunehmen, dass sie auch – zumindest in Ansätzen – vor der Geburt existiert und nach der Geburt lediglich ergänzt wird. Vor der Geburt spielt unter den Sinnen das Gehör die wichtigste Rolle, weil relativ viele Informationen über diese Modalität ins Gehirn des Fötus gelangen und dort verarbeitet werden; daher ist weiterhin anzunehmen, dass bei der Bildung einer pränatalen kognitiven Repräsentation der Mutter das Gehör im Vordergrund steht.

Sollte eine pränatale kognitive Repräsentation der Mutter existieren, welche Eigenschaften würde sie haben? Da der Fötus selbstverständlich keine Ahnung von Geschlecht hat, kann diese Repräsentation nicht mit Weiblichkeit in irgendeiner Form verbunden sein; im Rahmen unserer These heißt das, dass weder Musik noch Gott als weiblich zu betrachten sind – auch wenn die Mutter den Ursprung von beiden darstellt. Höchstens wäre sie mit groben Eigenschaften wie z.B. groß und beweglich zu verbinden. Aus diesem Grund beschrieb Oberhoff (2005) die vom Fötus wahrgenommene Mutter als die »große Bewegende« und stellte die Frage, ob nicht nur Musik, sondern auch religiöse Erfahrungen wie z.B. das Gefühl, mit Gott zu kommunizieren, durch eine postnatale Assoziation mit der pränatalen Wahrnehmung der Mutter erklärt werden können.

Unsere These hat das Potenzial, nicht nur den virtuell-persönlichen, sondern auch den virtuell-räumlichen Charakter von Musik zu erklären. Phänomenologisch betrachtet scheint Musik sich in einem großen Raum zu bewegen, deren Dimensionen sowie ihre Bedeutung unklar sind (Kurth 1931; Jauk 2000). Die Idee eines pränatalen Ursprungs mag das anscheinend Magische an diesem virtuellen musikalischen Raum erklären. »Zum Magischen des musikalischen Raumes gehört aber, dass er von nur unvollständig individuierten Protowesen bevölkert wird, von schemenhaften Protodingen, die ineinander fließen, sich ineinander auflösen, manchmal verschmelzen und sich manchmal abrupt voneinander abgrenzen«. (Böhler 2005). In diesem Zitat geht es vielleicht um die ersten, primitiven Versuche des Fötus, kognitive Repräsentationen von Objekten außerhalb der Mutter zu konstruieren.

Wenn Musik einen virtuellen Raum hervorruft, was sind die Dimensionen dieses Raums? Aufgrund empirischer Daten kamen Eitan und Granot (2004) zum Schluss, dass alle musikalischen Parameter wie z.B. Tonhöhe, Dynamik, Einschwingvorgang, Artikulation mit allen Dimensionen des imaginären musikalischen Raums verbunden werden können. Der Grund dafür könnte sein, dass alle Parameter, die für den Fötus klar wahrnehmbar sind, bei der Entstehung der kognitiven Repräsentation der Mutter und evtl. anderer Klangkörper eine Rolle spielen können.

- Tonhöhe und physikalische Höhe: Das Gleichgewichtsorgan des Fötus beginnt ca. zur gleichen Zeit wie die Cochlea zu funktionieren (Lai/Chan 2002), und zwar, ab ca. der 20. Schwangerschaftswoche (Hepper 1992). Dies bedeutet, dass der Fötus ab diesem Zeitpunkt zwischen Oben und Unten unterscheiden kann. Allerdings hat der Fötus aus rein akustischen Gründen keine Möglichkeit, die Richtung einer externen Schallquelle (auch z.B. von internen Klängen des mütterlichen Körpers wie z.B. die Stimme) wahrzunehmen (Parncutt im Druck).
- Lautstärke: Zahlreiche Studien beweisen, dass der Fötus zwischen verschiedenen Lautstärken unterscheidet. Er reagiert stärker durch Körperbewegungen und Änderungen in der Herzrate auf lautere als auf leisere Klänge (Lecanuet 1996).

Aufgrund dieser Überlegungen können wir unsere These wie folgt umformulieren: Die virtuelle Person, die der Musik entspricht, entspricht der pränatal existierenden kognitiven Repräsentation der Mutter. Allerdings werden die im fötalen Gehirn gespeicherten Informationen zur Klangwelt des Mutterleibs und des Mutterkörpers vermutlich durch die nicht sprachliche oder vorbewusste Übertragung im Gedächtnis sowie durch die kulturelle Entwicklung der Musik so verformt, dass die Verbindung zwischen den Begriffen Mutter und Musik im erwachsenen Leben kaum erkennbar ist. Wenn unsere These stimmt, könnte Musik dementsprechend als kulturell bedingte Verformung nicht sprachlicher Erinnerungen an die pränatale kognitive Repräsentation der Mutter betrachtet werden.

6.2. Pränatale Psychologie und der Ursprung der Religion

Analog zu unserer These zum Ursprung der Musik könnte man folgende theologische These aufstellen: Die virtuelle Person, die Gott entspricht, entspricht der pränatal existierenden kognitiven Repräsentation der Mutter. Doch kann eine solche These auf nur eins der vielen gängigen Argumente für die Existenz Gottes Licht werfen, nämlich das Argument des religiösen Erlebnisses. Nach diesem Argument glauben wir an die Existenz Gottes, weil viele Menschen bezeugen, Gott direkt erlebt zu haben und weil die meisten Menschen aus eigener Erfahrung das Gefühl der göttlichen Anwesenheit direkt kennen. James (1902) hat dieses Gefühl mit den Begriffen »sense of presence«, »sense of higher control« und »sense of reality of a higher power« – damit verbunden auch »peace of mind«,»equanimity« und »fortitude« umschrieben. Folgende Argumente stützen die These, dass dieses Gefühl einen pränatalen Ursprung hat:

- Vor der Geburt befindet sich der Mensch in fötaler Stellung. Die Knie sind angewinkelt, die Beine liegen übereinander, die Hände sind miteinander sowie mit dem Gesicht (Lippen, Nase, Stirn) in Kontakt und der Kopf ist geneigt wie deutlich in den dreidimensionalen Fotografien von Tsiaras (2002) zu sehen ist. Ähnliche Stellungen werden interkulturell bei religiösem Verhalten eingenommen, wenn es darum geht, mit Gottheiten bzw. mit höheren Wesen zu kommunizieren oder – wie in der Meditation – veränderte Bewusstseinszustände auch »transmarginal or subliminal consciousness« oder »mystic states« (James 1902) zu erreichen. Da solche Körperhaltungen und Gesten auch durch gesellschaftliche und pragmatische Faktoren bestimmt sind, manifestieren sie sich interkulturell in vielen Varianten wie z. B. christliches Beten im Stehen mit geneigtem Kopf, muslimisches Beten im Knien mit sich niederwerfenden Bewegungen und buddhistische Meditation im Schneidersitz mit geradem Rücken. In vielen religiösen Ritualien und Bräuchen werden die Hände gefaltet oder sonst miteinander in Kontakt gebracht – wie auch mit dem Gesicht.

- Diese Körperhaltungen werden oft mit liturgischem Gesang oder mit Chant kombiniert, was die Verbindung zur fötalen Situation noch eindeutiger macht. In der europäischen Tradition hört man oft die Stimme einer Pfarrerin oder eines Pfarrers, die in einem großen Raum widerhallt. Der erhebende Effekt religiöser Lieder wird durch die Kombination von Musik und Text weiter verstärkt.
- Die Ergebnisse von Untersuchungen zu starken Musikerlebnissen stützen die These eines pränatalen Ursprungs vom Gottesbegriff, wenn auch indirekt. Die TeilnehmerInnen der Studie von Gabrielsson und Lindström Wik (2003) berichteten über Erlebnisse, die kaum in Wörtern erfasst werden können (S. 170); ein Gefühl der Einheit mit der Welt im Hier und Jetzt (S. 174); Frieden, Sicherheit, Wärme, Liebe (S. 178–179); geänderte Bewusstseinzustände und Ekstase (S. 174, 179); Sinn der Existenz, Gefühl des reinen Seins, Transzendenz, »out-of-body experience« (S. 181); Kommunikation mit Gott (S. 182); Heilung, Katharsis (S. 183); und Bestätigung der Identität, Selbstwert (S. 184).
- SchamanInnen singen (*chant*), spielen Trommeln und führen rituelle Tanzbewegungen aus. Bei minimaler Variation und vielfachen Wiederholungen in einem engen Tonumfang machen sie stundenlang weiter, bis ein geänderter Bewusstseinszustand induziert wird (Brandl 1993; Harvey 2003). Diese pränatalen Andeutungen sind nur als Solche zu interpretieren, weil sie oft und systematisch vorkommen und keine andere plausible Erklärung ihres Ursprungs vorliegt. Eine Erklärung für den geänderten Bewusstseinszustand könnte erstens sein, dass der Bewusstseinszustand des Fötus sehr weit von dem eines Erwachsenen entfernt liegt. Zweitens werden mithilfe der Musik geänderte Bewusstseinszustände nur unter spezifischen Bedingungen erreicht, die an die Welt des Fötus erinnern. Dies sind z.B. viele Wiederholungen der gleichen vertrauten Klangmuster, Körperlichkeit und die Bereitschaft, sich auf geänderte Bewusstseinszustände einzulassen. Drittens haben die geänderten Bewusstseinszustände selbst einen quasi-pränatalen Charakter: Die Person hört auf, mit anderen zu kommunizieren, verengt ihre Aufmerksamkeit auf einzelne Aspekte der Umwelt und hat das Gefühl, mit ihren eigenen Emotionen, mit der Musik bzw. mit Gott zu verschmelzen (Brandl 1993). Und dieses Gefühl scheint, von außen zu kommen: »Besessenheit ist ein Zustand, bei dem das Ich einer Person, wenigstens erlebnismäßig, von einer übernatürlichen Macht oder einem Geist besetzt oder ausgelöscht wird, so dass der Geist oder die

Macht die Stelle des Ichs einnimmt« (Hirschberg 1988, zit.n. Brandl 1993, S. 600). Diese Mächte sind »vor allem Ahnengeister, Naturgeister und Fetische, die besessen machen, in den neuen synkretistischen Religionen sind es Gott, Engel, Geister und Heilige (Hirschberg 1988, zit.n. Brandl 1993, 602–603). »Im Umfeld des Schamanismus, aber auch in Afrika, im Pazifik ... und im Orient ... gilt vielfach die traditionelle Melodiefindung (Komposition) als von übernatürlichen Wesen (Gottheiten, Geistern) eingegeben« (Brandl 1993, S. 605).

➢ Offenbar tragen auch die Größe und die Architektur religiöser Gebäude (Kathedralen, Synagogen, Moscheen, Tempel, Kloster etc.) zur Förderung des religiösen Erlebnisses durch Manipulation des Bewusstseinszustands der Gläubigen bei. Kirchliche Gebäude können als Symbole für den mütterlichen Körper aus der »Sicht« des Fötus betrachtet werden. Für den Fötus ist der Körper der Mutter vor allem groß (vgl. Oberhoff 2005). Dazu kommt, dass nur die tieferen Teiltöne der Mutterstimme für den Fötus hörbar sind: Die Mutterstimme in uterinen Aufnahmen klingt dumpf und unklar. In großen Gebäuden werden tiefe Frequenzen akustisch verstärkt und die Verständlichkeit der Sprache durch den Nachhall eingeschränkt. SprecherInnen, ob elektronisch verstärkt oder nicht, klingen als wären sie weit entfernt und quasi überall; wo genau sie sich befinden, ist unklar, weil die Richtungswahrnehmung durch den Nachhall beeinträchtigt wird. Um das religiöse Erlebnis der Transzendenz zu fördern, wird in Kirchen mehr Nachhall als in Konzert- oder Hörsälen toleriert – auch wenn die Verständlichkeit der Sprache und die Klarheit und Koordination musikalischer Aufführungen darunter leiden (Blaukopf 1968). Auch außerhalb von Kirchen werden besonders nachhallende Säle für religiöse Musik bevorzugt: Man »lobt Gott mit Schall« (Psalm 117, Heinrich Schütz).

Dieser Argumentationslinie folgend ist sogar eine Analogie zwischen der Geburt aus der Sicht des Fötus und dem Tod aus der Sicht eines Erwachsenen möglich. Für den Fötus ist die Geburt das Ende des pränatalen Lebens und der Beginn eines neuen, anderen Lebens. Diese Analogie kann nicht nur den Mythos der Vertreibung aus dem Paradies, sondern auch den interkulturell verbreiteten Glauben an das Leben nach dem Tod bzw. der Reinkarnation erklären.

Sollte der Gottesbegriff zumindest zum Teil auf eine pränatale kognitive Repräsentation der Mutter zurückgeführt werden können, würden viele der Eigenschaften, die Gottheiten in monotheistischen Religionen zugeordnet werden, verständlich. Dazu gehört, dass Gott menschlich (mit Emotionen, Persönlichkeit, Willen ausgestattet), groß (allgegenwärtig, unendlich, nicht räumlich begrenzt), unsterblich (ewig, ohne Beginn oder Ende, nicht zeitlich begrenzt), allmächtig (allwissend, fähig, alles zu schöpfen oder auch zu zerstören), liebend (fürsorglich, vergebend, moralisch), perfekt (gut, unveränderlich), geheimnisvoll (unergründlich) und einheitlich (zumindest im Monotheismus) ist. So weit man über eine fötale kognitive Repräsentation der Mutter sprechen kann, ist es vorstellbar, dass in einem kulturell-historischen Kontext solche Eigenschaften ihr nachträglich, unbewusst und allmählich (über viele Generationen) zugeordnet werden.

Von der oben formulierten These bleiben im Übrigen alle anderen gängigen Argumente für die Existenz Gottes unberührt. Dazu gehören, dass die Existenz eines Gottesbegriffes als Beweis für die Existenz Gottes angesehen wird; dass es eine Schöpfung gegeben haben müsse, sonst gäbe es keine Welt; dass die offenbare Ordnung des Universums nur mit Absicht hätte geschaffen werden können (intelligent design); dass die Moralität einen maßgeblichen Ursprung haben müsse; und dass die in der Bibel berichteten Wunder direkt auf die Existenz Gottes hinwiesen. Außerdem hängt der Glaube an Gott offenbar nicht immer von gängigen Argumenten für die Existenz Gottes und nur selten von Vorwissen über psychologische oder soziologische Theorien zum religiösen Verhalten ab.

7. Zusammenfassung und Implikationen

In diesem Beitrag haben wir die These aufgestellt und verteidigt, dass Musik eine Art virtuelle Person ist, mit der man während des Musikhörens in eine virtuelle Beziehung tritt. Für diese These sprechen vor allem folgende Punkte:

- HörerInnen, MusikerInnen und MusikwissenschaftlerInnen schreiben der Musik routinemäßig menschliche Qualitäten zu. Musik kann alt, jung, weiblich, männlich, sexy, langweilig, ruhig, majestätisch, jammernd, wütend, liebend, halsstarrig oder voller Freude sein. Abgesehen von lexikalischen Inhalten scheint Musik alles ausdrücken zu können, was ein Mensch mit seiner Stimme und mit seinen Bewegungen ausdrücken kann.
- Abgesehen von Musik werden Emotionen in erster Linie nur von Personen und von ihrer Sprache ausgedrückt. Musik drückt stärkere Emotionen als andere Künste aus.
- Im antiken Theater wurde eine »Person« nicht direkt wahrgenommen, sondern sie »tönte durch eine Maske durch«, was auf eine indirekte Verbindung zwischen den Begriffen Person und Tonkunst hindeutet.
- Wenn Musik als Diskurs betrachtet und analysiert wird, ähneln musikalische Handlungen meist menschlichen Handlungen (Tarasti). Musikalische Topics (Agawu) sind meist personenbezogen.

- Notierte Musik drückt die Emotionen der/des Komponistin/en indirekt aus und ist in diesem Sinne für sie/ihn stellvertretend.
- Musik baut Einsamkeit ab und wird bevorzugt, wenn sie der Persönlichkeit, der Stimmung oder der Identität der Hörerin oder des Hörers entspricht – als wäre die Musik eine Art Freund/in. Menschen widmen sehr viel Zeit, Geld und Energie der Musik und scheinen damit ihr Bedürfnis nach Gemeinsamkeit zu befriedigen.
- In der Musiktherapie verhält sich Musik in zwei Punkten wie eine virtuelle Person: Sie schafft ein Gefühl der Sicherheit und unterstützt die/den Klientin/en bei der Arbeit mit sich selbst.
- Die Darstellung von (virtuellen) Personen scheint allen Künsten gemeinsam zu sein und den Kunstbegriff sogar mitzubestimmen.
- In den Weltreligionen steht Musik gewöhnlich in der Theorie sowie in der Praxis in enger Verbindung mit der virtuellen Person »Gott«.
- Eine Person existiert nicht auf der gleichen Ebene wie ein physikalisches Objekt, eine Emotion oder eine Information (Poppers drei Welten), sondern sie wird erst konstituiert, wenn andere Personen ihr reflexives Bewusstsein auf sie projizieren bzw. sich in sie »einfühlen« (Husserl). Dies gilt für wirkliche als auch für virtuelle Personen sowie für Personen, die wir in der Musik wahrnehmen.
- Die strukturellen und emotionalen Eigenschaften von Musik können dadurch erklärt werden, dass die fötale kognitive Repräsentation der Mutter den Ursprung der Musik wie auch von Gottheiten darstellt.

Wenn unsere These stimmt, dass Musik eine virtuelle Person ist zu der man während des Musikhörens und -spielens in einer Beziehung steht, hat sie folgende Implikationen:

- Musik spielt eine zentrale Rolle in allen menschlichen Kulturen. In ihrer Rolle als virtuelle Person stellt die Musik offenbar ein grundsätzliches psychologisches Bedürfnis dar. Wird dieses Bedürfnis erfüllt, nehmen die Lebensqualität und die Produktivität von Menschen zu. Dies hat Implikationen für die finanzielle Unterstützung von musikalischen Einrichtungen und Aktivitäten.
- Wenn Musik eine virtuelle Person ist, kann sie unter Umständen als nicht weniger wichtig betrachtet werden, als eine wirkliche Person. Demzufolge kann Musik für mich genauso wichtig sein wie ein/e Freund/in oder ein Familienmitglied. Dagegen kann die Zerstörung einer musikalischen Kultur mit der Zerstörung von Menschen – sogar mit Völkermord – verglichen werden und somit als eine Art Menschenrechtsverletzung betrachtet werden. Wir haben betont, dass eine virtuelle Person keine Men-

schrechte hat. Trotzdem: Wer seine Musik verliert, verliert einen Teil von sich selbst, nachdem die Musik bei der Identitätsbildung jedes einzelnen Menschen eine zentrale Rolle spielt.

- Alle Menschen haben das Recht, andere Menschen auszusuchen, mit denen sie Beziehungen haben wollen sowie das Recht, mit diesen anderen Menschen zusammen die Natur ihrer Beziehungen zu bestimmen. Zu den Ausnahmeerscheinungen gehören z.B. der Nationalsozialismus und die noch geltenden diskriminierenden Gesetze gegen Homo-Ehe, die hoffentlich bald der Vergangenheit angehören werden. Wenn Musik eine virtuelle Person ist, haben alle das Recht zu wählen, welche Musik sie spielen oder hören sowie die Art und Weise, wie sie diese Musik genießen. So müsste man z.B. das Recht haben, den Stil von Hintergrundmusik in Kaufhäusern zu bestimmen oder solche Musik auch zu verbannen. Auf diese Weise hätte man gegen das Verbot von Jazz im osteuropäischen Kommunismus argumentieren können. Heute kann man auf diese Weise z.B. gegen die Unterdrückung von Populärmusik bei traditionellen Musikakademien argumentieren.
- Wenn Musik eine virtuelle Person ist, hat die Musiktherapie den gleichen Status wie andere Therapieformen – oder sogar einen höheren Status. Diese Idee bietet eine neue Möglichkeit, die wichtige Rolle und das erhebliche Potenzial von Musiktherapie hervorzuheben und gegen die Unterschätzung der Musiktherapie in konservativen therapeutischen und medizinischen Kreisen vorzugehen.
- Wenn Musik eine virtuelle Person ist, gehört die Musikpsychologie zu den zentralen musikwissenschaftlichen Fächern. Um Menschen zu verstehen, braucht man das Fach Psychologie. Um die virtuelle Person »Musik« aus geistes-, natur- oder sozialwissenschaftlicher Sicht zu verstehen, braucht man das Fach Musikpsychologie.
- Wenn Musik eine virtuelle Person ist, kann sie als Strategie gegen die zerstörerische und bisher weit gehend vernachlässigte Volkskrankheit der Einsamkeit eingesetzt werden. Moderne Kommunikationstechnologien wie z.B. E-Mail trennen Menschen voneinander und einsame Menschen verwenden das Internet als eine Unterhaltungsform (Matanda et al. 2004). Immer häufiger kommunizieren Menschen mit Maschinen statt mit anderen Menschen. Dass Einsamkeit ein ernstzunehmendes Problem in modernen Gesellschaften ist, geht aus der wachsenden Menge an psychologischer Forschung zu diesem Thema hervor (z.B. Hughes et al. 2004). Die psychologischen und physiologischen Symptome von Einsamkeit werden in der Regel durch langfristige Beziehungen gelindert oder verhindert: So leben verheiratete Menschen in der Regel länger, sind glücklicher und

gesünder und haben sogar mehr Geld (Waite/Gallagher 2001). Musik kann eine ähnliche Funktion übernehmen (z.B. Hays/Minichiello 2005), was auch evolutionär-psychologisch erklärt werden kann (Huron 2003). Als virtuelle Person bietet Musik nicht nur einen Ersatz für andere Personen, sondern auch ein Mittel, mit anderen Personen in Kontakt zu treten – z.B. beim Chorsingen, beim Konzertbesuch, in der eigenen Rockband.

➢ Unser Überleben im darwinistischen Sinne hängt von unserer Fähigkeit ab, uns erfolgreich im Bezug auf die physikalische Welt sowie auf die Gesellschaft zu orientieren. So wird ein Zustand erfolgreicher, stabiler Orientierung als zufrieden stellend erlebt und mit Zufriedenheit assoziiert. Wenn Musik nicht nur eine virtuelle Person, sondern auch einen virtuellen Raum darstellt, könnte sie in beiden Fällen eine Art Orientierungsfunktion haben. Wenn Musik als virtueller Raum erlebt wird, spielt das Subjekt mit seiner Fähigkeit, sich in einer komplexen dreidimensionalen Welt zu orientieren; hier verwenden wir »spielen« im Sinne von Kinderspiel, also von lustvollem Üben, Trainieren und Lernen. Dies könnte erklären, warum räumliche Fähigkeiten mit musikalischen Fähigkeiten korrelieren (Rauscher 1999; Schellenberg 2001). Wenn wir Musik als virtuelle Person/en erleben, spielen wir vielleicht mit unserer Fähigkeit, uns in einem Netzwerk menschlicher Beziehungen zu bewegen. In beiden Fällen könnte Musik eine Trainingsfunktion haben (vgl. Roederer 1984). So könnte auch der epochen- und kulturübergreifende Erfolg der stark hierarchisch gegliederten westlichen Dur-Moll-Tonalität zum Teil erklärt werden – wobei selbstverständlich nicht vergessen werden darf, dass ein großer Teil dieses Erfolgs auf internationale Machtverhältnisse zurückzuführen ist.

➢ Ein konkreter Zusammenhang zwischen Musik und der fötalen kognitiven Repräsentation der Mutter hätte auch Konsequenzen für den Status der Frau in der Musik und der Musikwissenschaft. Der Genderdiskurs in der historischen Musikwissenschaft wäre nicht mehr auf Komponistinnen und Musikerinnen beschränkt, deren Fähigkeiten aufgrund von Sozialisation und sozialen Bedingungen nicht vollständig entwickelt werden konnten (Pendle 2001). Der Genderdiskurs in der Musikethnologie wäre nicht mehr auf Themen wie Musik in der Familie und im Alltag sowie die getrennten Repertoires, die unterschiedlichen musikalischen Zugänge und die wachsende öffentliche Partizipation und Akzeptanz von Musikerinnen in verschiedenen Kulturen beschränkt (Jones 1991). Vielmehr wäre die Frau als die ultimative Quelle aller Musik zu betrachten, denn ohne die Frau gäbe es weder eine Phylogenese noch eine Ontogenese der Musik. Nach unserer These stellt die Klangwelt des Fötus die Phylogenese der

Musik dar. Nach Papousek (1996) und zahlreichen anderen musikpsychologischen ForscherInnen stellt motherese, die musikalisch-sprachliche Kommunikation zwischen Kleinkindern und Erwachsenen, eine wichtige Grundlage für die Entwicklung musikalischer Fähigkeiten und somit die Ontogenese der Musik dar.

Danksagung. Wir danken Margit Painsi und Manuela Marin für nützliche Anregungen und Hinweise.

Literatur

Agawu, V. Kofi (1991): Playing with signs: A semiotic interpretation of classic music. Princeton, NJ (Princeton University Press).

Almén, Byron (2003): Narrative archetypes: A critique, theory, and method of narrative analysis. Journal of Music Theory, 47, 1–39.

Asendorpf, Jens B. (2002): Self-awareness, other-awareness, and secondary representation. In: Prinz, W. & Meltzoff A. N. (Hg.): The imitative mind: Development, evolution, and brain bases. New York, NY (Cambridge University Press), S. 63–73.

Baran, K. (1993): Seeing the divine through music in Hinduism and early Christianity. Humanity and Society, 17 (4), 467–487.

Barwick, Linda; Marett, Allan & Tunstill, Guy (Hg.) (1995): The essence of singing and the substance of song: Recent responses to the Aboriginal performing arts and other essays in honour of Catherine Ellis. Sydney (University of Sydney).

Blaukopf, Kurt (1968): Probleme der Raumakustik und des Hörverhaltens. Musikalische Zeitfragen, 13, 61–7l.

Böhler, Wolfgang (2005): Prolegomena zu einer künftigen Musikpsychologie. Codex Flores (Onlinemagazin für Musikästhetik und kognitive Musikpsychologie). www.codexflores.ch/rezensionen_ind3.php?art=171. Eingesehen am 26.05.05.

Bonaiuto, Marino & Fasulo, Alessandra (1997): Rhetorical intentionality attribution: Its ontogenesis in ordinary conversation. British Journal of Social Psychology 36, 511–36.

Bowman, Wayne D. (1998): Philosophical perspectives on music. Oxford (University Press).

Brigstocke, Hugh (Hg.) (2001): Oxford companion to Western art. Oxford (Oxford University Press).

Brandl, Rudolf Maria (1993): Musik und veränderte Bewusstseinszustände. In: H. Bruhn; R. Oerter, Rolf & Rösing, Helmut (Hg.): Musikpsychologie. Ein Handbuch. Reinbek (Rowohlt), S. 599–610.

Buss, David M.; Haselton, Martie G.; Shackelford, Todd K.; Bleske, April L., & Wakefield, Jerome C. (1998): Adaptations, exaptations, and spandrels. American Psychologist 53, 533–548.

Cartwright, John (2000): Evolution and human behaviour. Basingstoke (MacMillan).

Chamberlain, David (1988): Babies remember birth. Los Angeles (Jeremy P. Archer).

Clifton, Thomas (1983): Music as heard. A study in applied phenomenology. Yale (University Press).

Clynes, Manfred (1977): Sentics: The touch of the emotions. Bridport, Dorset (Prism).

Cole, David J. (1991): Artificial intelligence and personal identity. Synthese 3, 399–417.

Cone, Edward T. (1974): The composer's voice. Berkeley (University of California Press).
Corballis, Michael C. (2004): The origins of modernity: Was autonomous speech the critical factor? Psychological Review 111, 543–552.
Cumming, Naomi (1997): The subjectivities of ›Erbarme Dich‹. Music Analysis 16, 5–44.
Dahlhaus, Carl (1975): Fragmente zur musikalischen Hermeneutik. In: C. Dahlhaus (Hg.): Beiträge zur musikalischen Hermeneutik. Regensburg (Gustav Bosse Verlag), S. 159–172.
Davies, Stephen & Sukla, Anata (Hg.) (2003): Art and essence. Praeger (Westport).
Davis, Stephen (2001): Philosophical perspectives on music's expressiveness. In: Juslin, P. N. & Sloboda, J. A. (Hg.): Music and emotion. Theory and research. Oxford (Oxford University Press).
DeCasper, Anthony J., & Fifer, William P. (1980): Of human bonding: Newborns prefer their mothers' voices. Science 208, 1174–1176.
Decker-Voigt, Hans-Helmut (2000): Aus der Seele gespielt. Eine Einführung in Musiktherapie. München (Wilhelm Goldmann).
Del Sordo, Federico (1998): Society, music, church. Religious membership through the new liturgical musical praxis. Critica Sociologica 128, 35–62.
Doty, Richard L. (1992): Olfactory function in neonates. In Laing, D.G.; Doty, R. L. & Breipohl, W. (Hg.): The human sense of smell. Berlin (Springer-Verlag), S. 155–165.
Eitan, Zohar, & Granot, Roni Y. (2004): Musical parameters and spatio-kinetic imagery. In: Lipscomb, S. et al. (Hg.): Proceedings of the 8th International Conference on Music Perception and Cognition. http://www.nici.kun.nl/mmm/courses/muscog05/imagery/Eitan.pdf
Elicker, Martina (1997): Semiotics of popular music: The theme of loneliness in mainstream pop and rock songs. Tübingen (Gunter Narr).
Feuerbach, Ludwig (1841): Das Wesen des Christentums. Leipzig (Otto Wigand).
Gabrielsson, Alf, & Lindström Wik, Siv (2003): Strong experiences related to music. A descriptive system. Musicae Scientiae 7, 157–217.
Garfield, Jay L.; Peterson, Candida C. & Perry, Tricia (2001): Social cognition, language acquisition and the development of the theory of mind. Mind and Language16, 494–541.
Gembris, Heiner (2004): The impact of musicality on human development. In: Kaasch, M. & Kaasch, J. (Hg.): Science and music – The impact of music. Stuttgart (Wissenschaftliche Verlagsgesellschaft), S. 147–159.
Gervink, Manuel (1996): Einsamkeit und Isolation: Interpretationsansätze für die Innovationen im Werk Arnold Schönbergs. Archiv für Musikwissenschaft, 53 (2), 160–176.
Gibson, Rhonda; Aust, Charles F. & Zillmann, Dolf (2000): Loneliness of adolescents and their choice and enjoyment of love-celebrating versus love-lamenting popular music. Empirical Studies of the Arts, 18 (1), 43–48.
Greimas, Algirdas Julien (1966): Sémantique structurale. Paris (Larousse).
Hampton, Robert R. & Schwartz, Bennett L. (2004): Episodic memory in nonhumans: What, and where, is when? Current Opinion in Neurobiology, 14 (2), 192–197.
Harvey, Graham (Hg.) (2003): Shamanism: A reader. London (Routledge).
Hays, Terrence & Minichiello, Victor. (2005): The meaning of music in the lives of older people: A qualitative study. Psychology of Music 33, 437–451.
Head, Matthew (1997): Birdsong and the origins of music. Journal of the Royal Musical Society 122, 1–24.
Hepper, Peter G. (1992): Fetal psychology: An embryonic science. In: Nijhuis, J. G. (Hg.): Fetal behaviour. Oxford (Oxford University Press), S. 129–156.
Herzog, Max (1992): Phänomenologische Psychologie. Grundlagen und Entwicklungen. Heidelberg (Asanger).

Hirschberg, Walter (Hg.) (1988): Neues Wörterbuch der Völkerkunde. Berlin (Reimers).
Hubal, Robert C.; Kizakevich, Paul N.; Guinn, Curry I.; Merino, Kevin D. & West, Suzanne L. (2000): The virtual standardized patient. Simulated patient-practitioner dialog for patient interview training. Studies in Health Technology and Informatics 70, 133–138.
Hughes, Mary Elizabeth; Waite, Linda J.; Hawkley, Louise C. & Cacioppo John T. (2004): A short scale for measuring loneliness in large surveys: Results from two population-based studies. Research on Aging 26, 655–672.
Huron, David (2003): Is music an evolutionary adaptation? In: Peretz, I. Zatorre, R. (Hg.): The cognitive neuroscience of music. Oxford (Oxford University Press), S. 57–75.
Hüschen, Heinrich (1961): Musik. In: F. Blume (Hg.): Musik in Geschichte und Gegenwart 9, 959–1000. Kassel/Basel (Bärenreiter).
Husserl, Edmund (1952): Ideen zu einer reinen Phänomenologie und phänomenologischen Philosophie. II. Phänomenologische Untersuchungen zur Konstitution. Den Haag (Martin Nijhoff).
Husserl, Edmund (1980): Phantasie, Bildbewusstsein, Erinnerung. Berlin (Springer-Verlag).
James, William (1902): The varieties of religious experience. New York (Longman).
Jauk, Werner (2000): The auditory logic: An alternative to the »sight of things«. In: Nowotny, Helga; Weiss, Martina & Hänni, Karin (Hg.): Jahrbuch Collegium Helveticum ETH. Zürich (Hochschulverlag AG), S. 321–338.
Jáuregui, Jesús (1997): El concepto de plegaria musical y dancística. Alteridades, 7 (13), 69–82.
Jones, L. JaFran. (1991): Women in non-Western music. In: Pendle, K. (Hg.): Women and music: A history. Bloomington (Indiana University Press), S. 314–330.
Jung, Carl G. (1960): Gesammelte Werke. Bd.VI. Zürich (Rascher).
Juslin, Patrik N. & Persson, Roland S. (2002): Emotional communication. In: Parncutt, R. & McPherson, G. E (Hg.): Science and psychology of music performance. New York (Oxford University Press), S. 219–236.
Juslin, Patrik N. & Sloboda, John A. (Hg.) (2001): Music and emotion: Theory and research. Oxford (Oxford University Press).
Katz, Richard (1977): Heilung und Ekstase. Psychologie Heute, 4 (8), 54–59.
Kramer, Lawrence (1995): Classical music and postmodern knowledge. Berkeley (University of California Press).
Kreutz, Günter (2000): Basic emotions in music. In: Woods, C. et al. (Hg.): Proceedings of the Sixth International Conference on Music Perception and Cognition (CDRom). Keele (University of Keele).
Kristeva, Julia (1969) : Semeiotike: Recherches pour une sémanalyse, Paris (Éditions du Seuil).
Krumhansl, Carol L. & Jusczyk, Peter W. (1990): Infants' perception of phrase structure in music. Psychological Science 1, 70–73.
Kurth, Ernst (1931): Musikpsychologie. Berlin (Hesse), 2.Aufl. 1947 Bern (Krompholz).
Lai, C.H., & Chan, Y.S. (2002): Development of the vestibular system. Neuroembryology 1, 61–71.
LaPrelle, J.; Hoyle, Rick H.; Insko, C. A. & Bernthal, Paul (1990): Interpersonal attraction and descriptions of the traits of others: Ideal similarity, self similarity, and liking. Journal of Research in Personality 24, 216–240.
Lecanuet, Jean-Pierre (1996): Prenatal auditory experience. In: Deliège, I. & Sloboda, J. (Hg.): Musical beginnings. Oxford (Oxford University Press), S. 3–25.
Lee, Kwang-Sae (2001): Justice from an Eastern perspective: Field and focus. In: Dawson, S. (Hg.): Proceedings of the Twentieth World Congress of Philosophy 12, 173–180. Charlottesville (Philosophy Document Center).

Lewis, Michael & Ramsay, Douglas (2004): Development of self-recognition, personal pronoun use, and pretend play during the 2nd year. Child Development 75, 1821–1831.

Lidov, David (1987): Mind and body in music. Semiotica 66, 69–97.

Lipe, Anne W. (2002): Beyond therapy: Music, spirituality, and health in human experience: A review of literature. Journal of Music Therapy, 34 (3), 209–240.

Lucie-Smith, Edward (1996): Die moderne Kunst: Malerei – Fotografie – Grafik – Objektkunst. München (Südwest-Verlag).

MacDonald, Raymond A. R.; Hargreaves, David J. & Miell, Dorothy (Hg.) (2002): Musical identities. Oxford (Oxford University Press).

Marano, Hara Estroff (2003): The dangers of loneliness. Psychology Today. www.psychologytoday.com/articles/pto-20030821-000001.html. Eingesehen am 13.12.2005.

Maslow, Abraham H. (1954/1987): Motivation and Personality (3.Aufl). New York (Harper & Row).

Mastropieri, Diane, & Turkewitz, Gerald (1999): Prenatal experience and neonatal responsiveness to vocal expressions of emotion. Developmental Psychobiology 35, 204–214.

Matanda, Maona; Jenvey, Vicki B. & Phillips, James G. (2004): Internet use in adulthood: Loneliness, computer anxiety and education. Behaviour Change 21, 103–114.

Matsushima, Rumi & Shiomi, Kunio (2001): The effect of hesitancy toward and the motivation for self-disclosure on loneliness among Japanese high school students. Social Behavior and Personality 29, 661–670.

McClary, Susan (1991): Feminine endings. Music, gender, and sexuality, Minneapolis (University of Minnesota Press).

Meyer, Leonard B. (1956): Emotion and meaning in music. Chicago (University of Chicago Press).

Nattiez, Jean-Jacques (1990): Music and discourse: Toward a semiology of music Princeton, NJ (Princeton University Press).

Noble, William & Davidson, Iain (1996): Human evolution, language and mind. Cambridge (Cambridge University Press).

Oberhoff, Bernd (2005): Das Fötale in der Musik. Musik als »Das Große Bewegende« und »Die Göttliche Stimme«. In: B. Oberhoff (Hg.): Die seelischen Wurzeln der Musik. Psychoanalytische Erkundungen. Gießen (Psychosozial-Verlag), S. 41–63.

Oerter, Rolf, & Montada, Leo (Hg.) (1995): Entwicklungspsychologie (3. Auflage). München (Beltz).

Ostwald, Peter (1990): Johannes Brahms – Music, loneliness, and altruism. In: Karmel, R. L. & Feder, S. (Hg.): Psychoanalytic explorations in music. Madison, CT (International Universities Press), S. 291–320.

Papousek, Mechthild (1996): Intuitive parenting: A hidden source of musical stimulation in infancy. In: Deliège, I. & Sloboda, J. (Hg.): Musical beginnings. Oxford (Oxford University Press), S. 88–112.

Parncutt, Richard (1989): Harmony: A psychoacoustical approach. Berlin (Springer-Verlag).

Parncutt, Richard (1993): Prenatal experience and the origins of music. In: Blum, T. (Hg.): Prenatal perception, learning, and bonding. Berlin (Leonardo), S. 253–277.

Parncutt, Richard (2006): Prenatal development. In: McPherson, G. E. (Hg.): The child as musician: Musical development from conception to adolescence. Oxford (Oxford University Press), S. 1–31.

Paul, Soumyadeep; Sinha, Sudipta N. & Mukerjee, Amitabha (1998): Virtual kathakali: Gesture-driven metamorphosis. In: Sasikumar, M.; Rao, D. D.; Ravi-Prakash, P. R. & Ramani, S. (Hg.): Proceedings of Knowledge-Based Computer Systems (KBCS98). Mumbai (National Centre for Software Technology), S. 345– 356.

Pendle, Karin S. (2001): Women and music: A history. Bloomington (Indiana University Press).
Piaget, Jean (1936): La naissance de l'intelligence chez l'enfant. Paris (Delachaux & Niestle).
Poelchau, Susanne (2005): Musik macht klug – kann sie auch heilen? Bayrischer Rundfunk Online, www.br-online.de/umwelt-gesundheit/thema/musiktherapie/arten.xml. Eingesehen am 31.12.05.
Popper, Karl R. & Eccles, John C. (1977): The self and its brain. Berlin (Springer).
Raffman, Diana (1993): Language, music, and mind. Cambridge, MA (MIT Press).
Ratner, Leonard G. (1980): Classic music: Expression, form, and style. New York (Schirmer).
Rauscher, Francis H. (1999): Music exposure and the development of spatial intelligence in children. Bulletin of the Council for Research in Music Education 142, 35–47.
Rehding, Alexander (2000): The quest for the origins of music in Germany circa 1900. Journal of the American Musicological Society 53, 345–385.
Reppert, S. M. & Weaver, D. R. (1988): Maternal transduction of light-dark information for the fetus. In: Smotherman, W. P. & Robinson, S. R. (Hg.): Behaviour of the fetus. Telford, (Caldwell), S. 119–139.
Riedler, Andreas (2004): Privatrecht I. Linz (Universität Linz Multimediale Studienmaterialen).
Roederer, Juan G. (1984): The search for a survival value of music. Music Perception 1, 350–356.
Rotenberg, Ken J. & Flood, Darlene (1999): Loneliness, dysphoria, dietary restraint, and eating behaviour. International Journal of Eating Disorders 25 (1), 55–64.
Sallenbach, William B. (1993): The intelligent prenate: Paradigms in prenatal learning and bonding. In: Blum, T. (Hg.): Prenatal perception, learning and bonding. Berlin (Leonardo), S. 61–106.
Schellenberg, E. Glenn (2001): Music and nonmusical abilities. Annals of the New York Academy of Sciences 930, 355–371.
Scherer, Klaus R.; Zentner, Marcel R. & Schacht, Annekathrin (2001–02): Emotional states generated by music: An exploratory study of music experts. Musicae Scientiae (Special Issue), 149–171.
Seginer, Rachel & Lilach, Efrat (2004): How adolescents construct their future: the effect of loneliness on future orientation. Journal of Adolescence 27, 625–43.
Skinner, Burrhus Frederic (1938): The behaviour of organisms. New York (Appleton).
Slater, Alan M. & Quinn, Paul C. (2001): Face recognition in the newborn infant. Infant and Child Development 10 (March-June), 21.
Sloboda, John A.; O'Neill, Susan A. & Ivaldi, Antonia (2001): Functions of music in everyday life: An exploratory study using the Experience Sampling Method. Musicae Scientiae 5, 9–32.
Slobodchikov, V. I. & Tsukerman, G. A. (1992): The genesis of reflective consciousness at early school age. Journal of Russian and East European Psychology 30 (1), 6–27.
Spickard, James V. (1991): Experiencing religious rituals: A Schutzian analysis of Navajo ceremonies. Sociological Analysis 52 (2), 191–204.
Sternberg, Robert J. (1985): Beyond IQ: A triarchic theory of human intelligence. Cambridge (Cambridge University Press).
Stricker, Didier; Frohlich, Torsten & Soller-Eckert, Claudia (2000): The augmented man. In: Proceedings of International Symposium on Augmented Reality (ISAR-2000), München/Piscataway, NJ (IEEE), S. 30–36.
Sutter, Jacques (1996): Musique et religion: L'emprise de l'esthétique. Archives de sciences sociales des religions 94, 19–44.
Tarasti, Eero (1994): A theory of musical semiotics. Indiana (University Press).
Trehub, Sandra E. & Nakata, Takayuki (2001–02): Emotion and music in infancy. Musicae Scientiae (special issue), 37–61.
Tsiaras, Alexander (2002): Wunder des Lebens: Wie ein Kind entsteht. München (Knaur).

Turing, Alan M. (1950): Computing machinery and intelligence. Mind 49, 433–460.

Uyanne, Francis U. (1997): African consensus democracy revisited. In: Kimmerle, H. (Hg.): Philosophy and democracy in intercultural perspective. Amsterdam (Rodopi), S. 175–183.

Wahrig, Gerhard & Wahrig-Burfeind, Renate (2000): Wörterbuch der deutschen Sprache. München (Deutscher Taschenbuch Verlag).

Waite, Linda & Gallagher, Maggie (2001): The case for marriage: Why married people are happier, healthier and better off financially. New York (Broadway).

Walton, C. G.; Shultz, C. M.; Beck, C. M. & Walls, R. C. (1991): Psychological correlates of loneliness in the older adult. Archives of Psychiatric Nursing 5 (3), 165–170.

Walton, Kendall (1988): What is abstract about the art of music? Journal of Aesthetics and Art Criticism 46 (spring), 351–364.

Watt, Roger J., & Ash, Roisin L. (1998): A psychological investigation of meaning in music. Musicae Scientiae 1, 33–53.

Zima, Peter (2000): Theorie des Subjekts. Subjektivität und Identität zwischen Moderne und Postmoderne. Tübingen (Francke).

Zuckerman, Marvin (1994): Behavioral expressions and biosocial bases of sensation seeking. New York (Cambridge University Press).

Autorinnen und Autoren

Josef Dantlgraber, Jg. 1945, Dr. phil., Dipl.-Psychologe, Psychoanalytiker, Lehr- und Kontrollanalytiker der DPV/IPA, langjähriger Mitarbeiter an der Abteilung für Psychoanalyse, Psychotherapie und Psychosomatik der Universität Tübingen, seit 1991 in eigener Praxis tätig. Publikationen und Vorträge zur Theorie und Technik der Psychoanalyse auf der Basis eines interaktionellen Theorieansatzes. Themenschwerpunkte: Subjektive Indikation, psychoanalytische Haltung, zuletzt Psychoanalyse und Musik. Zusammen mit Werner Damson Herausgabe ausgewählter Vorlesungen des Psychoanalytikers Wolfgang Loch (Mit Freud über Freud hinaus, Tübingen 2001).

Mathias Hirsch, Jg. 1942, Dr. med., Facharzt für Psychiatrie und Facharzt für psychotherapeutische Medizin, Psychoanalytiker (DGPT, affiliiertes Mitglied DPV), Gruppenanalytiker (DAGG, Sektion AG). Ehrenmitglied des Psychoanalytischen Seminars Vorarlberg (Zweig des Psychoanalytischen Arbeitskreises Innsbruck). In psychoanalytischer Praxis in Düsseldorf niedergelassen. Forschungsschwerpunkte: Sexueller Missbrauch in der Familie, psychoanalytische Traumatologie, Psychoanalyse des Körpers, kulturpsychologische Themen. Letzte Buchveröffentlichungen: *Psychoanalytische Traumatologie – Das Trauma in der Familie* (2004); *Das Haus. Symbol für Geburt und Tod, Freiheit und Abhängigkeit* (2006); *Das Kindesopfer – eine Grundlage unserer Kultur* (als Hrsg., 2006).

Annekatrin Kessler, Jg. 1976, studierte Klavierpädagogik, Musikwissenschaft und Philosophie in Graz und Genf. Seit 2002 Doktoratstudium bei Prof. Richard Parncutt (Systematische Musikwissenschaft), Thema der Dissertation: *Subjektivität und Musikwahrnehmung.* 2002-2006: Studienassistentin, Tutorin und Lehrbeauftragte am Institut für Musikwissenschaft Graz. Mitorganisation der Tagung Conference on Interdisciplinary Musicology 2004. Mitglied des CIM-Beirates für den Bereich Musikphilosophie.

Peter Kutter, Jg. 1930, Prof. Dr. med., seit 1974 Hochschullehrer am Institut für Psychoanalyse im Fachbereich Psychologie der J. W. Goethe-Universität Frankfurt am Main, seit 1994 emeritiert, lebt in Stuttgart. Internist, Psychiater und Facharzt für Psychotherapeutische Medizin sowie Lehr- und Kontrollanalytiker der Deutschen Psychoanalytischen Vereinigung. Tätigkeitsfelder: Psychoanalyse und deren Anwendungen auf Gruppen, Psychosen und psychosomatische Krankheiten. Zahlreiche Veröffentlichungen; zuletzt *Moderne Psychoanalyse* (3. Aufl., 2000, Stuttgart: Klett-Cotta), *Affekt und Körper – neue Akzente der Psychoanalyse* (2001, Göttingen: Vandenhoeck & Ruprecht).

Sebastian Leikert, Jg. 1961, Dr. en Psychoanalyse, Dipl. Psych. Psychoanalytiker. Niedergelassen in freier Praxis in Karlsruhe. Forschungsprojekte zu Therapieprozessen. Arbeiten zur Methodik und Begründung psychoanalytischer Forschung. Mitbegründer des »Coesfelder Arbeitskreises Psychoanalyse und Musik«. Veröffentlichungen zu bildender Kunst, Literatur und Musik. Buchveröffentlichung: *Die vergessene Kunst – Der Orpheusmythos und die Psychoanalyse der Musik.*

Antje Niebuhr, Jg. 1958, Dipl. Psychologin und niedergelassene Psychoanalytikerin in Bremen. Experimente und Vorträge zum Thema Musik und Psychoanalyse seit 2003. Mitarbeit im »Coesfelder Arbeitskreis Psychoanalyse und Musik« seit 2004.

Bernd Oberhoff, Jg. 1943, PD Dr. phil., Diplom-Psychologe, Musikpsychoanalytiker, Gruppenanalytiker (DAGG) und Supervisor in freier Praxis in Münster. Privatdozent für »Soziale Therapie« an der Universität Kassel, langjähriger Kammerchorleiter. Mitbegründer des »Coesfelder Arbeitskreises Psychoanalyse und Musik« und wissenschaftlicher Leiter des jährlich stattfindenden »Coesfelder Symposium Musik & Psyche«. Zahlreiche Buch-Veröffentlichungen im Bereich »Musikpsychoanalyse«, darunter acht psychoanalytische Opernführer zu Opern von Mozart, Gluck und v. Weber, sowie zwei musikpsychoanalytische Studien über Christoph Willibald Gluck (1999) und Heinrich Schütz (2006).

Richard Parncutt, Jg. 1957, Prof. PhD., studierte Musik und Physik in Melbourne und war Gastforscher in München, Stockholm, Halifax, Montréal und

Keele. Zahlreiche Schriften zur Wahrnehmung musikalischer Struktur, zur Psychologie des Musizierens, zu den Ursprüngen der Musik und zur musikwissenschaftlichen Interdisziplinarität. Seit 1998 Professor für Systematische Musikwissenschaft an der Universität Graz. Mitglied des wissenschaftlichen Beirats zahlreicher Zeitschriften und Tagungen im Bereich der Musikpsychologie bzw. der Systematischen Musikwissenschaft. Autor von *Harmony: A Psychoacoustical Approach* (Springer, 1989) und Mitherausgeber von *Science and Psychology of Music Performance* (Oxford 2002). Konzeption und Organisation der Tagungsreihe *Conference on Interdisciplinary Musicology*.

Johannes Picht, Jg. 1954, Dr. med., Musikstudium (Hauptfach Klavier) in Berlin und Freiburg, Staatliche Musiklehrerprüfung. Medizinstudium in München und Freiburg. Facharzt für Innere Medizin und für Psychotherapeutische Medizin. Seit 1997 in Karlsruhe in eigener Praxis für Psychotherapeutische Medizin und Psychoanalyse. Mitglied der Deutschen Psychoanalytischen Vereinigung und der Internationalen Psychoanalytischen Vereinigung. Dozent und Supervisor am Psychoanalytischen Institut Heidelberg-Karlsruhe der DPV. Bisheriger Arbeitsschwerpunkt: Philosophische Grundlagen der Psychoanalyse.

Veröffentlichung: Raum, *Zeit und Psychischer Apparat*. In: Psychoanalyse im Widerspruch 33/2005, S. 103-115.

Rosemarie Tüpker, Jg. 1952, Dr. phil., Dipl.-Musiktherapeutin, Psychotherapie (HP), Priv.-Doz. für Musik in Rehabilitation und Therapie an der Universität Münster. Mitbegründerin des Instituts für Musiktherapie und Morphologie (IMM) und der wissenschaftlichen Gesellschaft für Morphologische Psychologie (GPM). Forschungsschwerpunkte: psychoanalytische und morphologische Aspekte der Musikpsychologie und Musiktherapie, Wissenschaftsmethodik künstlerischer Therapien.

Mathias Hirsch
DAS HAUS
Symbol für Leben und Tod,
Freiheit und Abhängigkeit
IMAGO
Psychosozial-Verlag

2006 · 286 Seiten · Broschur
EUR (D) 29,90 · SFr 52,–
ISBN 978-3-89806-466-8

Die Beiträge dieses Buches zeigen von unterschiedlichen Seiten her, dass es nicht das ›ganz Andere ist, was zur Musik wird‹, sondern dass Musik unsere alltäglichen seelischen Behandlungsmethoden aufgreift, unseren Umgang mit der Welt, unsere Welterfahrung hörbar macht. Die Kunst der Musik ist es, dass sie es hinbekommt, dass wir uns das - und damit uns selbst - dennoch gerne anhören: »Wenn die Musik schlägt, fühlt man keinen Schmerz«.

2006 · 220 Seiten · Broschur
EUR (D) 19,90 · SFr 34,90
ISBN 978-3-89806-512-2

Das Haus repräsentiert in der Fantasie die Mutter, den Körper, das Selbst. Das Haus bedeutet in unserer Kultur sowohl Autonomie, Individualität, Erwachsen-Sein, gleichzeitig aber Festgelegt-Sein, Erstarrung, Konformität und Unfreiheit. So ist das Haus und jede seiner Formen ein Kristallisationspunkt eines basalen ambivalenten Autonomie-Abhängigkeitskonflikts.

www.ingramcontent.com/pod-product-compliance
Ingram Content Group UK Ltd.
Pitfield, Milton Keynes, MK11 3LW, UK
UKHW040023200726
13854UKWH00001B/335